컴퓨터 활용

파워포인트 2016

한혜경 · 윤정희 공저

오성미디어

컴퓨터 활용
파워포인트 2016

초판인쇄 2020년 2월 20일
초판발행 2020년 2월 20일
저　　자 한혜경, 윤정희 공저
펴 낸 이 오 성 걸
펴 낸 곳 오성미디어
주　　소 132-916 서울시 도봉구 창 3동 491-1
전　　화 02)997-0136
F A X 02)997-0137

등 록 2020. 2. 20　　제 7-212 호
ISBN 978-89-6628-572-3　　값 13,000 원

머리말

Office PowerPoint 2016

올해는 내게 최고의 선물인 딸을 낳았고 내 딸 가윤이가 건강하게 커 주고 있어 흐뭇합니다. 이 감사함과 벅찬을 책으로 선물합니다.

한 해 동안 연구와 강의를 병행하며 빠듯한 시간을 쪼개 예제를 만들고 내용 구상한 때가 얼마 지나지 않은 것 같은데 벌써 책을 탈고하게 되어 기쁘고 행복합니다.

매 순간을 소중히 여기며 긍정적 사고로 바쁜 일정을 잘 소화한 우리들에게 박수로 응원합니다.

이 책을 통해 대학에서 오랜 시간 오피스 강좌 강의를 하며 터득한 문서 작성을 위한 팁과 노하우를 제공하자고 합니다. 그리고 유사 샘플 예제를 많이 만들어봄으로써 자신감을 키우는 것 또한 중요한 과정입니다. 이 책을 통해 파워포인트 기술을 읽혀 컴퓨터 활용의 지표가 되길 희망합니다.

책을 잘 만들어 주신 오성미디어 사장님께 깊은 감사의 맘을 전합니다. 그리고 나를 응원해 주시는 모든 지인들과 함께 이 기쁨을 나누고 싶습니다.

마지막으로 매일 딸을 위해 기도하시는 부모님과 우리 가족 모두 사랑하고 감사합니다.

한혜경

Contents

Chapter3. 텍스트와 미디어

Chapter4. 슬라이드 쇼

Contents

Chapter5. 슬라이드 편집 및 환경 설정

Office PowerPoint 2016

Office 2016 프로그램 기능을 익히고 새로운 기능을 숙지하여
빠르고 효과적인 업무를 진행 할 수 있게 한다.

Start 파워포인트 2016

1 파워포인트 2016 시작

파워포인트 2016을 실행하기 위해 컴퓨터 왼쪽 하단에 있는 [시작 단추]를 클릭 – [P] 그룹 – [PowerPoint 2016]을 선택하면 프로그램이 열린다.

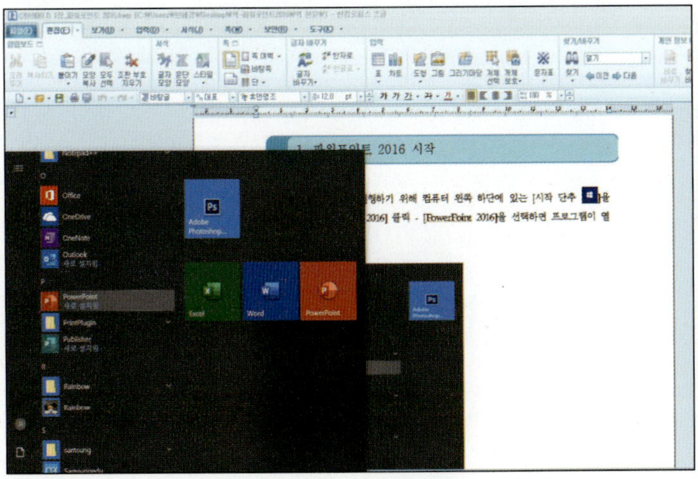

오피스 365 버전

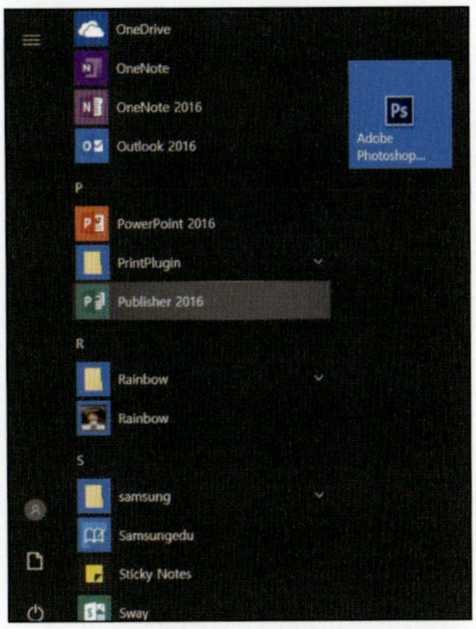

오피스 2016 버전

Chapter 1

프레젠테이션

1. 파워포인트 2016 화면 구성
   - 1-1 프레젠테이션 만들기
   - 1-2 새 슬라이드
   - 1-3 레이아웃 변경
   - 1-4 구역
   - 1-5 글꼴
   - 1-6 글머리 기호
   - 1-7 단락
   - 1-8 저장
   - 1-9 기존 프레젠테이션 열기

01 프레젠테이션

1장에서는 프레젠테이션을 작성하고 서식 파일과 글꼴 편집 및 단락을 이용하여 작업 내용과 용도에 맞게 슬라이드를 편집하고 다양한 저장 방법에 대해 학습한다.

예제파일 : [1장 예제] 파일 사용

1 파워포인트 2016 화면 구성

[시작 단추]을 클릭 - [P] 그룹 - [PowerPoint 2016]을 선택한다.

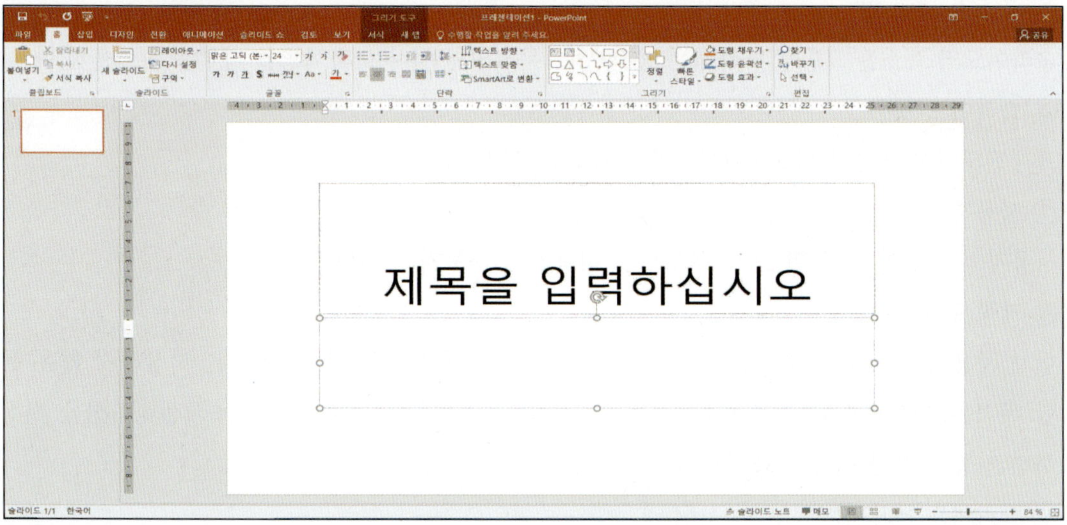

[파워포인트 2016]에서 익혀야 할 화면구성은 다양하나 기본적으로 기억해야 할 기능 위주로 설명 한다.

① 파일

파일을 열거나 닫고 저장 및 인쇄할 수 있다. 새로 만들기, 열기, 저장, 인쇄, 공유, 내보내기, 계정 그리고 파워포인트 2016 옵션 등을 사용할 수 있다.

② 빠른 도구 모음

자주 사용하는 도구들을 모아둔 것으로 저장, 실행 취소, 다시 실행, 처음부터 시작 명령 단추가 포함되어 있고, 사용자가 자주 사용하는 명령들을 아이콘으로 추가 및 편집하여 다양하게 구성하여 사용할 수 있다.

③ 탭

리본 메뉴를 선택하면 펼쳐지고 작업 상황에 따라 기본적으로 제공되는 탭 외에 상황별 탭이 추가로 나타난다.

④ 리본 메뉴

파워포인트 2016의 리본 메뉴는 더욱 직관적으로 명령을 찾아 수행 할 수 있도록 사용자 인터페이스가 새롭게 개선된 구조이다.

⑤ 축소판 그림 창

슬라이드의 축소판 그림을 나타내는 공간으로, 문서의 순서나 슬라이드를 다루는 작업을 한다.

⑥ 슬라이드 창

프레젠테이션 제작시 필요한 모든 편집 작업을 수행하는 곳이다.

⑦ 사용자 계정

사용자의 계정이 등록 된 ID로 로그인한 사용자의 정보가 보인다.

⑧ 제목 표시줄

현재 사용하고 있는 프로그램 이름과 사용하고 있는 파일 이름이 나타난다. 저장하지 않은 통합 문서는 기본적으로 프레젠테이션1, 프레젠테이션2 순으로 나타나며 프레젠테이션을 저장하면 저장된 파일 이름이 표시된다.

⑨ 슬라이드 노트 창

발표자가 슬라이드 내용에 대한 상세한 설명을 입력하는 곳으로 발표 시 유용하다.

⑩ 화면 보기 단추

원하는 문서 보기 상태로 이동할 수 있는 단추로 기본 보기, 여러 슬라이드 보기, 읽기용 보기, 슬라이드 쇼 아이콘이 있는 곳이다.

1-1 프레젠테이션 만들기

[프레젠테이션 만들기]는 새로 만들기와 서식 파일을 이용한 만들기로 나눌 수 있고 인터넷 사용자가 직접 디자인은 물론 내용을 구성하여 프레젠테이션을 제작할 수 있다.
파워포인트 프로그램을 실행하여 새 프레젠테이션을 작성한다. 이렇게 만들어진 프레젠테이션은 사용자가 디자인은 물론 모든 내용을 직접 구성하여 작성할 수 있다.

[파일] – [새로 만들기] – [새 프레젠테이션] 명령을 클릭한다.

서식 파일을 이용하여 프레젠테이션 만들기

범주의 [교육] 선택 – [조직 연구 디자인] 클릭 – [만들기] 명령을 선택한다.

[새로 만들기] 내에 있는 프레젠테이션을 사용하면 주제와 내용을 분류하여 선택 할 수 있고 시간과 노력을 줄일 수 있어 초보자에게 적합한 기능이다.

추천 검색어에 있는 다양한 목록은 사용자가 목적에 맞게 선택하여 프레젠테이션을 만들 수 있고 시간과 노력을 줄일 수 있는 장점이 있다.

프레젠테이션을 만들 때 가장 중요한 것은 시선을 끄는 발표 자료를 만드는 것으로 잘 만들어진 자료는 발표의 흐름을 돕고 청중의 이해를 높여주기에 정성을 들일 필요가 있다.

1-2 새 슬라이드

[새 슬라이드 삽입]은 현재 작업 중인 슬라이드에 추가로 슬라이드를 삽입하고자 할 때 사용하는 기능이다.

Ⅰ. 새 슬라이드 삽입 및 삭제

새 슬라이드 삽입

[1장 예제] 파일 열기 – [슬라이드 1]번을 선택 – [홈] 메뉴 – [슬라이드] 그룹 – [새 슬라이드] 선택 – [제목 및 내용] 명령을 클릭한다.

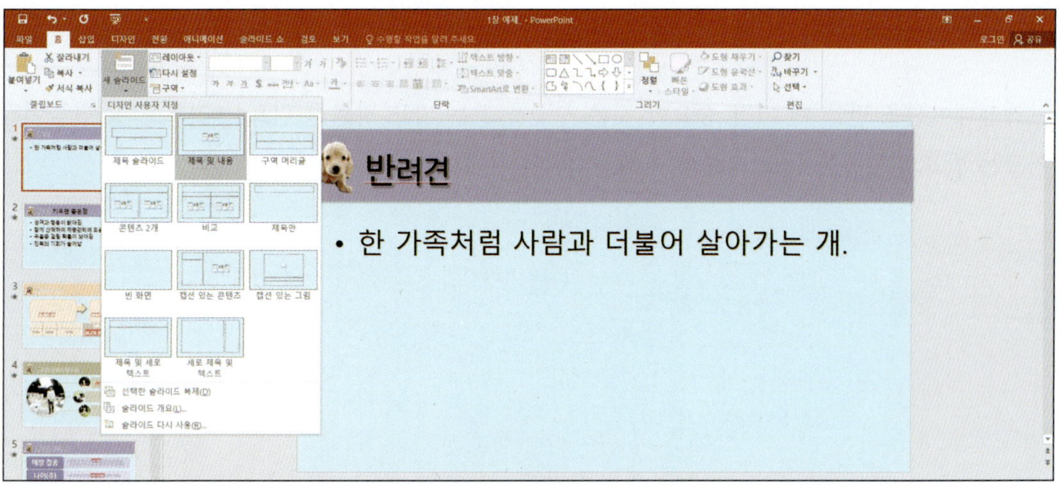

아래 그림처럼 표지 다음에 새 슬라이드가 추가 되어 슬라이드 1번 다음에 [제목 및 내용] 슬라이드가 나타남을 알 수 있다.

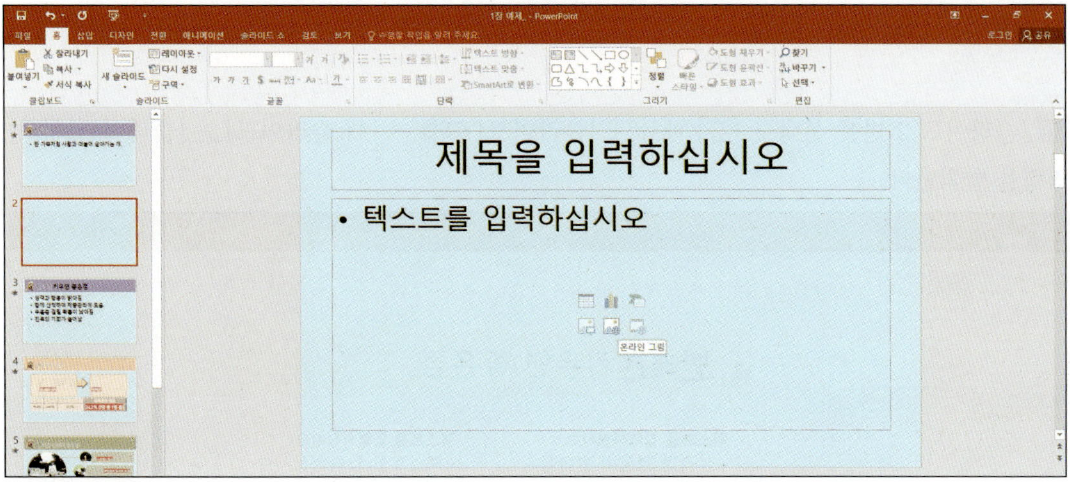

슬라이드 삭제

[슬라이드 2]번을 선택 – [마우스 오른쪽] 클릭 – [슬라이드 삭제] 명령을 선택한다.

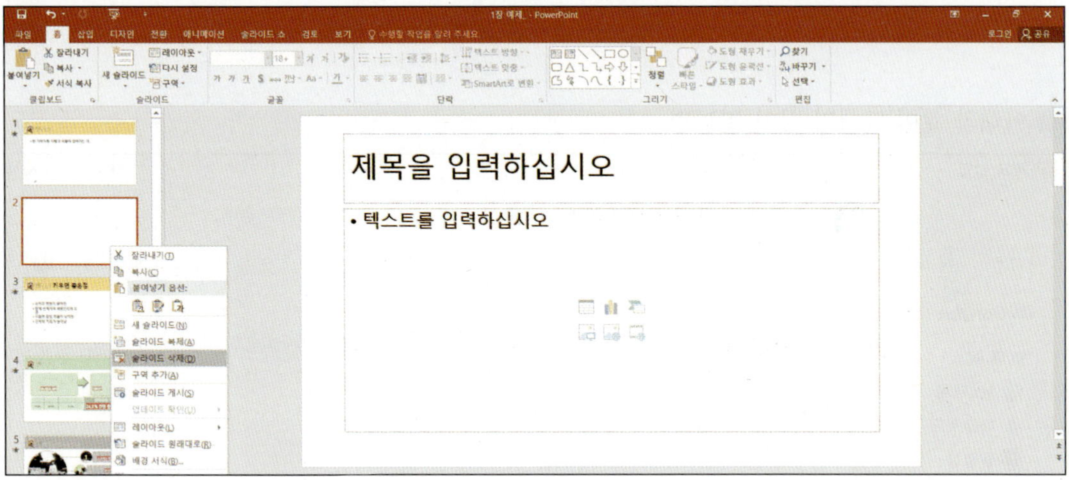

II. 슬라이드 개요 삽입

[슬라이드 2]번을 선택 – [홈] 메뉴 – [슬라이드] 그룹 – [새 슬라이드] – [슬라이드 개요] 명령을 클릭한다.

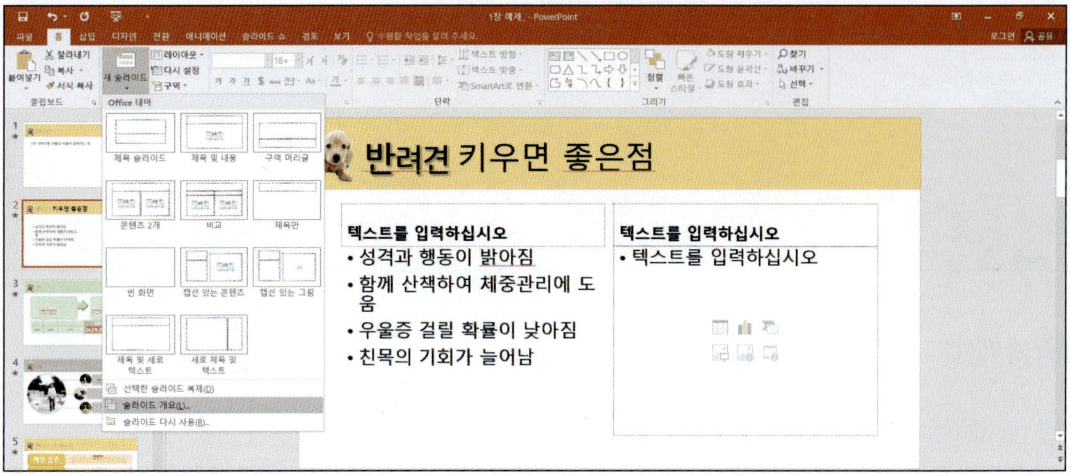

아래와 같이 탐색기 창이 열리면

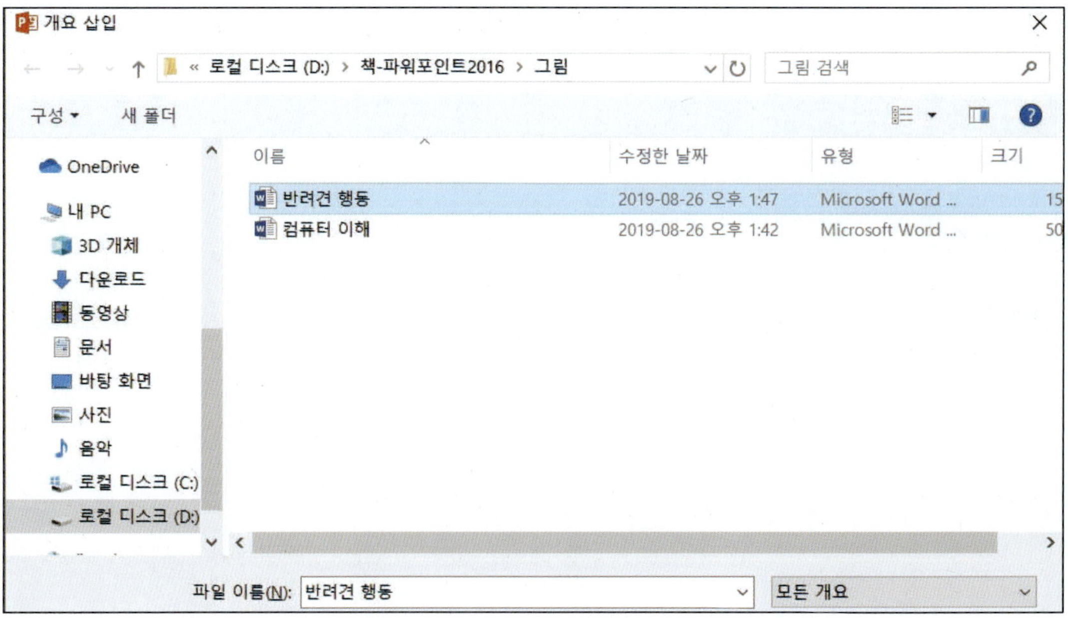

[그림] 폴더 – [반려견 행동] 파일 선택 – [삽입] 명령을 클릭한다.

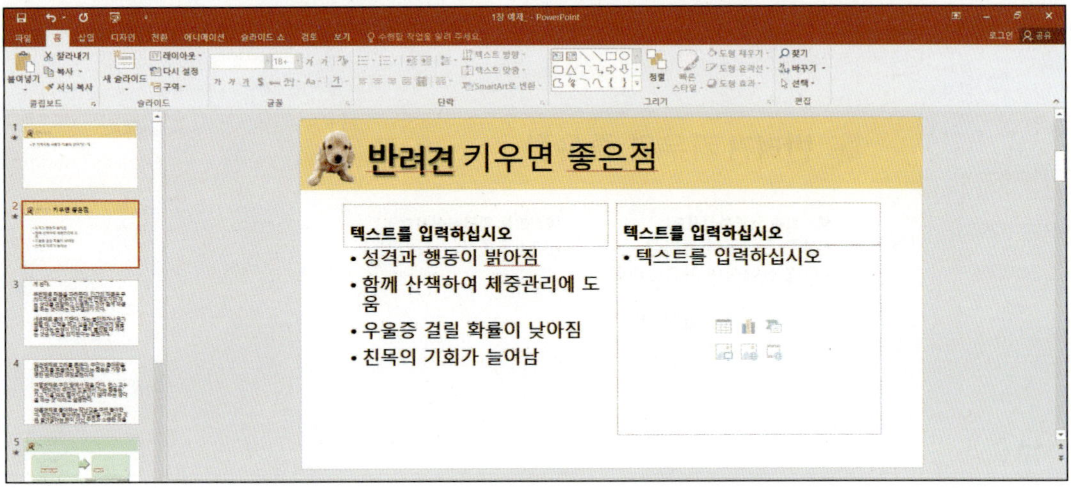

Ⅲ. 슬라이드 다시 사용

다른 파일을 열지 않고도 다른 프레젠테이션에서 사용자 프레젠테이션으로 하나 이상의 슬라이드를 추가할 수 있다.

[슬라이드 2]번을 선택 – [홈] 메뉴 – [슬라이드] 그룹 – [새 슬라이드] – [슬라이드 다시 사용] – [찾아보기] 명령을 클릭한다.

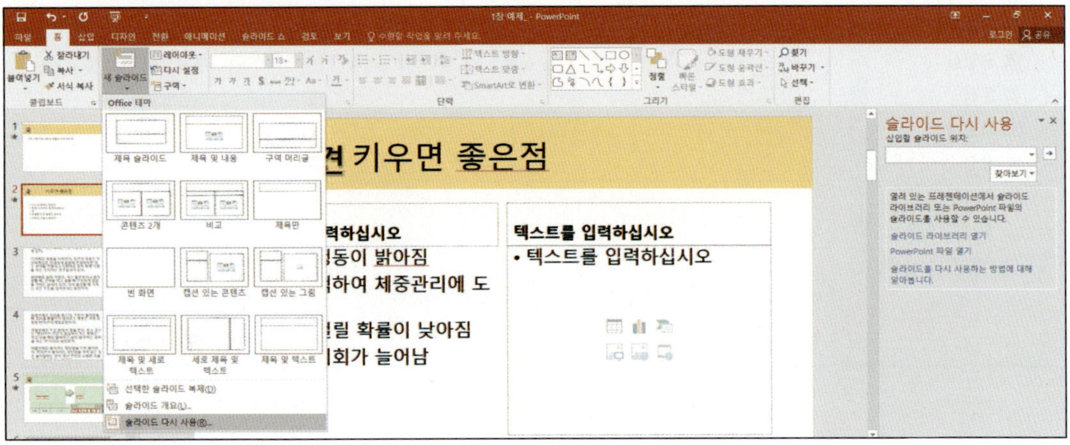

화면 오른쪽으로 [슬라이드 다시 사용] 창이 추가 된다.

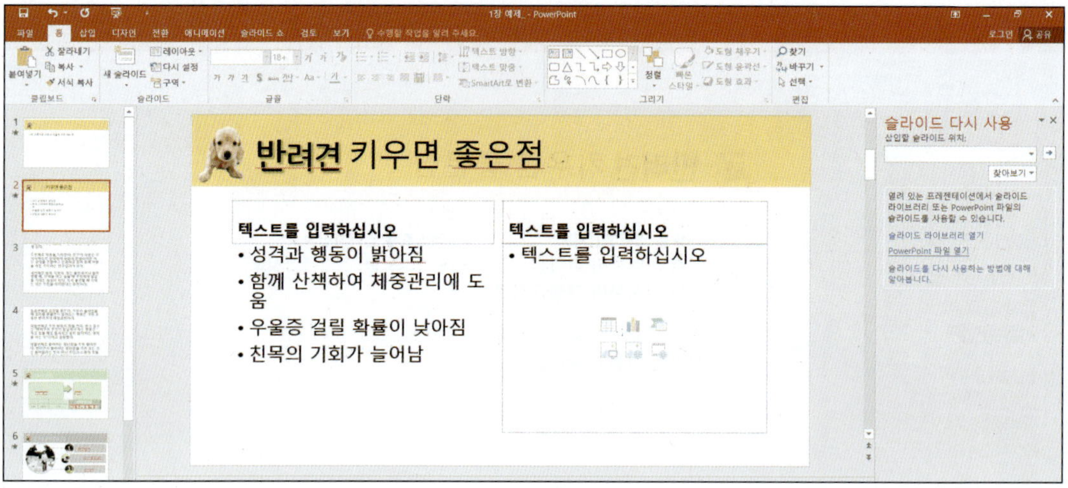

아래와 같이 탐색기 창이 열리면

[그림] 폴더 – [페루] 파일 선택 – [열기] 명령을 클릭한다.

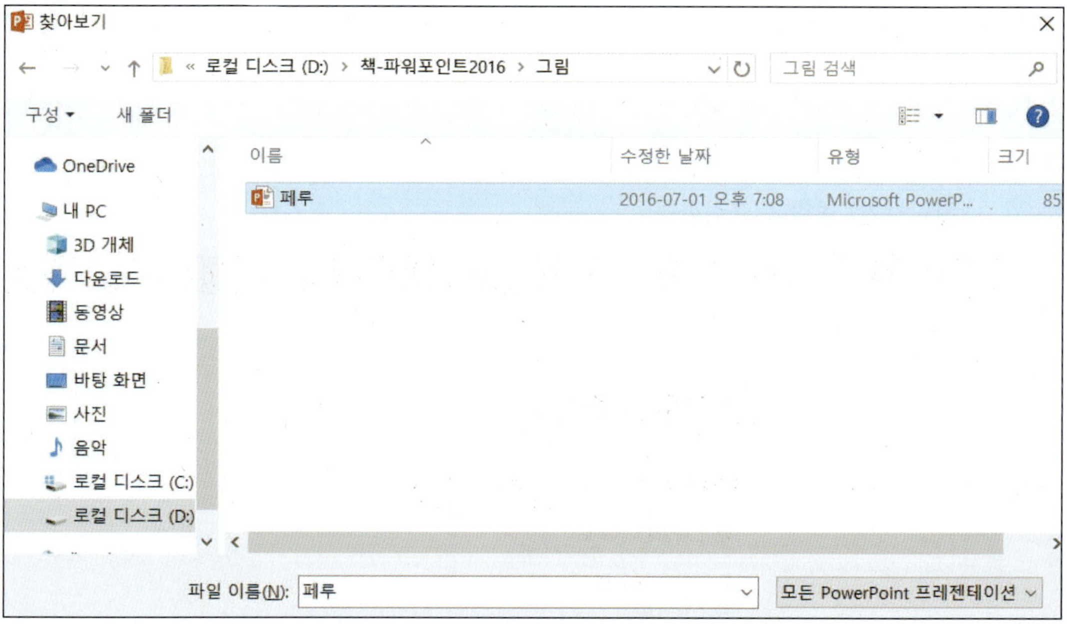

[슬라이드 다시 사용] 창 아래로 [페루] 관련 4개의 파일이 열린다.

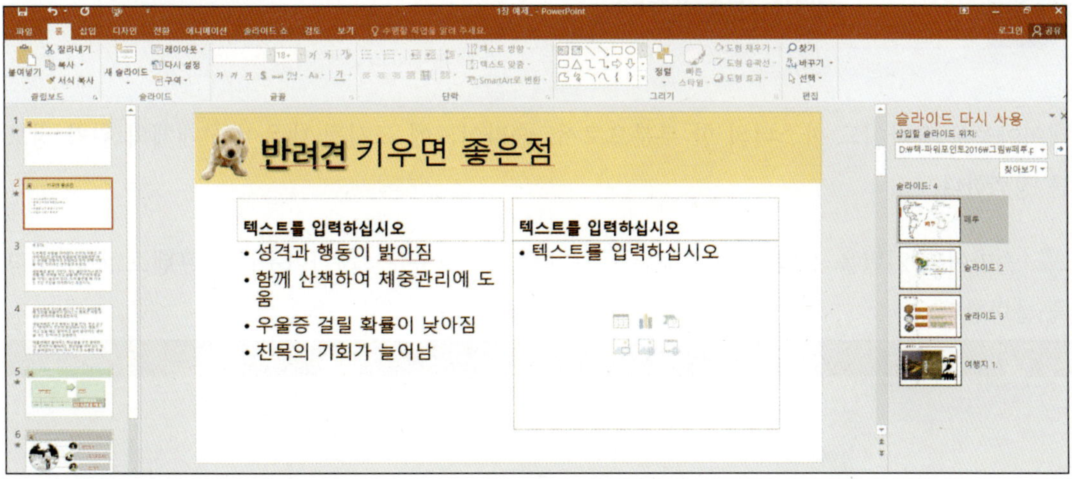

슬라이드 다시 사용 내 [슬라이드 2] 프레젠테이션을 선택하면 [1장 예제] 파일의 슬라이드 2번 아래쪽으로 내용이 추가 된다.

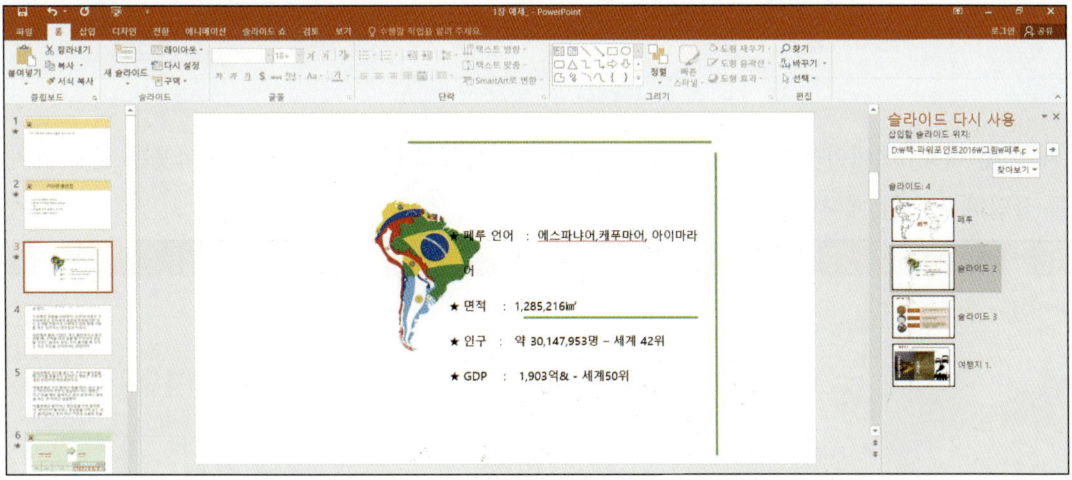

1-3 레이아웃 변경

레이아웃은 슬라이드 마스터의 한 부분으로서, 슬라이드에 표시될 내용이나 개체의 위치 정보를 정의한다.

[슬라이드 2]번을 선택 – [홈] 메뉴 – [슬라이드] 그룹 – [레이아웃] – [콘텐츠 2개] 명령을 클릭한다.

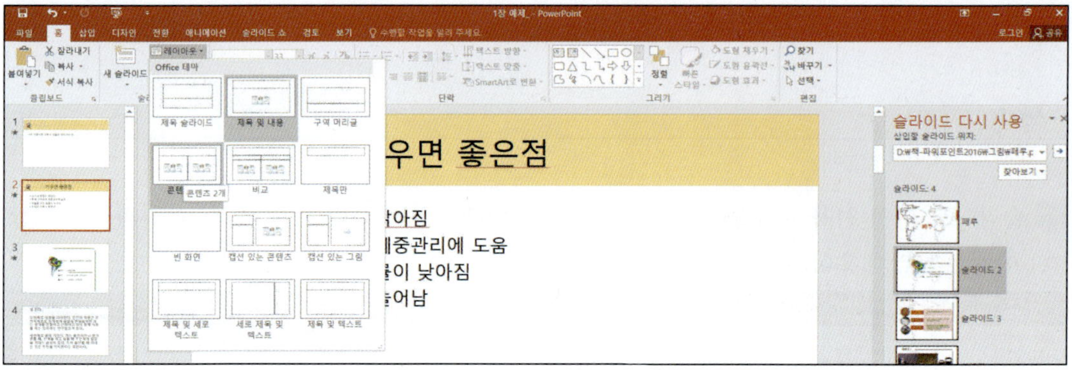

[제목 및 내용] 레이아웃은 많은 글 내용 포함 시 적합하고 [콘텐츠 2개] 레이아웃은 글과 개체를 삽입하고자 할 때 사용하는 것이 좋다.

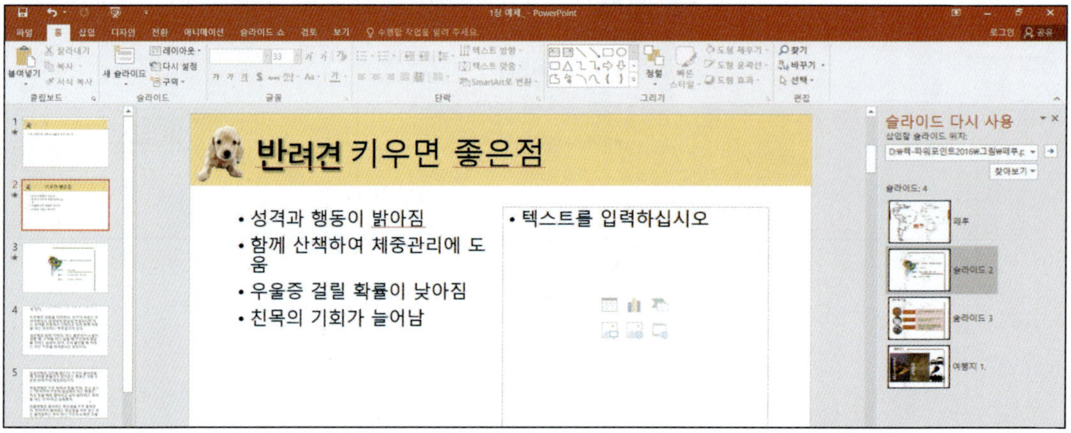

슬라이드 2번의 레이아웃이 [콘텐츠 2개] 레이아웃으로 변경 되어 텍스트와 개체를 삽입할 수 있는 형식으로 바뀐 것을 확인 할 수 있다.

1-4 구역

구역 만들기를 통해 관련 된 내용별로 그룹화하여 보관하고 정리하면 다양한 디자인을 적용하여 작업 할 수 있다. 슬라이드가 많아짐에 따라 필요한 슬라이드를 찾기 위해서 사용자가 임의적으로 비슷한 내용의 슬라이드를 구역으로 지정하여 표시 및 숨기기하고, 자유롭게 복사 · 이동 할 수 있는 기능이다.

Ⅰ. 구역 만들기

[슬라이드 3]번 위에서 [마우스 오른쪽 단추] 클릭 – [구역 추가] 명령을 선택한다.

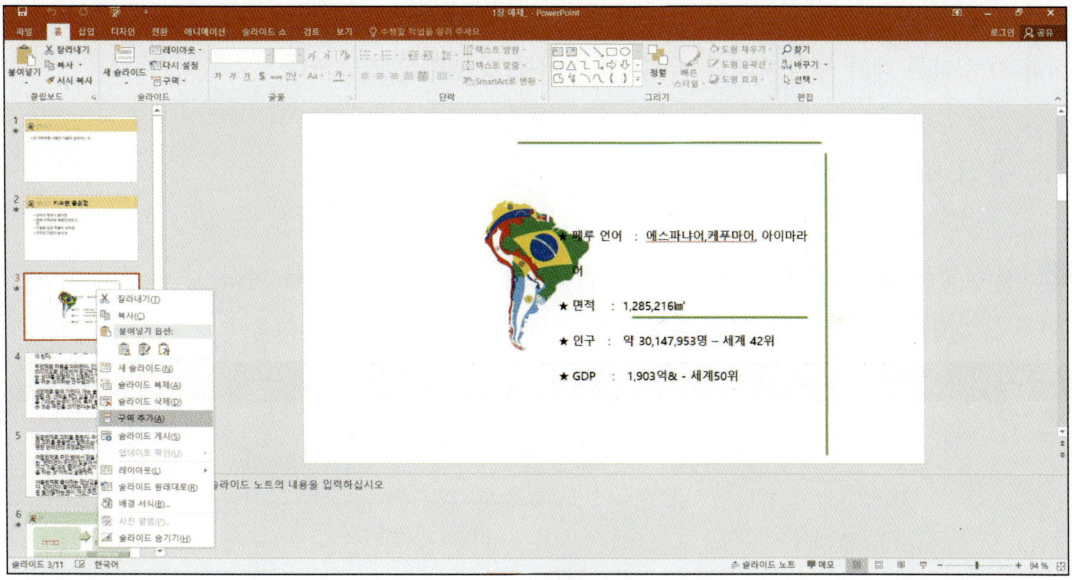

[제목 없는 구역]이 추가 되면서 그룹 설정이 완성 된다.

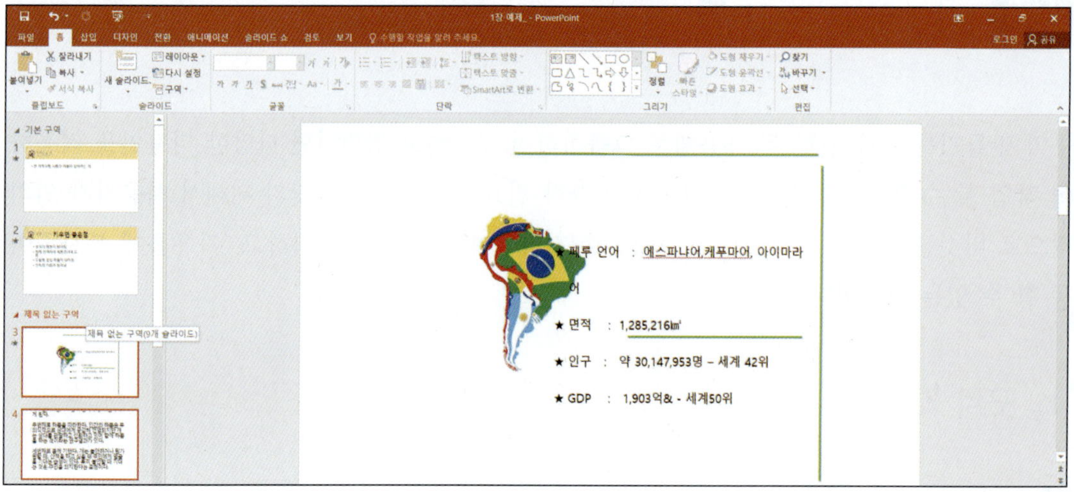

관련된 슬라이드를 구역으로 나누고 구역을 알기 쉬운 이름으로 지정하여 각 구역별로 다른 서식과 서로 다른 테마 등의 효과를 줄 수 있고 이동 및 인쇄도 가능하다.

II. 구역 이름 변경

[제목 없는 구역] 위에서 [마우스 오른쪽 단추] 선택 – [구역 이름 바꾸기] – 구역 이름에 [반려견 장점] – [이름 바꾸기]를 클릭한다.

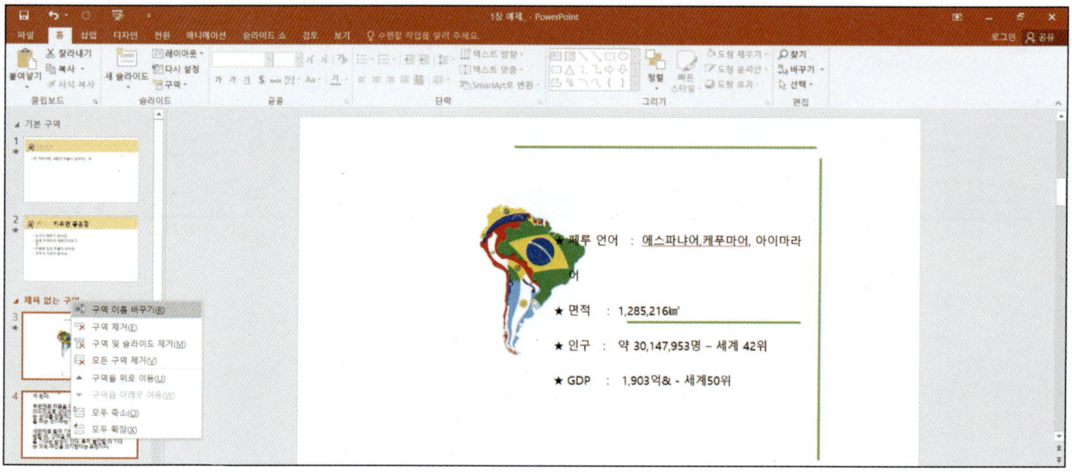

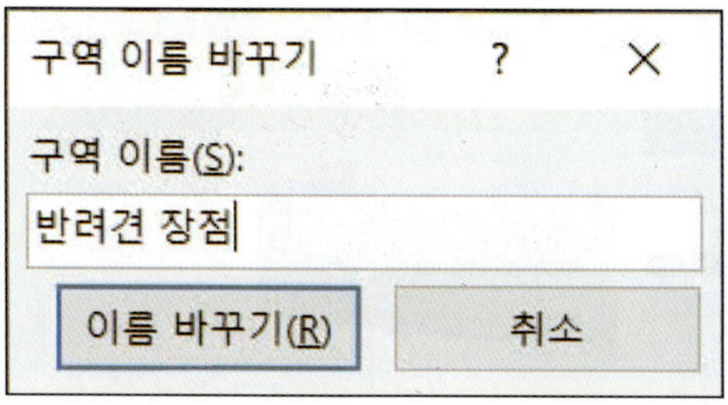

[기본 구역]에는 슬라이드 1, 2번이 속하고 [반려견 장점] 구역에는 슬라이드 3번부터 마지막 슬라이드까지가 포함 된다.

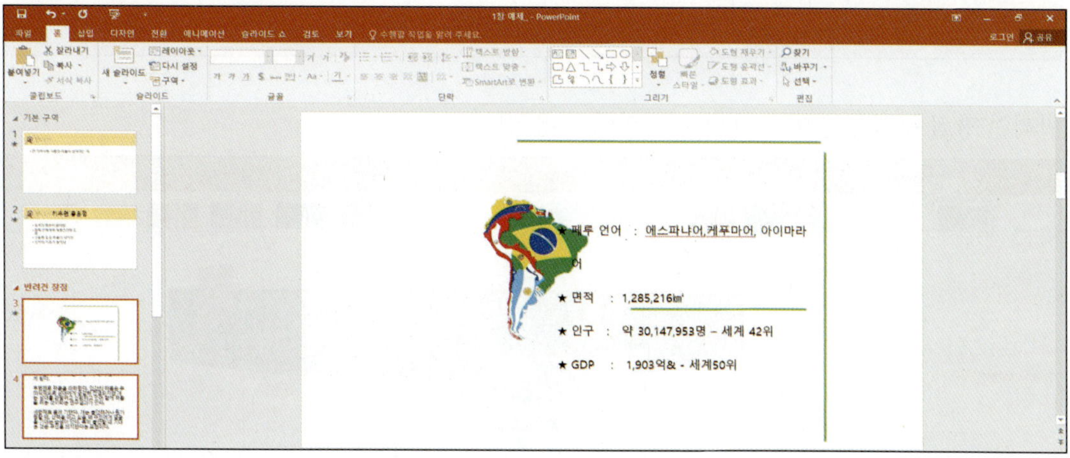

Ⅲ. 구역 꾸미기

구역이 선택된 상태로 [슬라이드 3]번을 선택 – [디자인] 메뉴 – [테마] 그룹 – [이온 (회의실)] 테마 명령을 선택한다.

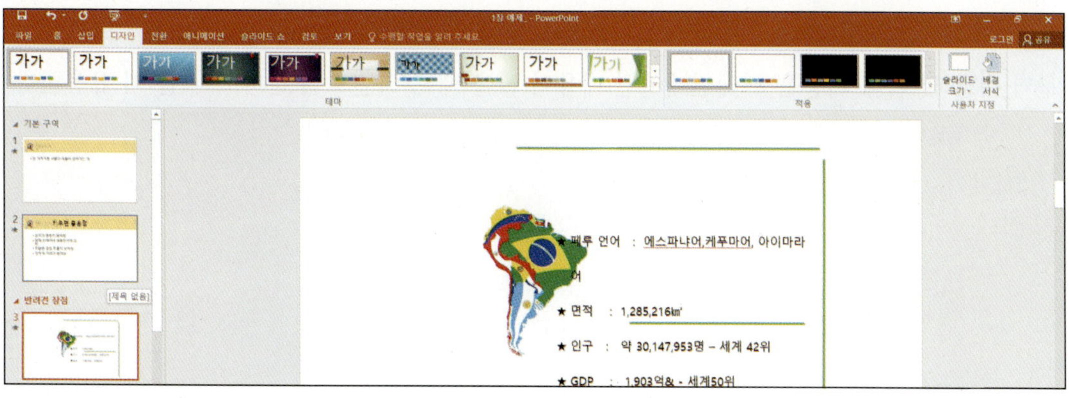

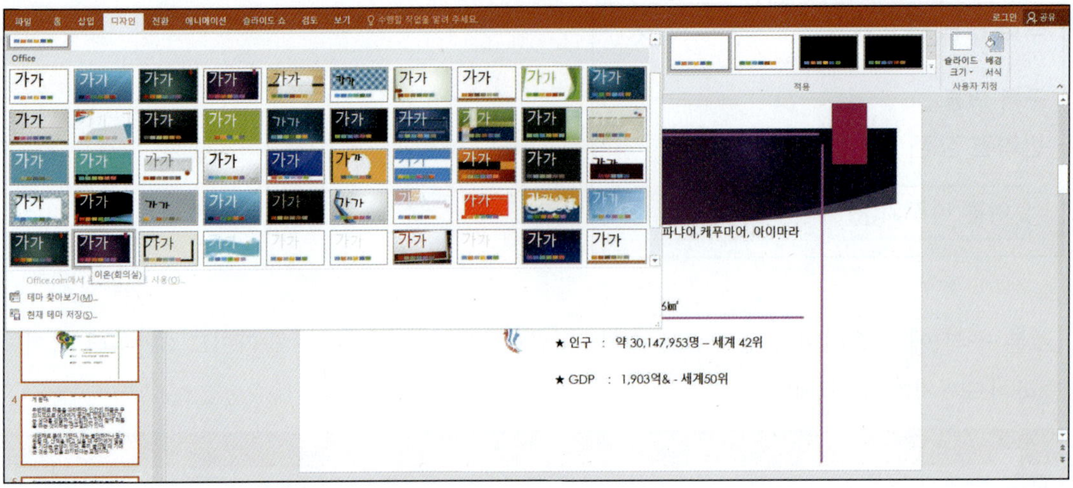

반려견 장점 구역에만 이온 테마 디자인이 적용 된다.

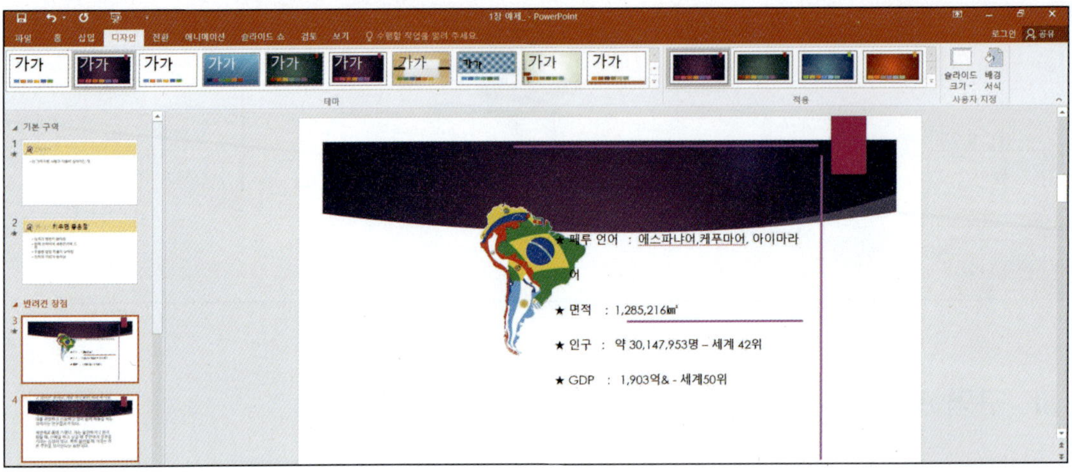

Ⅳ. 구역 축소 관리

구역 축소 및 확대 기능은 프레젠테이션 내용이 많을 때 구역별로 구분하고자 할 때 유용하다.

[홈] 메뉴 – [슬라이드] 그룹 – [구역] – [모두 축소]를 선택한다.

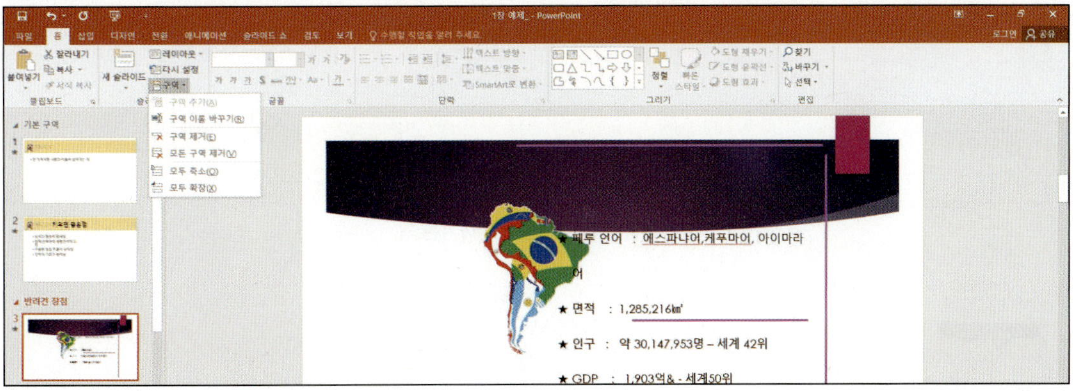

아래 그림처럼 [기본 구역 2]와 [반려견 장점] 구역으로 축소되어 진다.

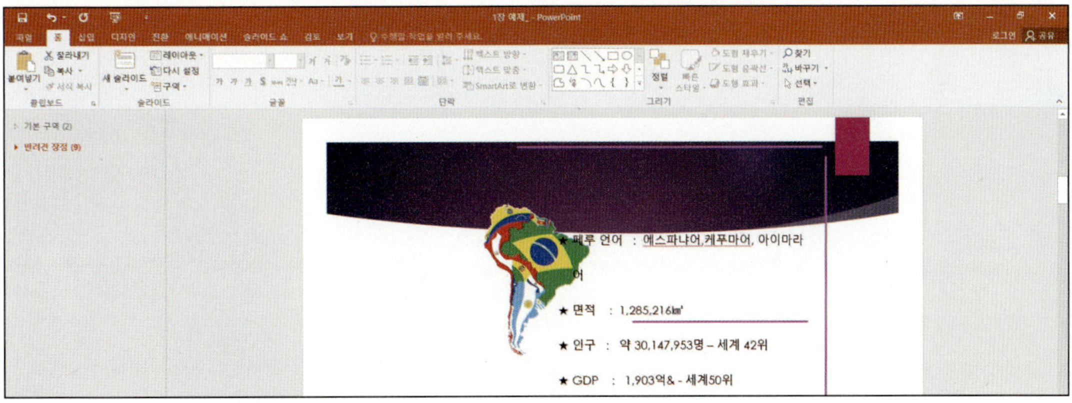

[홈] 메뉴 – [슬라이드] 그룹 – [구역] 클릭 – [모두 확장]을 선택한다.

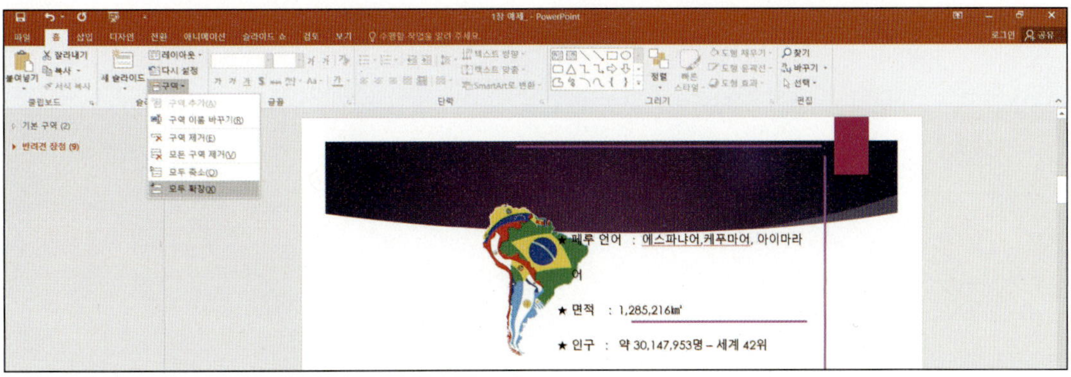

아래 그림처럼 [기본 구역 2]와 [반려견 장점] 구역으로 확장 된다.

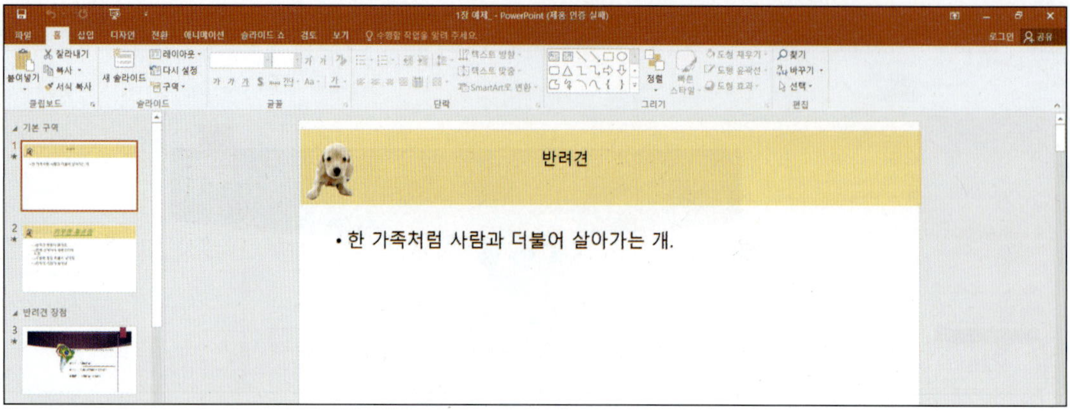

1-5 글꼴

Ⅰ. 글꼴 서식

[글꼴 서식]은 슬라이드 레이아웃에 포함된 텍스트 개체 틀의 각각 다른 글꼴 크기로 설정할 수 있고, 사용자가 원하는 글꼴 모양이나 색 변경, 모든 서식 지우기, 텍스트 그림자 그리고 문자 간격 등을 변경할 수 있다.

[슬라이드 1]번의 [반려견]을 선택 – [홈] 메뉴 – [글꼴] 그룹 – [HY동녘B] 명령을 클릭한다.

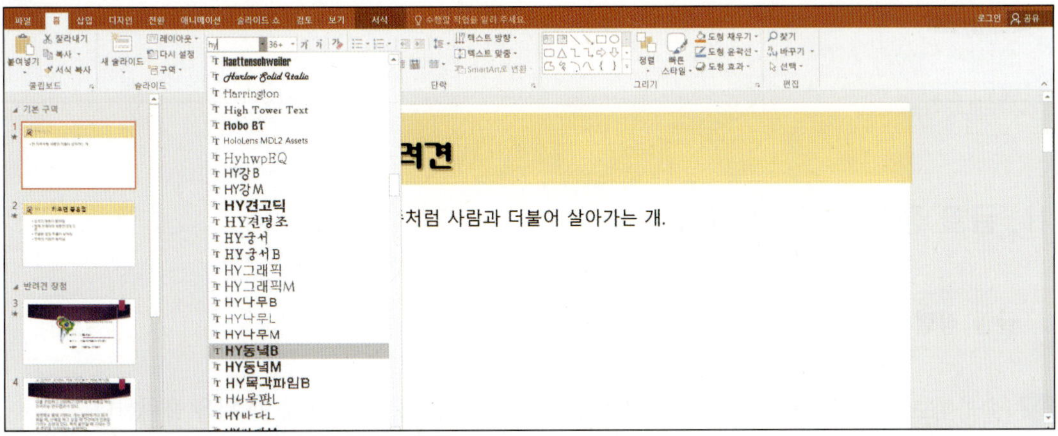

제목 텍스트 상자의 글꼴이 [HY동녘B]로 변경 된 것을 확인 할 수 있다.

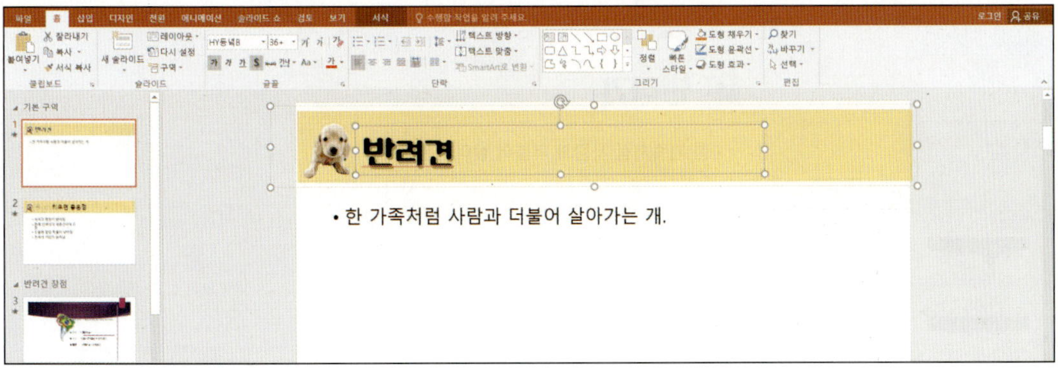

[슬라이드 2]번의 [반려견 키우면 좋은점]을 선택 – [홈] 메뉴 – [글꼴] 그룹 – [글꼴 크기 : 40] – [가 가 S] – [가] 명령을 클릭한다.

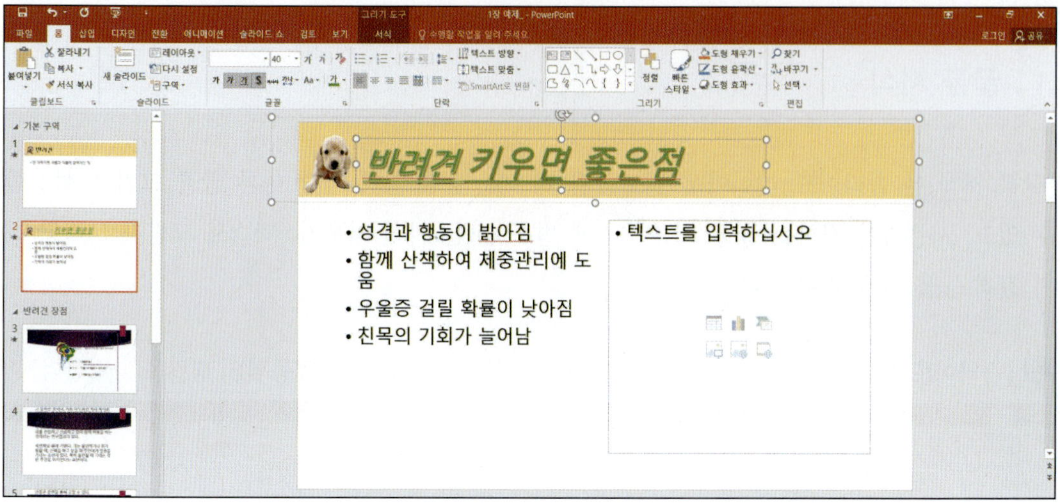

II. 글꼴 정렬 및 문자 간격

1. 글꼴 정렬

[슬라이드 1]번의 [반려견] 선택 – [홈] 메뉴 – [단락] 그룹 – [가운데 맞춤]을 클릭한다.

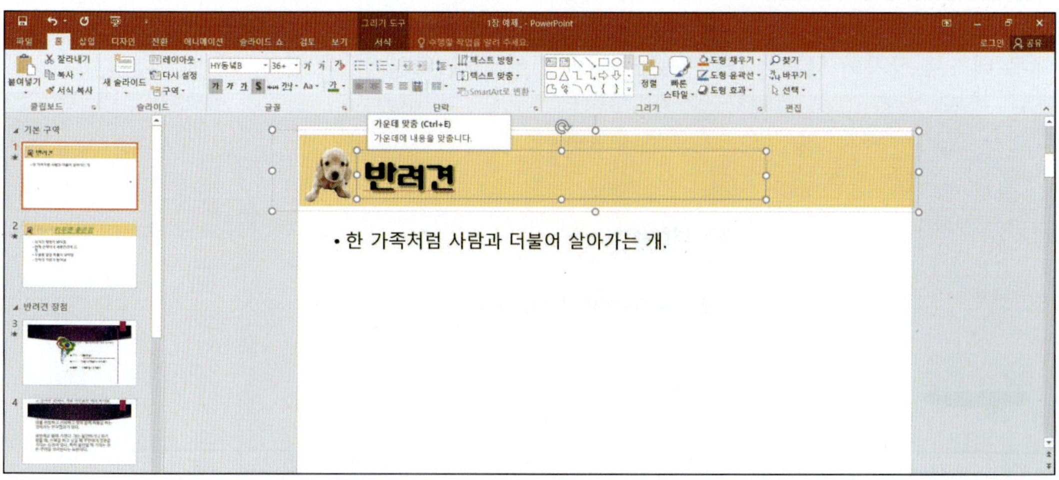

우선 적용하고 싶은 내용을 범위 지정하고 원하는 아이콘 ()을 클릭하여 사용하면 된다.

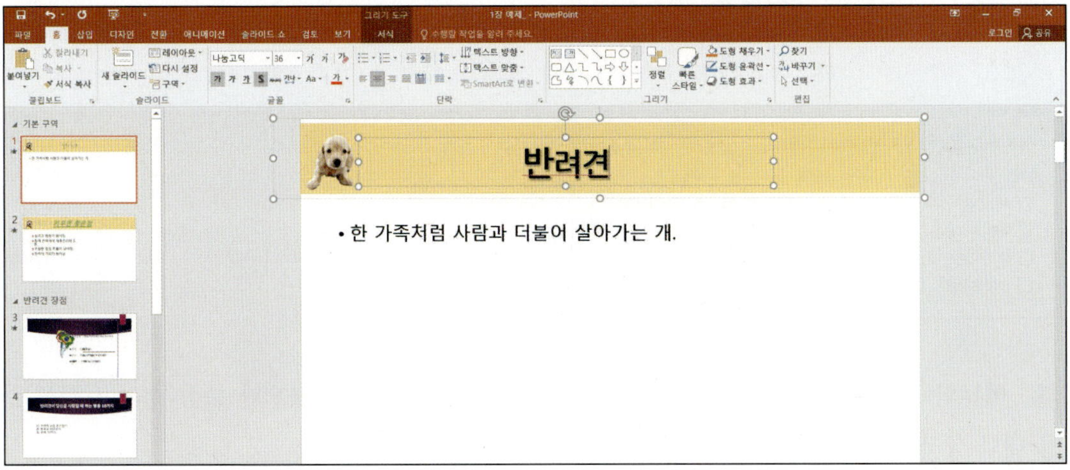

2. 다양한 글꼴 꾸미기

[슬라이드 1]번을 선택 – [홈] 메뉴 – [글꼴] 그룹의 자세히 – [이중 취소선] – [글꼴 크기 : 18] – [확인] 명령을 클릭한다.

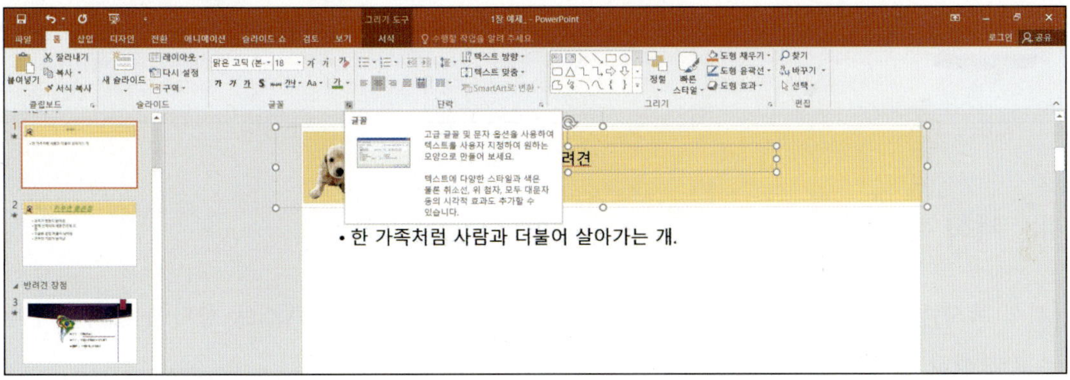

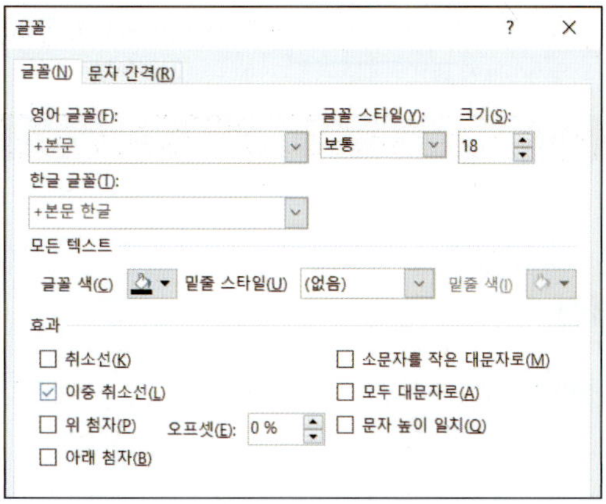

[홈] 메뉴의 글꼴 도구 모음을 이용하여 서식을 바로 적용 할 수도 있으나 특정 효과 서식은 글꼴 대화 상자의 [자세히]를 이용해야만 적용 가능하다.

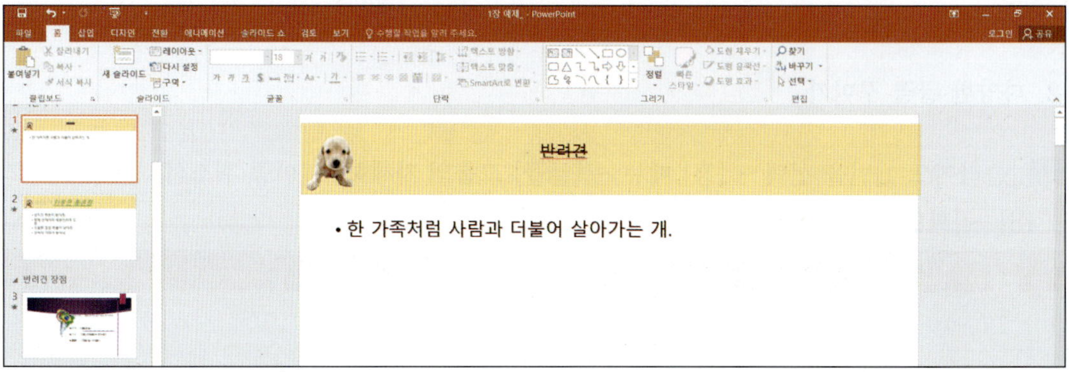

Ⅲ. 서식 복사

[서식 복사]는 텍스트에 설정되어 있는 글꼴 및 단락 서식을 다른 텍스트 상자에 복사하여 빠르고 간편히 재사용 할 수 있다.

그리고 글 복사뿐만 아니라 도형 서식도 복사가 가능하다. 자주 사용하는 서식은 스타일로 지정해 사용해도 되지만 사용 빈도가 적은 것들은 서식만 복사해서 적용하면 작업 능률을 높일 수 있어 효율적이다.

[슬라이드 2]번의 제목 [범위 지정] – [홈] 메뉴 – [클립보드] 그룹 – [서식 복사] 를 선택 한다.

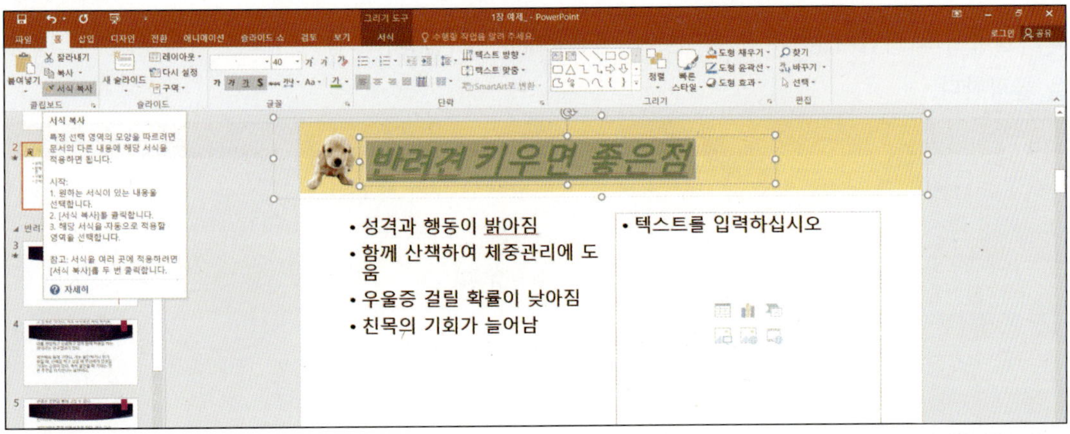

[슬라이드 1]번을 클릭 – 제목의 [반려견]을 드래그 한다.

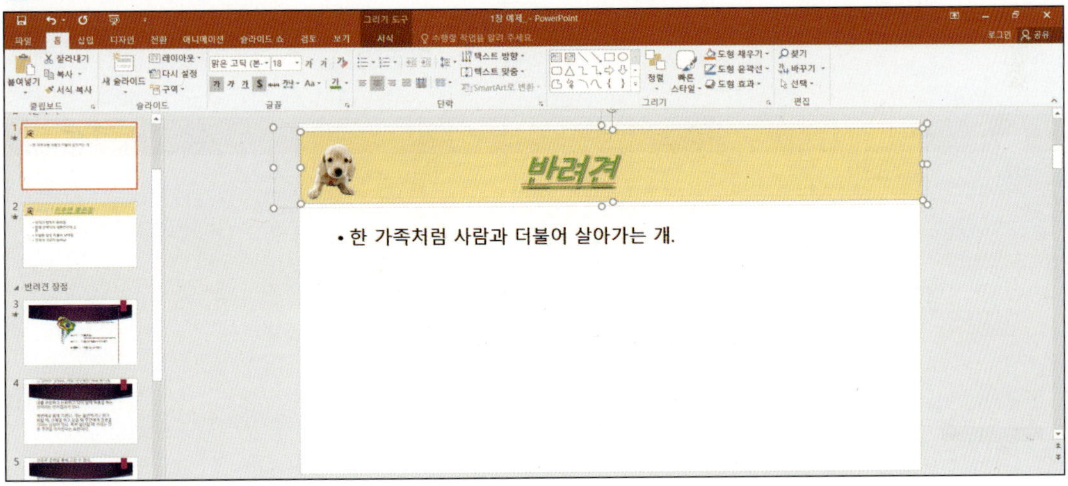

슬라이드 1번의 제목 [반려견]이 슬라이드 2 제목과 같은 [글자 크기 40]과 글꼴 서식 [HY 동녘B]로 내용이 변경 됐다.

Ⅳ. 서식 지우기

[슬라이드 1]번의 [반려견]을 선택 – [홈] 메뉴 – [글꼴] 그룹 – [모든 서식 지우기] 명령을 클릭한다.

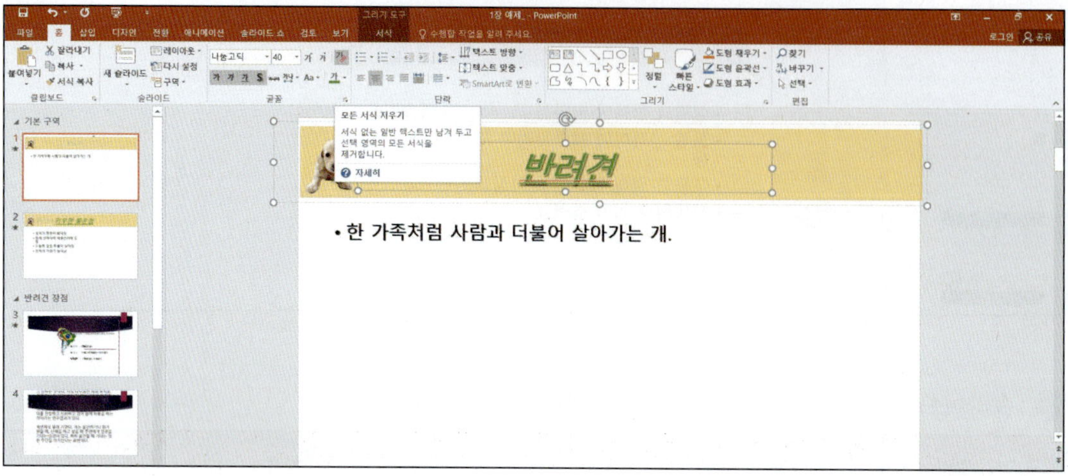

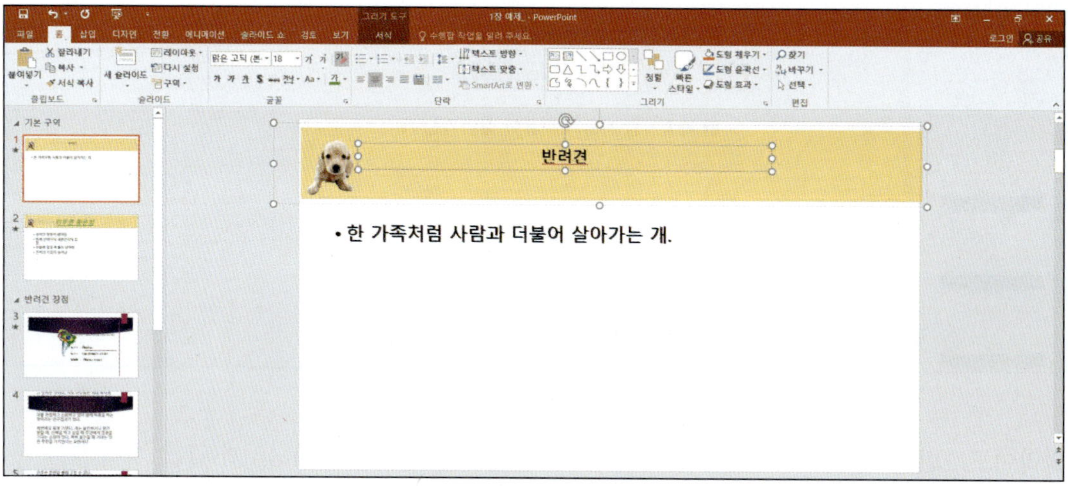

내용에 적용한 서식을 지울 때 편리한 기능으로 글자가 선택 된 상태에서 [서식 지우기]를 클릭하면 이미 적용 된 글자의 크기, 서체, 글꼴 변경 등의 서식이 모두 지워지고 처음 입력했던 모양으로 돌아간다.

1-6 글머리 기호

[글머리 기호]는 제목 및 내용 슬라이드에 텍스트를 입력하면 각 항목 앞에 [글머리 기호]가 표시되어 내용을 보기 쉽고 일목요연하게 정리해 준다. 이러한 글머리 기호는 다른 여러 가지 특수 기호나 그림으로 변경이 가능하다.

Ⅰ. 글머리 기호 적용

[슬라이드 2]번을 선택 – [글머리 상자] 클릭 – [홈] 메뉴 – [단락] 그룹 – [글머리 기호] – [별표 글머리 기호] 명령을 클릭한다.

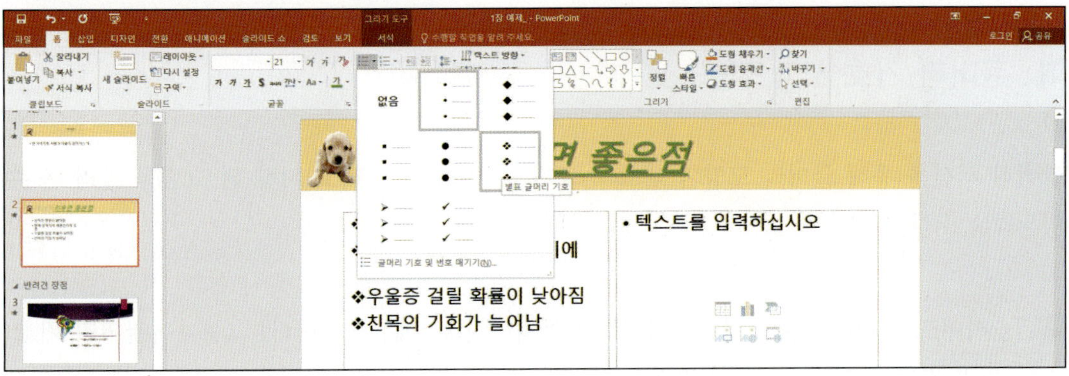

슬라이드 2번의 글머리 기호가 [별표 글머리 기호] 모양으로 변경 된 것을 확인 할 수 있다.

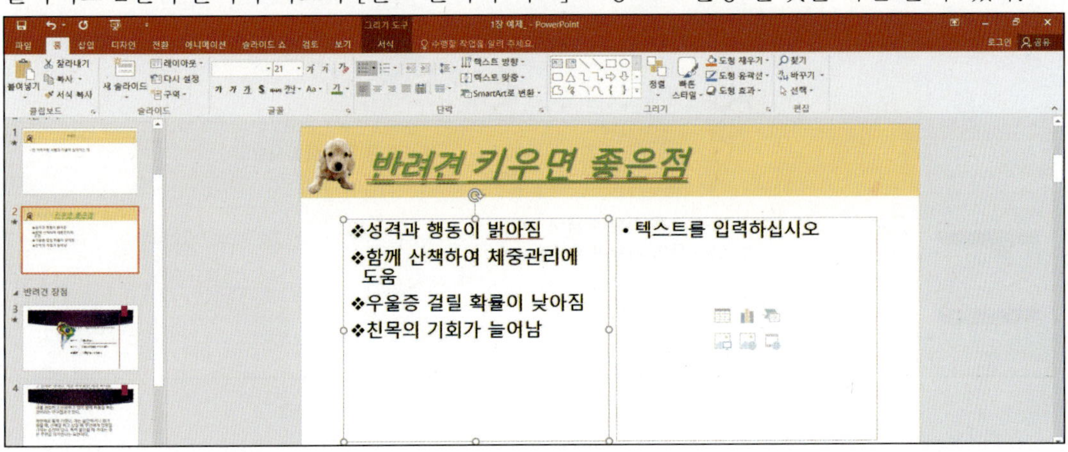

글머리 기호에는 다음과 같이 다양한 모양이 있고 그 외의 것을 사용하고자 할 때는 [그림]이나 [사용자 지정]을 통해 컬러풀하고 다양한 기호를 추가 할 수 있다.

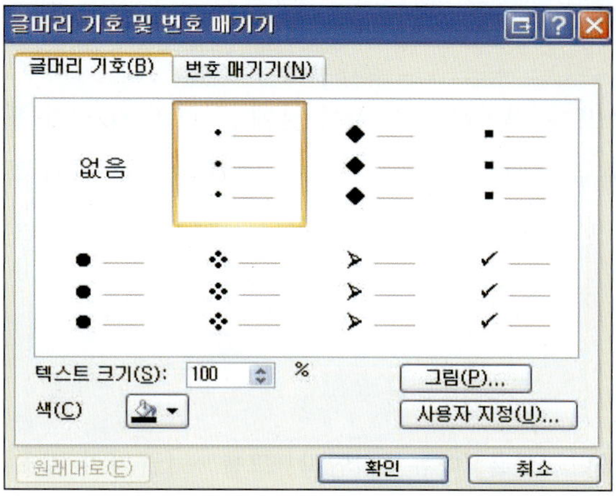

II. 글머리 기호 서식 적용

글머리 서식을 통해 글머리 모양과 텍스트 크기, 글머리 색 그리고 저장 된 그림을 불러 올 수 있는 기능이다.

[슬라이드 2]번을 선택 – [글머리 상자] 클릭 – [홈] 메뉴 – [단락] 그룹 – [글머리 기호] – [글머리 기호 및 번호 매기기] 명령을 클릭한다.

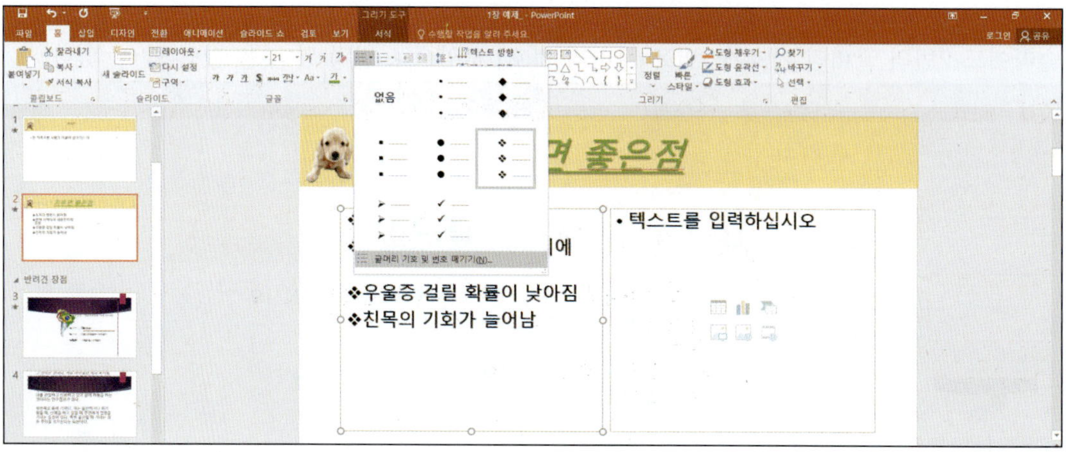

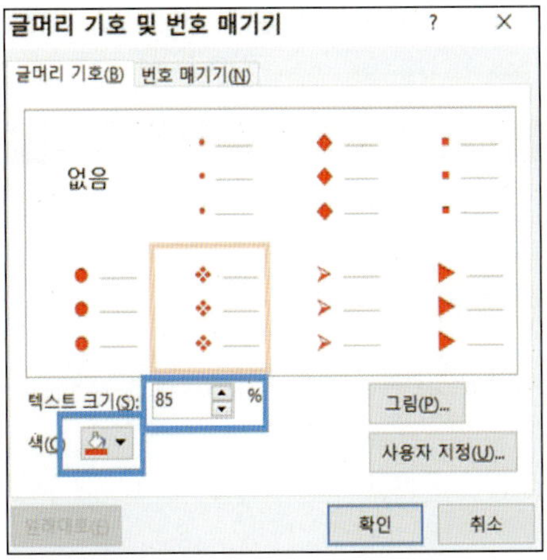

[글머리 기호 및 번호 매기기]에서 [색]과 [시작 번호]를 변경하여 다양한 형식으로 글머리 기호 편집이 가능하고 [텍스트 크기] 변경도 할 수 있다.

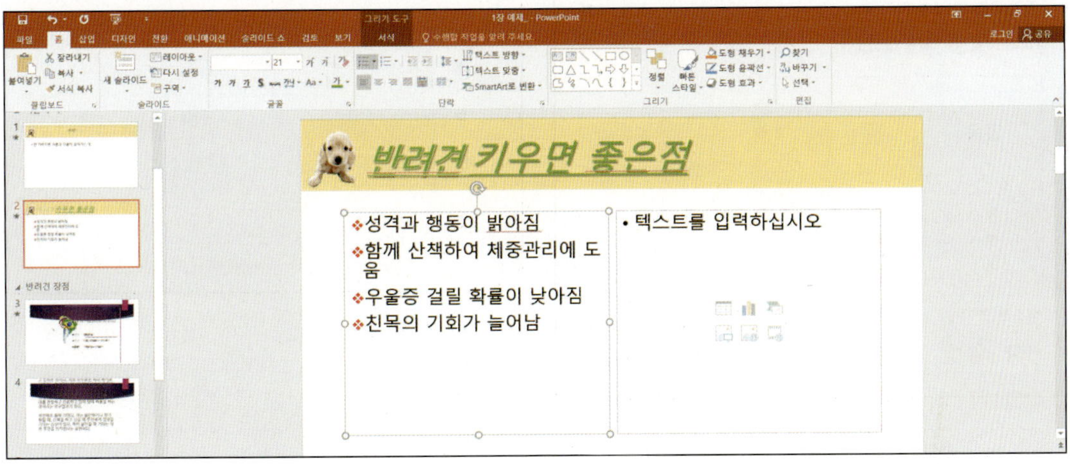

[슬라이드 2]번을 선택 – [글머리 상자] 클릭 – [홈] 메뉴 – [단락] 그룹 – [글머리 기호] – [글머리 기호 및 번호 매기기] 명령을 클릭한다.

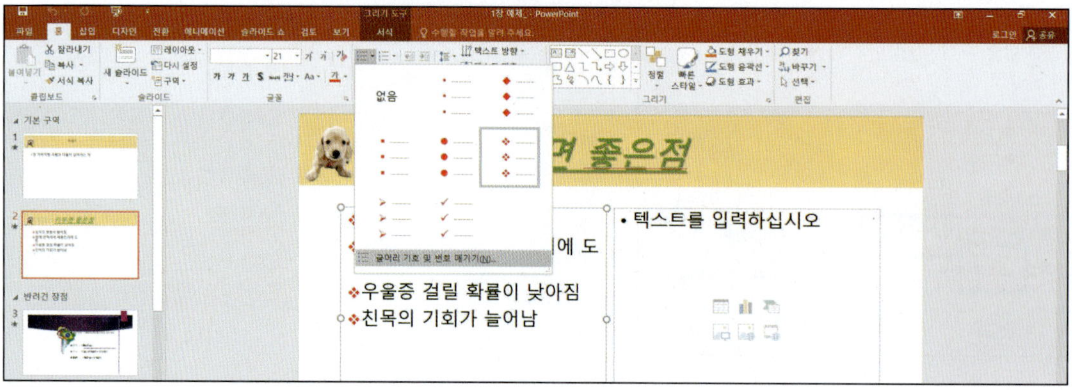

[그림] 명령을 클릭 – 그림 삽입 창에서 [글머리] 라고 입력 – [검색] 단추를 선택한다.

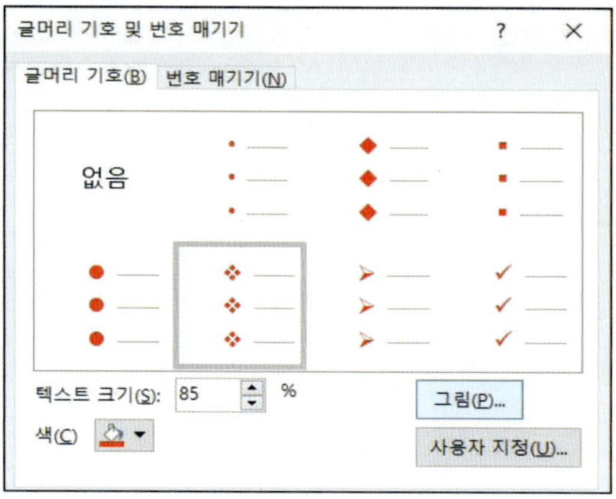

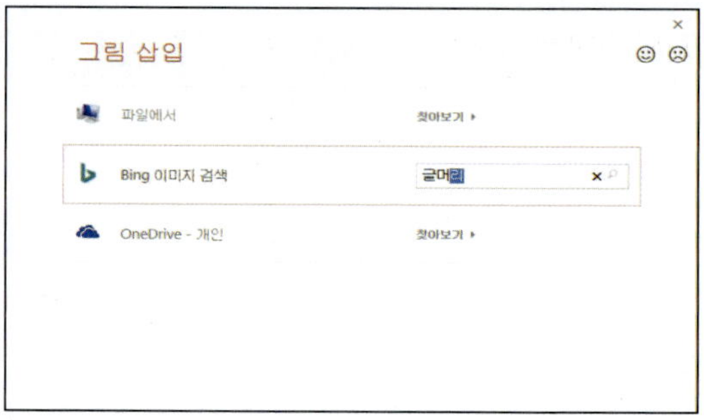

[원하는 그림] 명령을 선택 – [삽입] 명령을 클릭 한다.

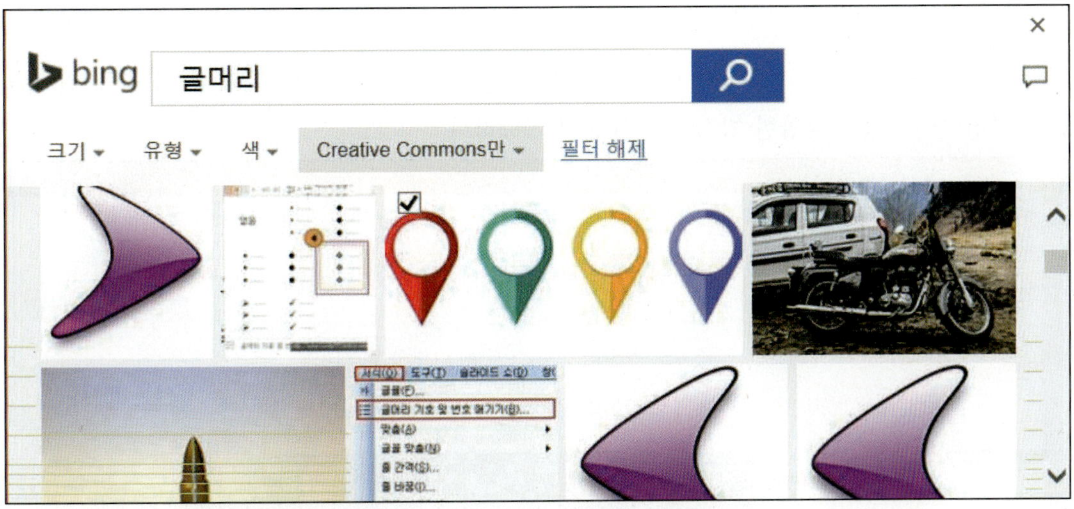

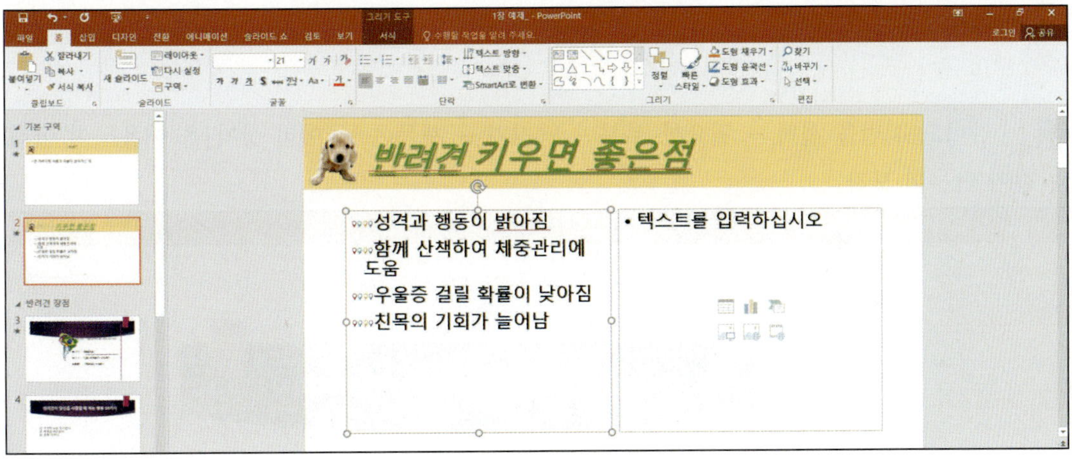

Ⅲ. 번호 매기기

[번호 매기기]는 순서를 나타내는 항목으로 [번호 매기기] 서식을 이용하여 각 항목에 일련번호를 설정 할 수 있어 다양한 방식으로 표현이 가능하다.

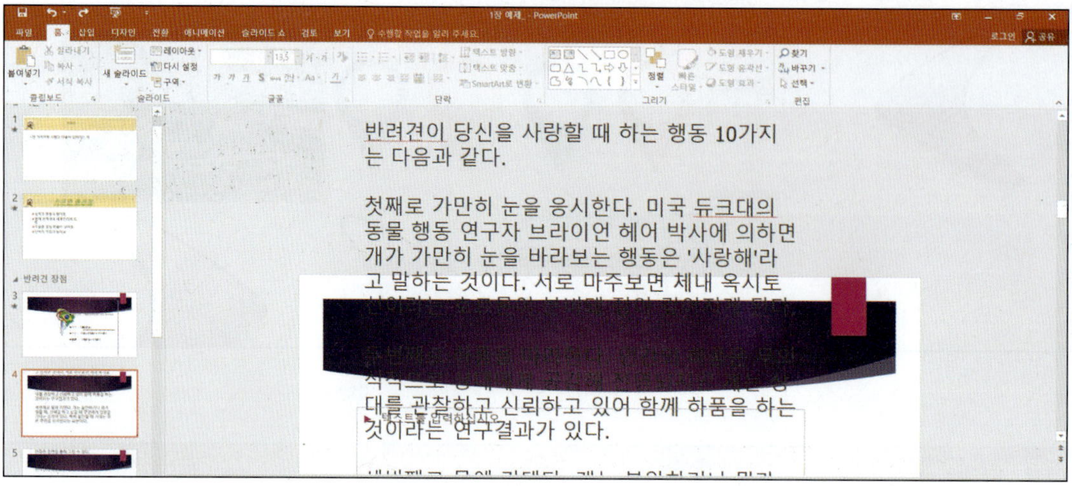

[슬라이드 4]번을 선택 – 필요한 부분만 남기기 – 제목은 [글머리 상자]을 이용하여 아래와 같이 만들어 보자.

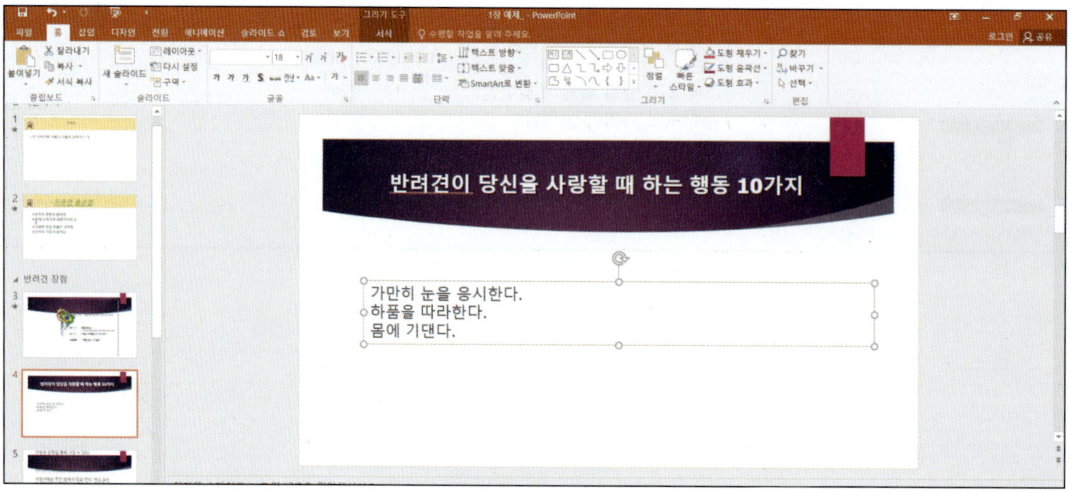

[글머리 상자] 클릭 – [홈] 메뉴 – [단락] 그룹 – 번호 매기기의 [1) 2) 3)] 명령을 클릭한다.

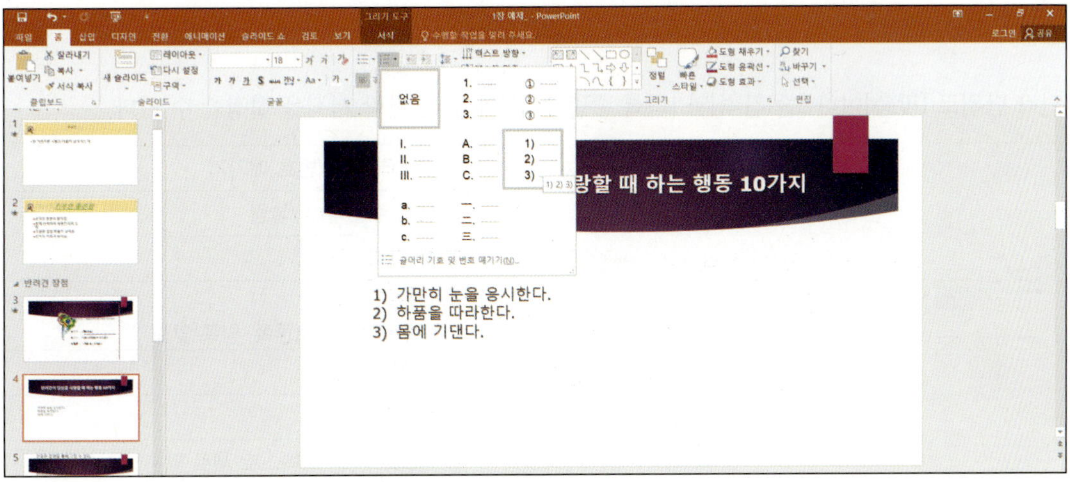

가로 숫자 형식으로 글머리가 적용됐다.

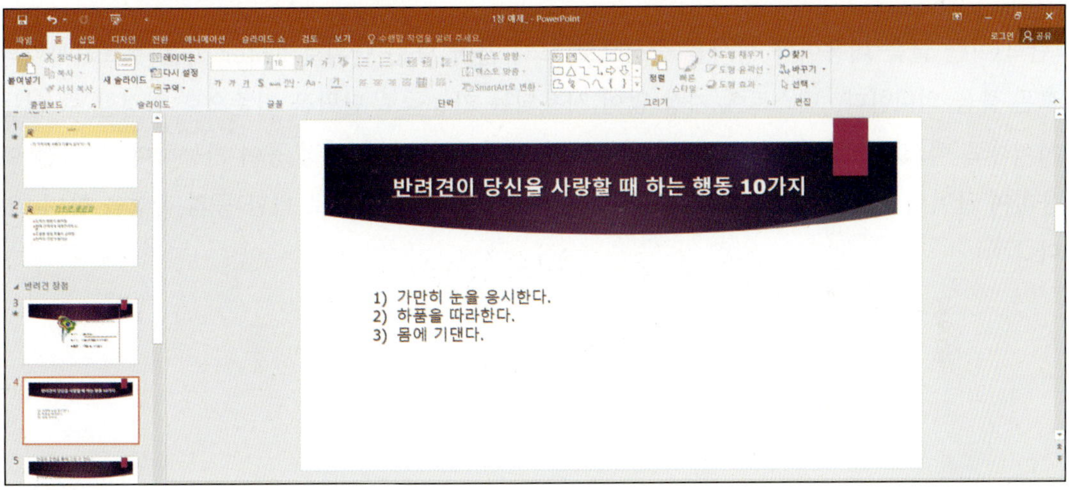

1-7 단락

단락 단위로 [맞춤]이나 [줄 간격]과 [목록 수준 늘림]과 같은 단락 서식을 설정할 수 있다.

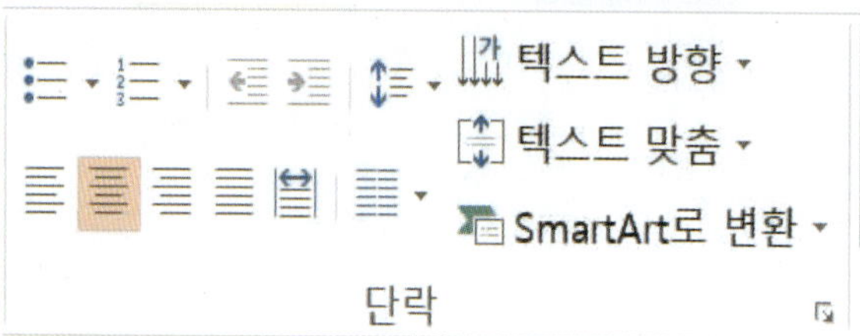

① 글머리 기호/번호 매기기
② 목록 수준 줄임/늘림
③ 줄 간격
④ 단락의 정렬 :
왼쪽, 가운데, 오른쪽, 양쪽 맞춤
⑤ 단(열) 설정
⑥ 텍스트 방향
⑦ 텍스트 맞춤 : 텍스트 세로 맞춤
⑧ SmartArt로 변환 :
텍스트를 SmartArt로 변환

[단락]이란 글을 내용이나 형식을 중심으로 크게 끊어 나눈 단위로 Enter 키를 누르기까지의 모든 줄을 의미한다. 텍스트에 가장 많이 사용되는 기능들로 단락을 기준으로 설정할 수 있는 서식들로 텍스트 맞춤(정렬), 글머리 기호 · 번호 매기기, 수준 설정 등이 가능하다. 단락을 이용하여 글머리 기호나 줄 간격, 맞춤, 텍스트 방향 그리고 스마트로 변환 등의 작업을 할 수 있다.

Ⅰ. 텍스트 맞춤

[슬라이드 6]번을 선택 – [글머리 상자] 클릭 – [홈] 메뉴 – [단락] 그룹 – [텍스트 맞춤] – [위쪽] 을 클릭한다.

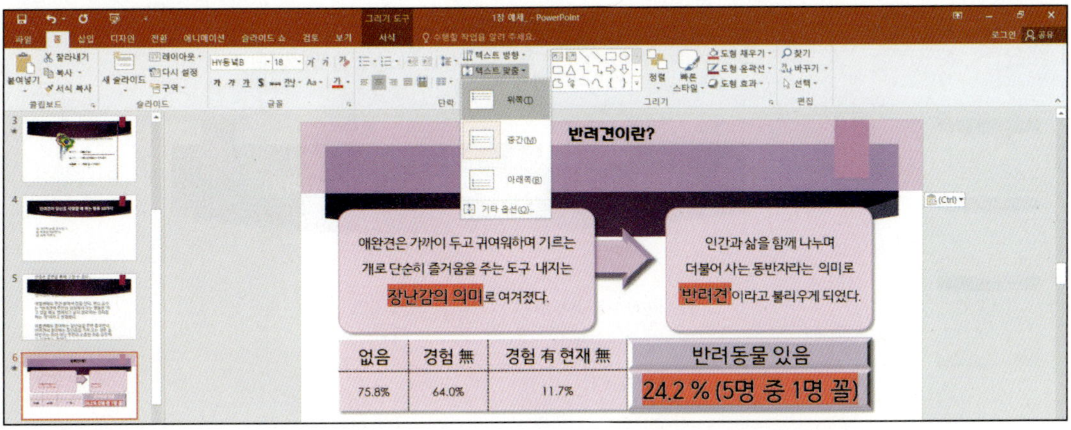

〈반려견이란?〉 제목 텍스트가 위쪽으로 맞춰짐을 확인 할 수 있다.

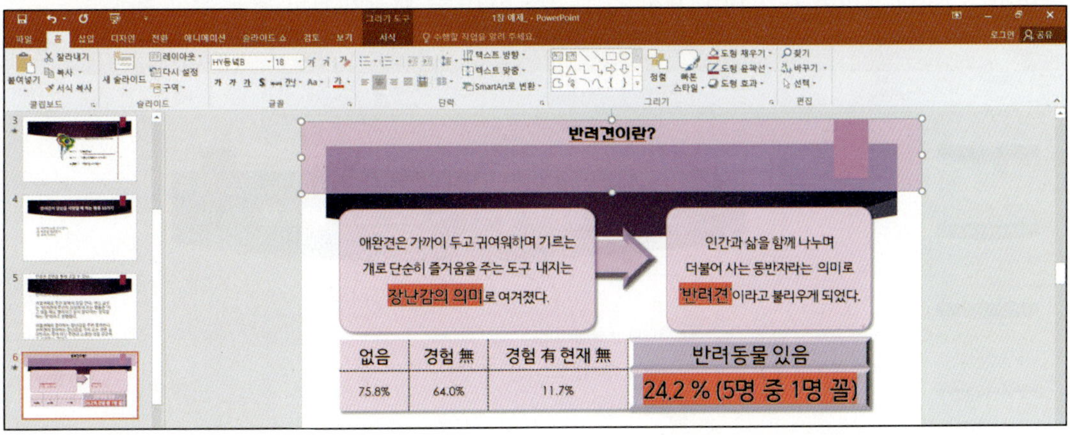

Ⅱ. 줄 간격

[슬라이드 4]번을 선택 - [글머리 상자] 클릭 - [홈] 메뉴 - [단락] 그룹 - [줄 간격] - [2.0]을 선택한다.

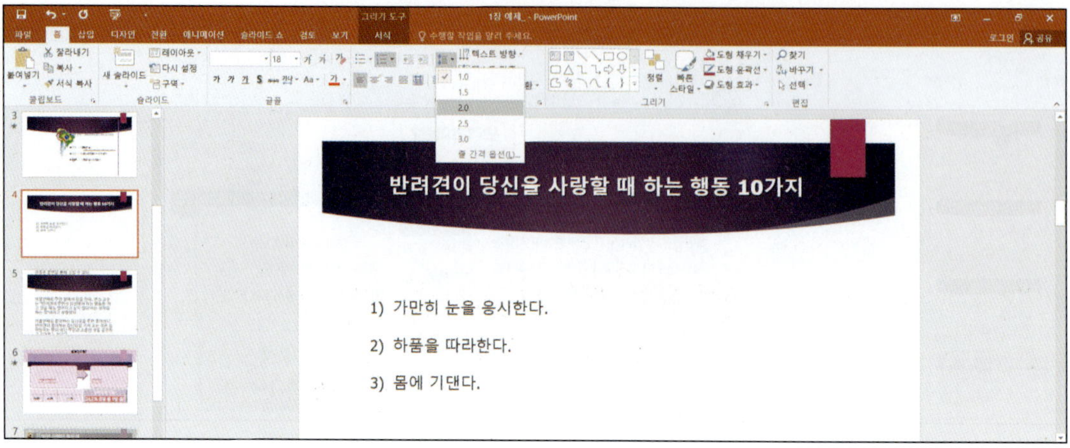

슬라이드 4번의 글머리 상자 내 내용이 줄 간격이 [2.0] 로 넓혀져 보기 좋게 꾸며 졌다.

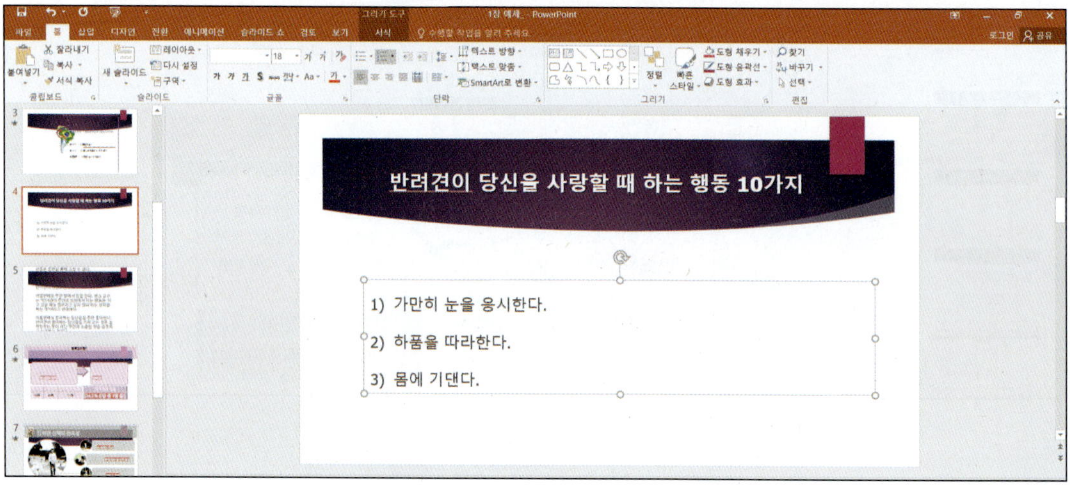

Ⅲ. 단 설정

신문이나 잡지를 보면 많은 내용을 게시하고자 여러 단으로 나누어 글을 쓴 것을 볼 수 있다. 즉 단 설정을 통해 지면 활용도를 높일 수 있는 장점이 있기에 자주 사용하는 기능이다.

[슬라이드 12]번을 선택 – [글머리 상자] 클릭 – [홈] 메뉴 – [단락] 그룹 – [단] – [2단]을 선택한다.

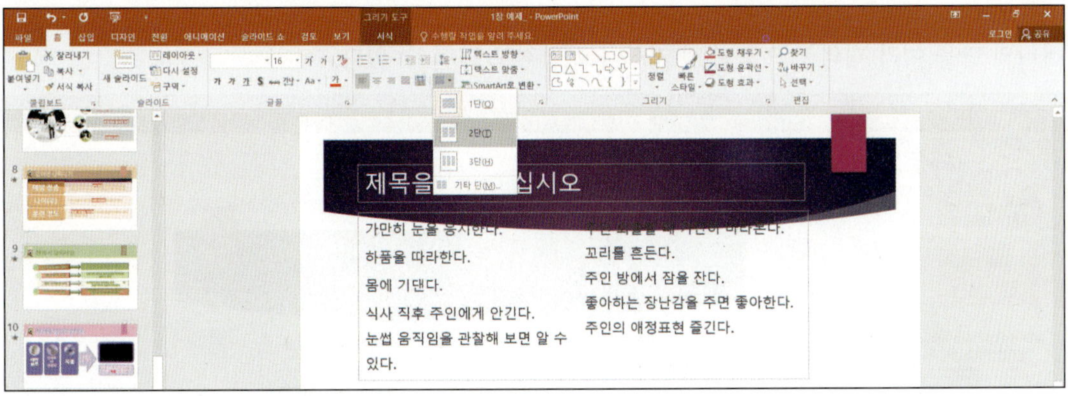

[글 상자]를 선택 – [단 설정] – [기타 단] – [개수 : 3] – [간격 : 1] – [확인]을 선택한다.

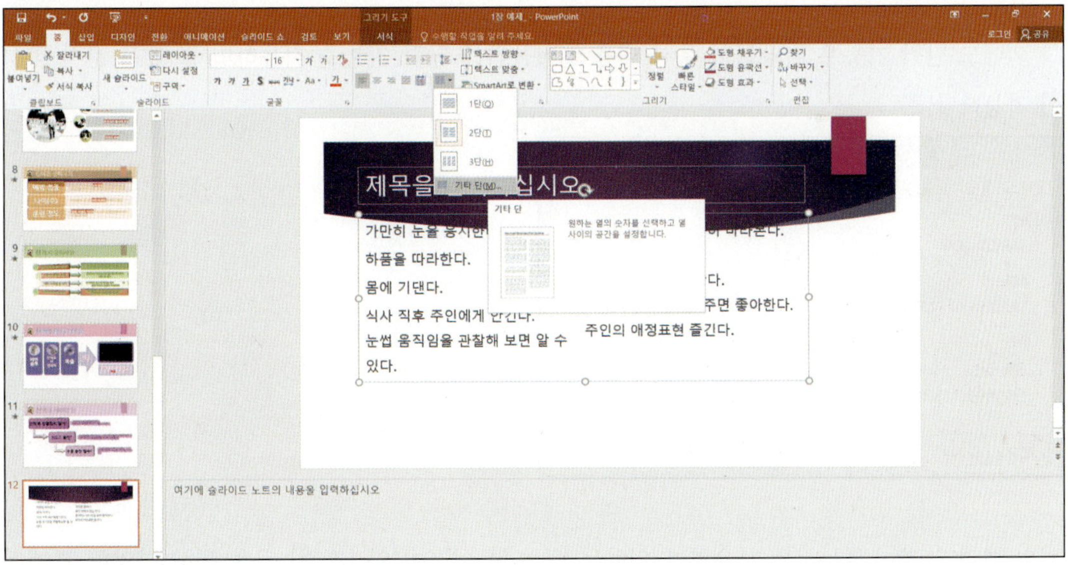

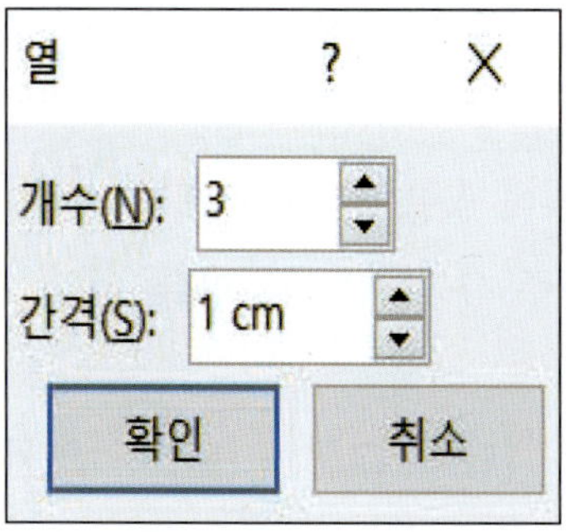

하나의 단을 여러 개의 단으로 수정 가능하고 간격도 넓힐 수 있다.

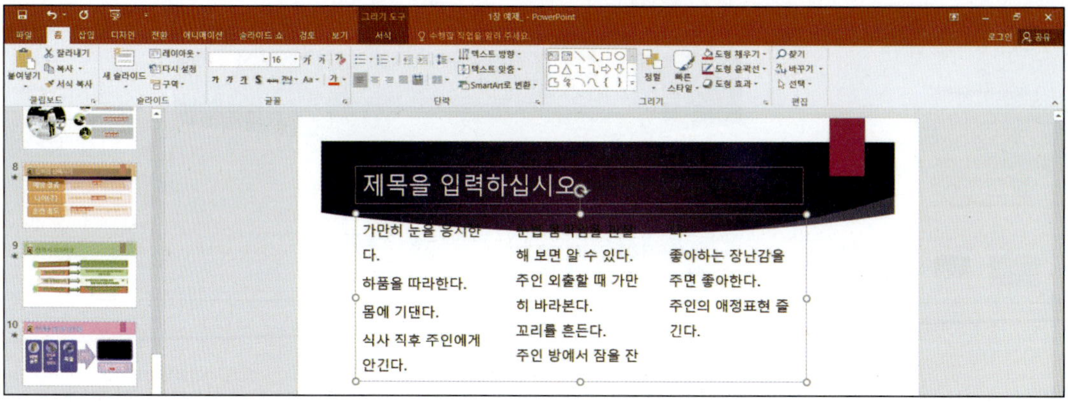

그 외에도 단락 기능은 다양하여 문서 내용에 어울리는 단락 기능을 적용하면 질 높은 문서 작성이 가능하다.

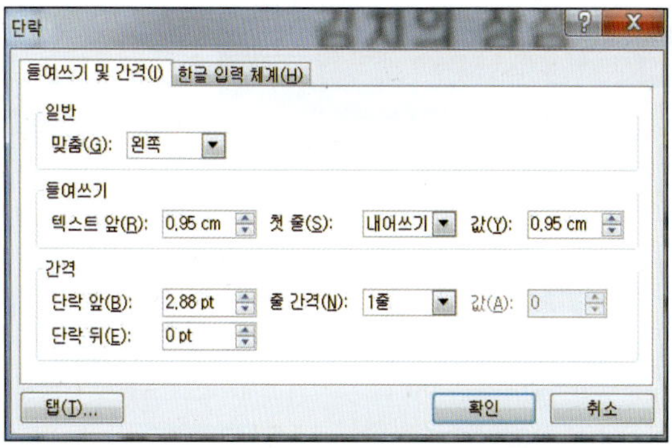

위의 그림과 같이 [단락]을 사용자가 원하는 대로 [들여쓰기]와 [간격] 등을 통해 다양한 프레젠테이션 편집을 할 수 있다. 참고로 가장 간단한 방법인 탭 키(Tab)를 사용한 들여쓰기는 단락의 맨 앞에 커서를 두고 탭 키를 클릭하면 탭 설정 값만큼 들어가게 된다.

Ⅳ. 텍스트 방향

[슬라이드 6]번을 선택 – [반려견이란?] – [글머리 상자] 클릭 – [홈] 메뉴 – [단락] 그룹 – [텍스트 방향] – [세로]를 클릭 한다.

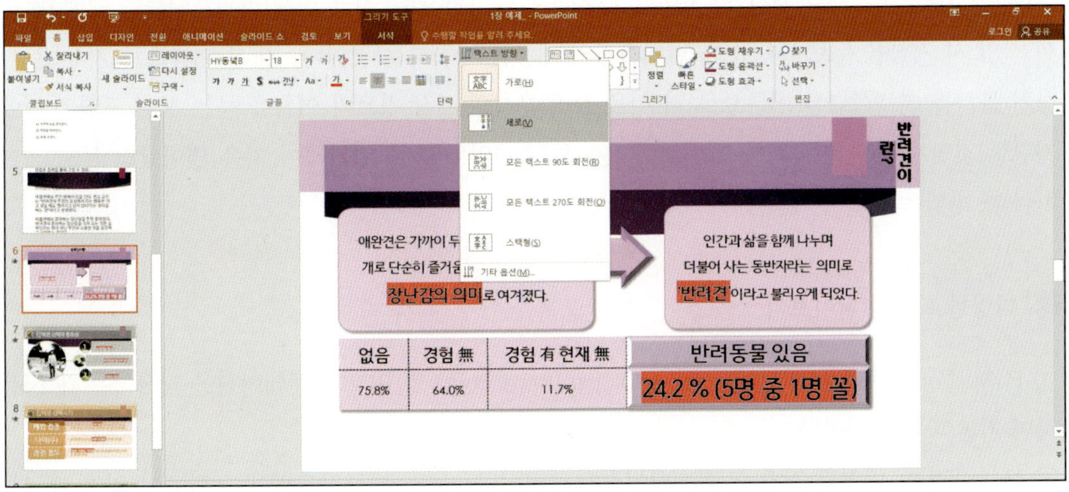

[반려견이란?] 부분이 세로쓰기가 적용됐다.

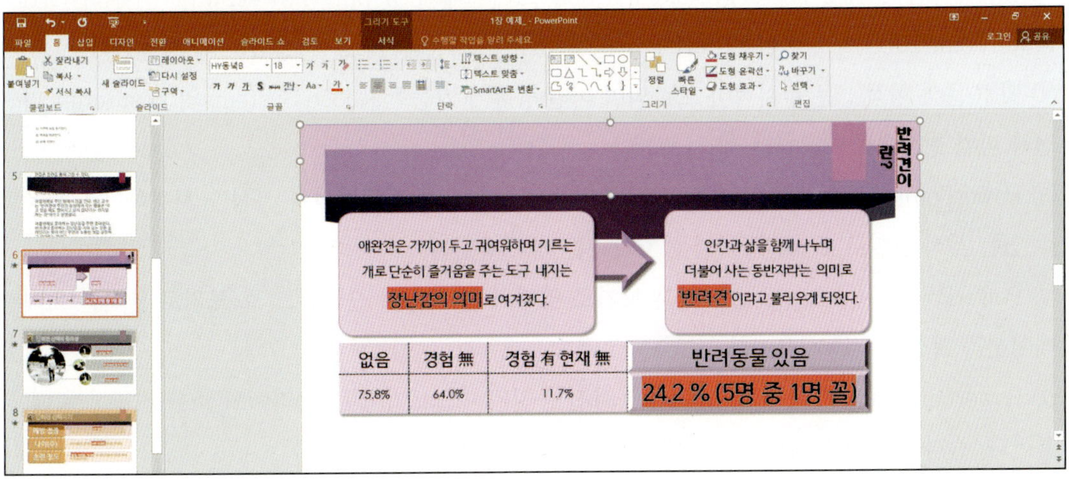

1-8 저장

[저장]과 [다른 이름으로 저장]의 차이는 다음과 같다. [저장]은 지금 현재 파워포인트나 엑셀 등 문서 작업 시 저장을 누르면 단순히 현재까지의 내용을 저장하는 것이다. [다른 이름으로 저장]은 저장된 문서를 연 후 [다른 이름으로 저장]을 눌러 문서의 저장 경로와 이름을 묻는 창이 뜨면 어디에 저장할 것인지 폴더를 클릭하고 변경하고자 하는 파일 이름을 입력하여 처음 열어놨던 문서 외에 하나 더 파일을 만들 수 있다.

다양한 확장자 알아보기

① PowerPoint 프레젠테이션(.pptx) : Office PowerPoint 2016 프레젠테이션을 저장하는 데 사용하며 기본 파일 형식이다.

② PowerPoint 매크로 사용 프레젠테이션(.pptm) : Microsoft 프로그램에 포함되어 있는 매크로 언어 버전의 Microsoft Visual Basic 코드가 포함된 프레젠테이션을 저장하는 데 사용한다.

③ Microsoft Office PowerPoint 97-2003 프레젠테이션(.ppt) PowerPoint 97부터 Office PowerPoint 2003 까지의 이전 버전에서 열 수 있는 프레젠테이션을 저장하는 데 사용한다.

④ PDF 문서 형식 : 문서 서식이 보존되며 파일 공유가 가능한 Adobe Systems의 PostScript 기반 전자 파일 형식으로 저장하는 데 사용한다.

⑤ PowerPoint 디자인 서식 파일(.potx) : 앞으로 만들 프레젠테이션의 서식을 지정하는데 사용할 수 있는 서식 파일로 프레젠테이션을 저장하는 데 사용한다.

⑥ PowerPoint 쇼(.pps .ppsx) : 기본 보기로 열리지 않고 항상 슬라이드 쇼 보기로 열리는 프레젠테이션을 저장하는 데 사용한다.

⑦ PowerPoint 매크로 사용 쇼(.ppsm) : 사전 승인된 매크로가 있는 슬라이드 쇼를 저장하는 데 사용한다. 슬라이드 쇼 안에서 해당 매크로를 실행할 수 있다.

⑧ 웹 보관 파일(.mht, .mhtml) : 이미지, 소리 파일, CSS 스타일시트, 스크립트 등의 모든 지원 파일과 .htm 파일을 포함하는 단일 파일로 웹 페이지를 저장하는 데 사용한다. 프레젠테이션을 전자 메일로 보낼 때 적합하다.

⑨ 웹 페이지(.htm, .html) : 이미지, 소리 파일, CSS 스타일시트, 스크립트 등의 모든 지원 파일과 .htm 파일을 포함하는 폴더로 웹 페이지를 저장하는 데 사용한다.

⑩ GIF 형식(*.gif) : .gif 웹 페이지에 사용할 그래픽으로 슬라이드를 저장하는 데 사용한다.

⑪ JPEG(Joint Photographic Experts Group) 파일 형식(.jpg) : 웹 페이지에 사용할 그래픽으로 슬라이드를 저장하는 데 사용한다.

⑫ PNG(Portable Network Graphics) 형식(.png) : 웹 페이지에 사용할 그래픽으로 슬라이드를 저장하는 데 사용한다.

⑬ TIFF(Tag Image File Format)(.tif) : 웹 페이지에 사용할 그래픽으로 슬라이드를 저장하는 데 사용한다.

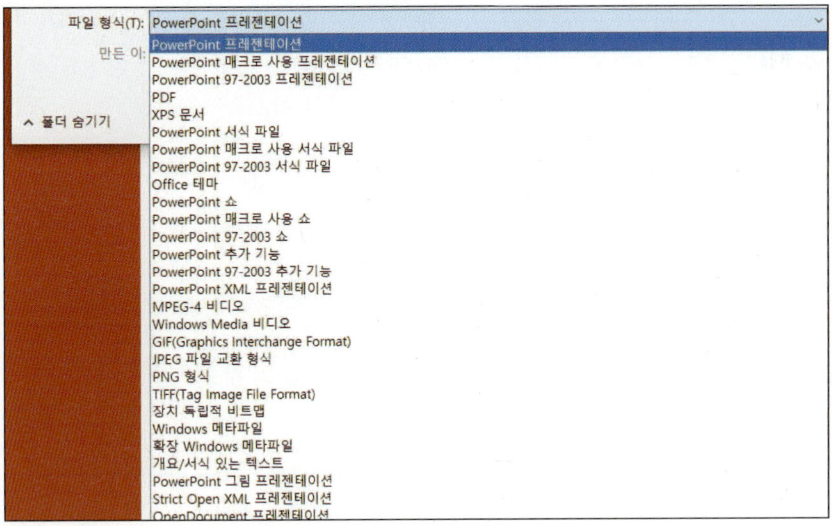

Ⅰ. 저장 및 다른 이름으로 저장

[파일] – [다른 이름으로 저장]을 클릭 – [바탕 화면] 폴더를 선택 – [파일 이름] – [연습]이라고 입력 – [저장] 단추를 선택한다.

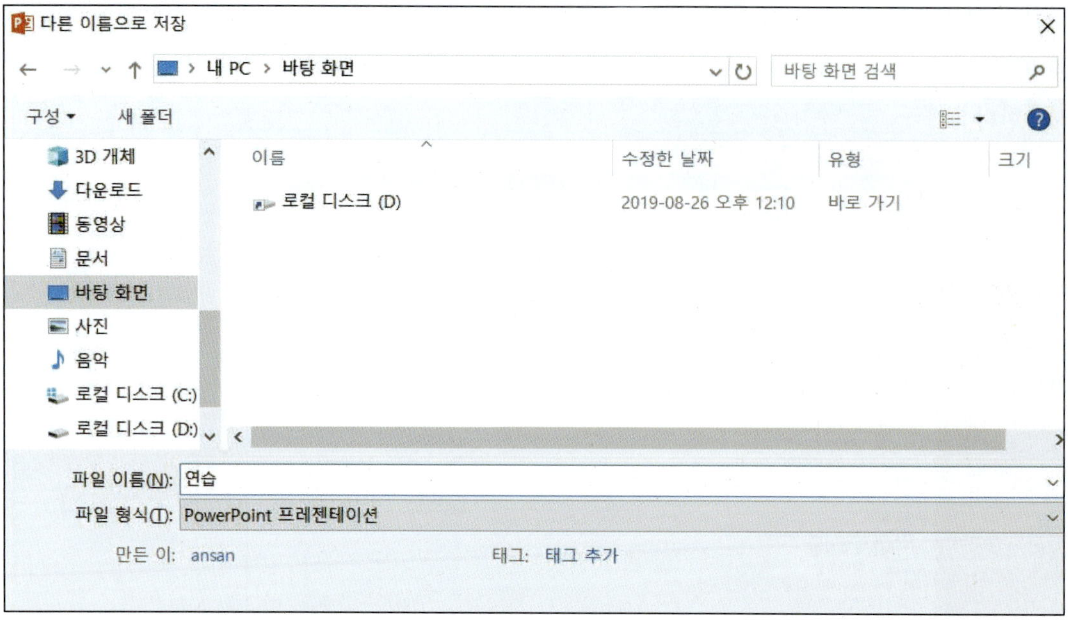

프레젠테이션 파일명이 '연습' 으로 변경됨을 알 수 있다.

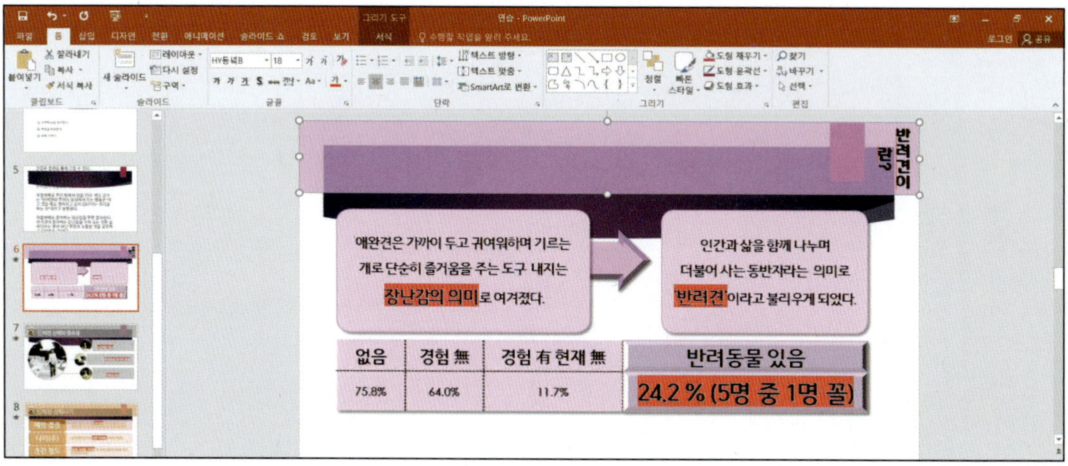

Ⅱ. 글꼴 포함 저장

[파일] – [옵션]을 클릭한다.

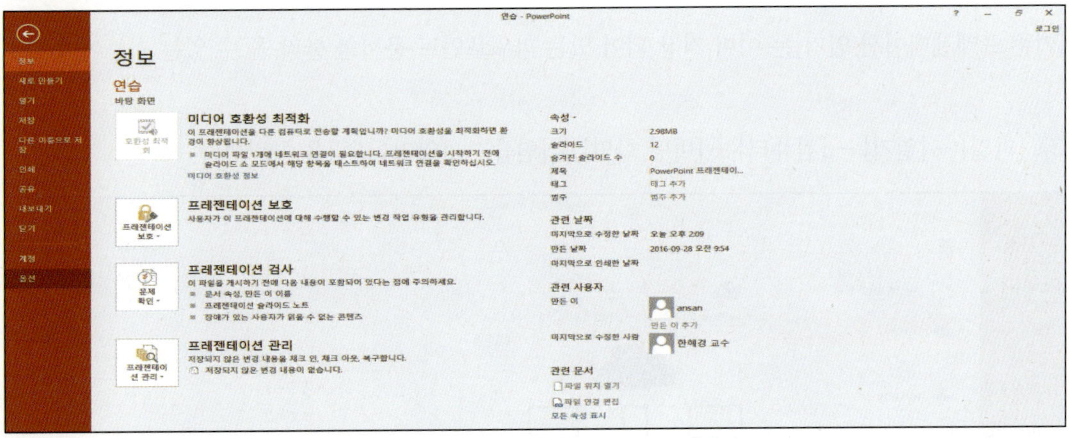

[PowerPoint 옵션] – [저장] – [파일의 글꼴 포함]을 체크 – [확인] 단추를 클릭한다.

1-9 기존 프레젠테이션 열기

[기존 프레젠테이션 열기]는 이미 저장 되어 있는 파워포인트 문서를 불러 올 수 있는 기능이다.

[파일] – [열기] – [컴퓨터] – [바탕 화면] – [연습] – [열기] 명령을 클릭한다.

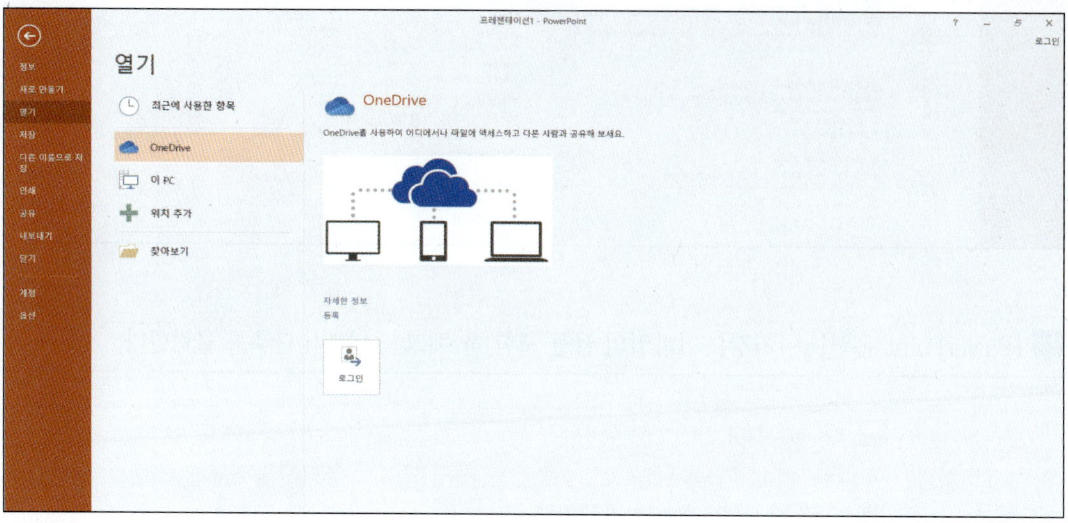

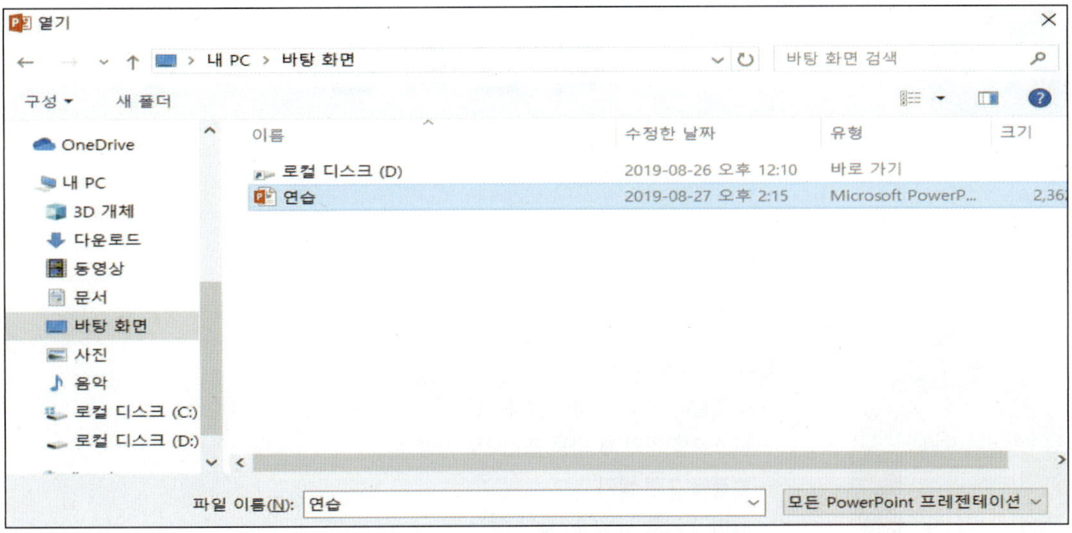

저장한 파일 중 [연습] 파일이 열리는 것을 확인 할 수 있다.

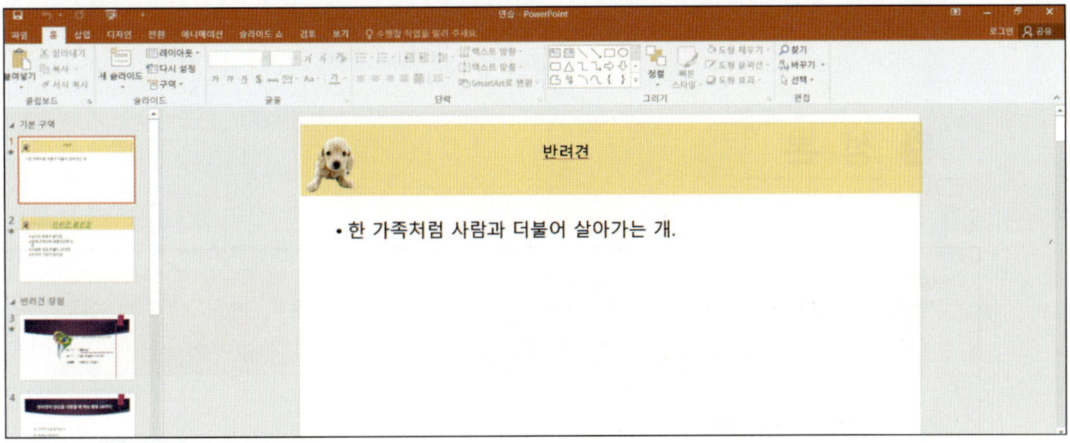

1장 확인학습

조건 1

슬라이드 1에 작성

다음과 같이 슬라이드를 완성하시오.

- 텍스트를 입력 후 다음 조건으로 작성
- 컴퓨터 그림 넣기
- 글머리 기호 사용(◆, ✓)
  - ◆ 문단(맑은 고딕, 20pt, 굵게)
  - ✓ 문단(맑은 고딕, 16pt, 줄 간격 : 1.5줄)

완 성 본

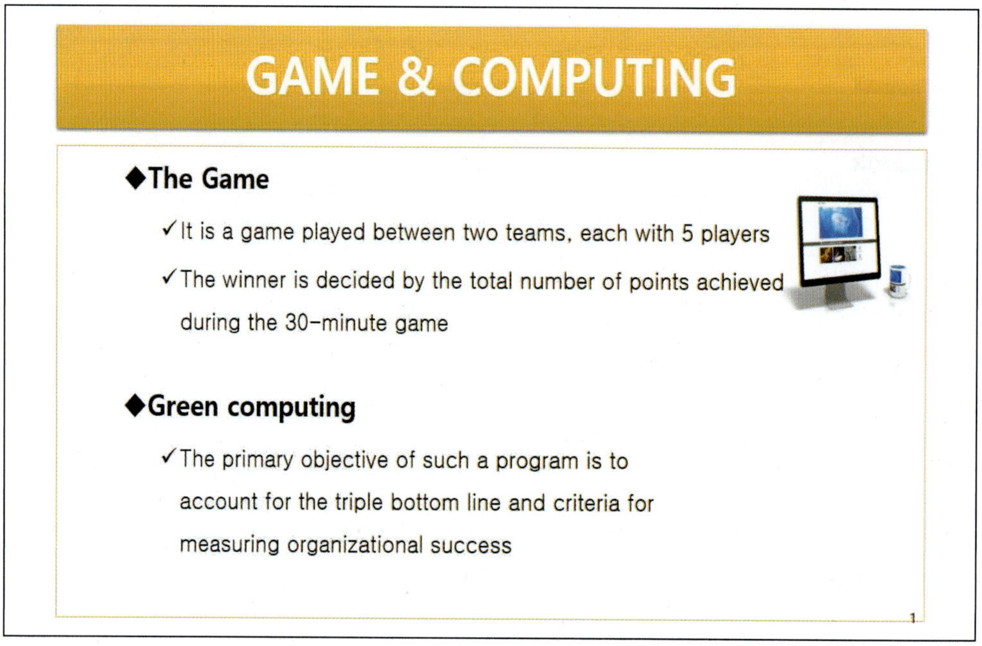

조건 2

슬라이드 2에 작성

다음과 같이 슬라이드를 완성하시오.

- [제목 및 내용]으로 슬라이드를 추가
- 게이트볼 관련 그림 넣기
- 텍스트를 입력 후 다음 조건으로 작성
- 글머리 기호 사용(※, ■)
  - ※ 문단(맑은 고딕, 24pt, 굵게)
  - ■ 문단(맑은 고딕, 20pt, 줄 간격 : 1.5줄)

완 성 본

GATE BALL & IT

※ GATE BALL의 정의

- 게이트볼은 T 자 모양의 막대기로 공을 쳐서 경기장 안의 게이트 3군데를 통과시킨 다음 경기장 중앙에 세운 20cm 골폴에 맞히는 경기

※ GREEN IT

- 컴퓨터를 사용할 때 소모되는 에너지를 절약하자는 기술 캠페인
- 냉각장치, CPU, GPU 프로세서 재설계, 대체에너지 사용, 가상화 등을 통해 컴퓨팅을 할 때 소비되는 전력 에너지를 줄임

2

조건 3

슬라이드 3에 작성

다음과 같이 슬라이드를 완성하시오.

- [제목 및 내용]으로 슬라이드를 추가
- 내용을 입력하여 완성
- 단 : 2단 설정
- 글머리 모양을 적용
- 파일명 : '본인이름1'로 저장

완 성 본

사업 계획서 만들기

- 사업 계획서 개요
  - ➢제안 목적
  - ➢사업 부지 위치도
- 환경 분석
  - ➢트렌드 변화
  - ➢시장 규모 분석
- 회사 개요
  - ➢회사 현황
  - ➢차별성
- 입점 제안 내용
  - ① 입점 세부 내용
  - ② 마케팅 추진 전략
- 기본 방향
  - 1) 세부 전략
  - 2) 고객 유치

조건 4

슬라이드 4에 작성

다음과 같이 슬라이드를 완성하시오.

- [제목 및 내용]으로 슬라이드를 추가
- 제목 및 본문 텍스트 서체 : HY헤드라인M
- 단 : 2단 설정
- 내용 입력 후 번호 매기기(A, B, C...) 설정
- 안산대학교 : 글자색 – 빨강색, 번호 매기기(①②③) 추가
- 재능대학교 : 밑줄체
- 신구대학교 : 기울림꼴 적용

완 성 본

경기도 대학교

A. 연성대학교

B. 안산대학교

① 의료정보과

② 임상병리과

C. <u>재능대학교</u>

D. 신구대학교

E. 장안대학교

F. 수원여자대학교

G. 대림대학교

Chapter 2

이미지와 일러스트레이션

2-1 표

2-2 그림 및 온라인 그림

2-3 스크린 샷

2-4 차트

2-5 도형

2-6 도형 꾸미기

2-7 SmartArt

02 이미지와 일러스트레이션

2장에서는 이미지와 일러스트레이션 그룹의 다양한 기능을 프레젠테이션에 적용하여 입체적인 문서 작업을 위한 프레젠테이션 기법을 학습 한다.

예제파일 : [2장 예제] 파일 사용

2-1 표

[표]는 서술로 나열된 텍스트나 수많은 데이터를 가지런히 정렬해 전체적 내용을 파악하고 내용을 한 눈에 볼 수 있게 행과 열로 작성 할 수 있는 기능으로 널리 사용되고 있다. 표의 각 셀에 그림을 삽입하고 표 배경 전체에 하나의 그림도 삽입 가능하다.

[표 디자인]

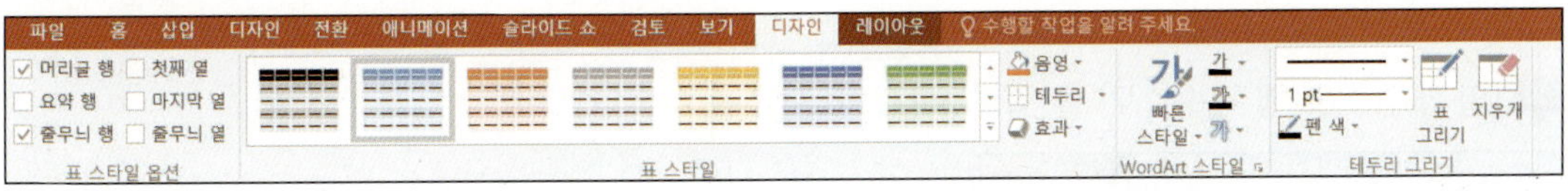

[표 레이아웃]

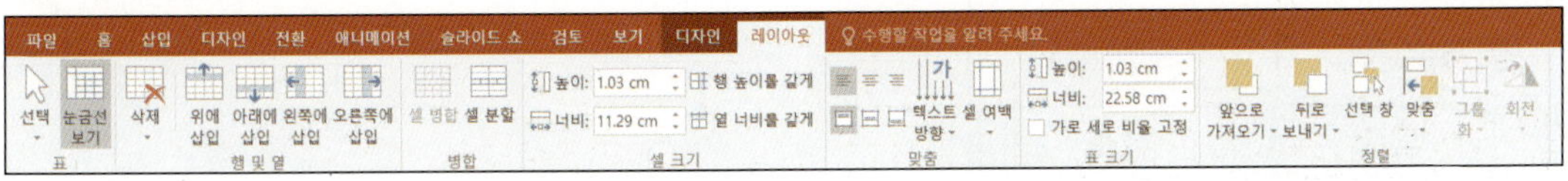

Ⅰ. 표 삽입

[파일] 메뉴 – [열기] – [2장 예제]를 찾아 파일을 연다.

[슬라이드 1]번을 선택 – [삽입] 메뉴 – [표] – [표 삽입]을 선택한다.

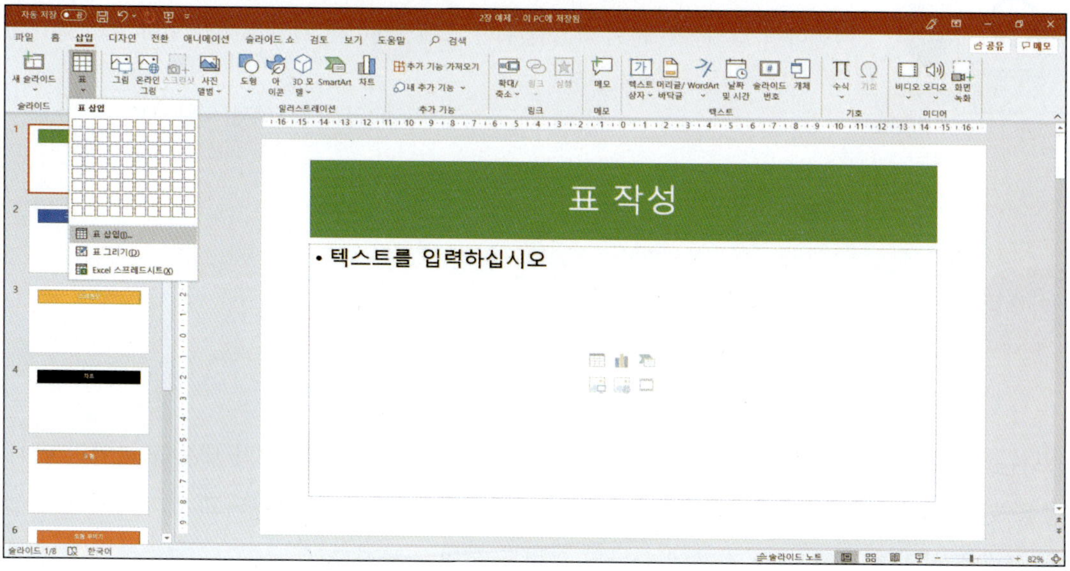

표 삽입 대화 상자가 나타나면

[열 개수 : 6, 행 개수 : 7] 을 입력 – [확인] 단추를 누른다.

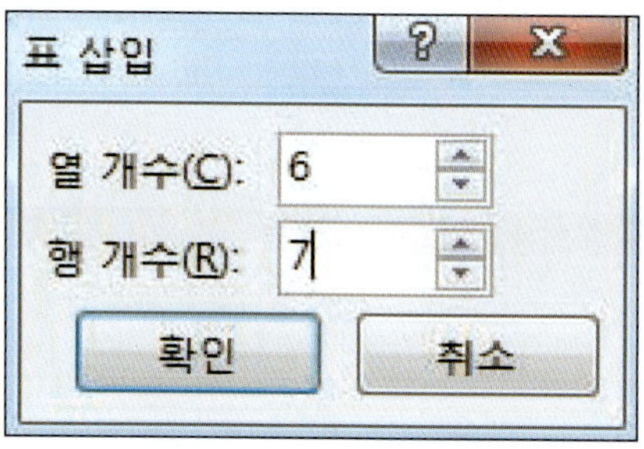

만들어진 표 디자인이 맘에 안 들어 스타일을 변경하고자 할 때에는 표 스타일 중 원하는 다른 종류를 선택하면 된다. 표 스타일 옵션에는 〈문서와 가장 일치하는 항목〉, 〈밝게〉 그리고 〈어둡게〉로 나뉘어 다양하게 수정 가능하다.

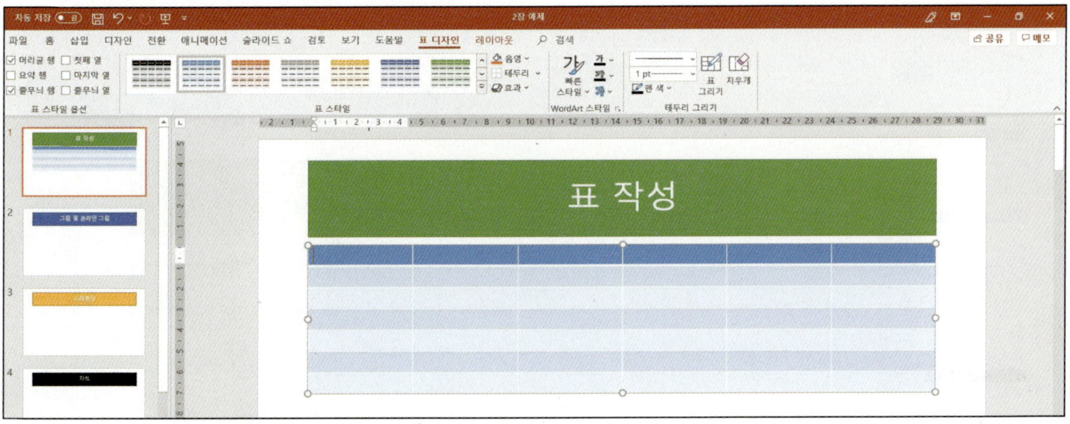

표를 클릭 – [표 디자인] 메뉴 – [표 스타일] – [밝게 : 밝은 스타일 3, 강조 6]을 클릭한다.

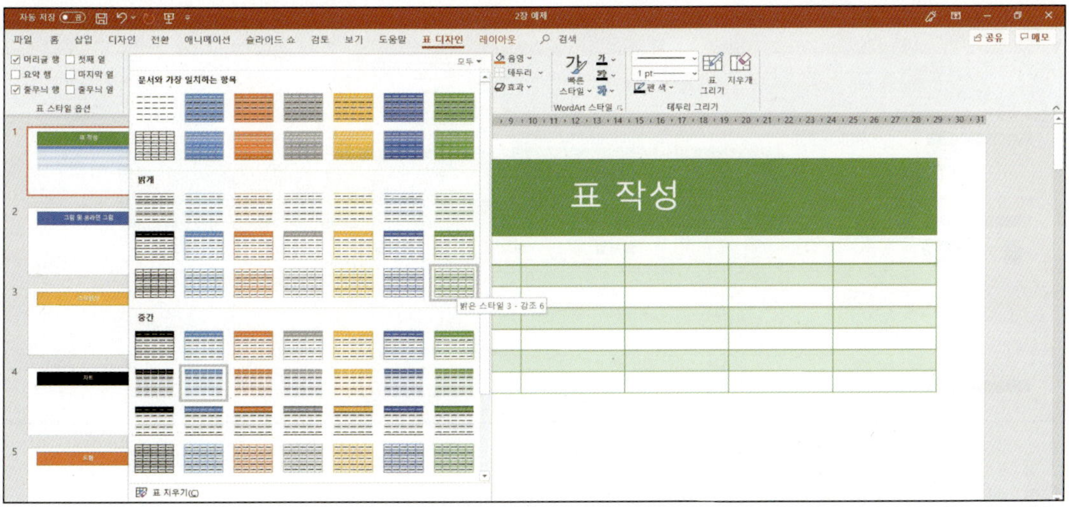

표 스타일을 이용하여 파란색 계열의 표를 〈녹색〉 계열의 표로 변경 해 보았다.

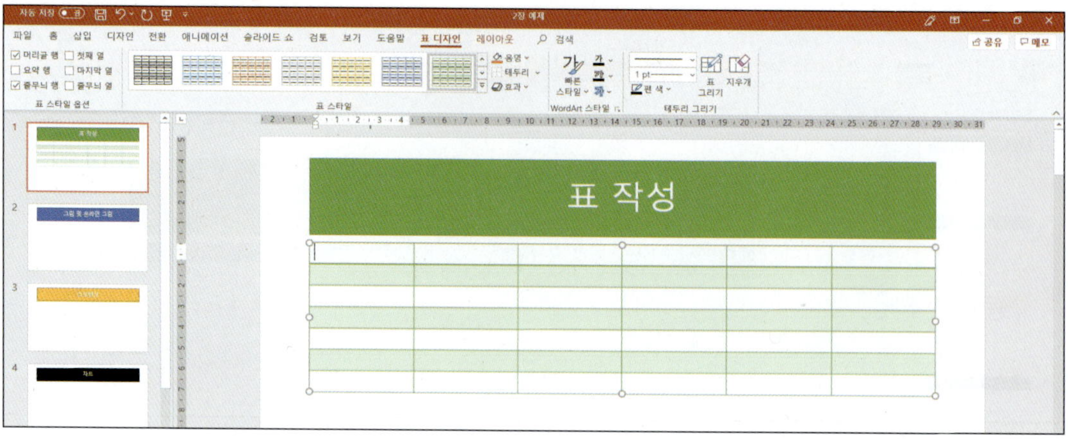

표를 클릭 – [표 디자인] 메뉴 – [테두리 그리기] 그룹 – [지우개]을 클릭한다.

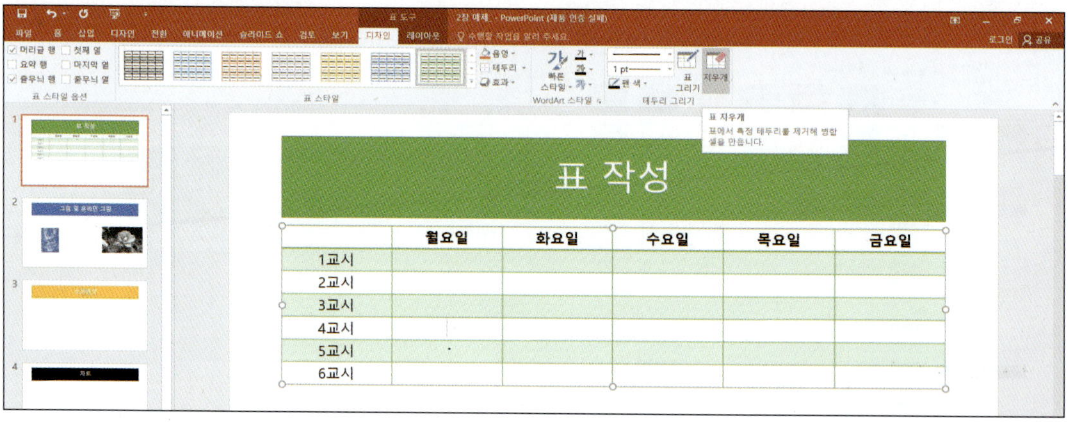

지우개로 [월요일 3, 4교시 경계선]을 클릭하여 지운다.

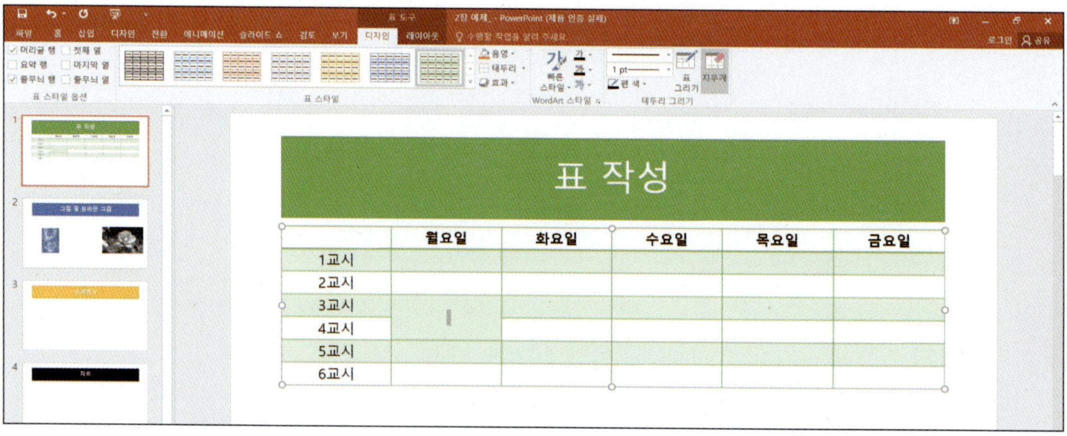

그림과 같이 셀을 병합 – [컴퓨터와정보, 영어회화, 코딩]으로 내용을 입력한다.

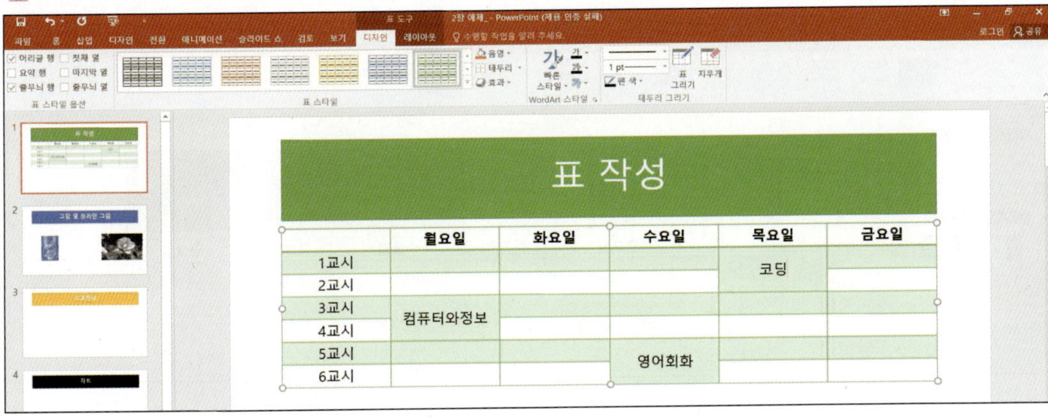

II. 표 테두리

표 테두리 모양이나 두께 그리고 테두리의 색을 변경하여 표 내용을 다양하게 꾸밀 수 있다.

다음과 같이 내용을 입력하고 표를 편집해 보자.

표를 클릭 – [표 디자인] 메뉴 – [테두리 그리기] 그룹 – [테두리] – [테두리 두께 : 6]을 선택한다.

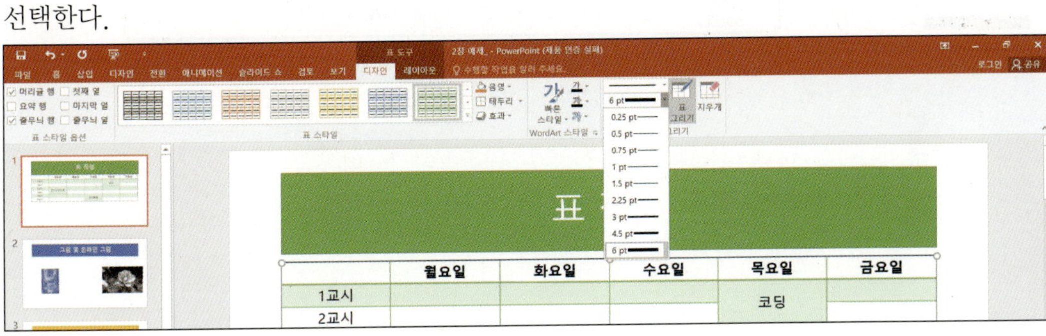

표를 클릭 – [표 디자인] 메뉴 – [테두리 그리기] 그룹 – [테두리] – [바깥쪽 테두리]를 선택한다.

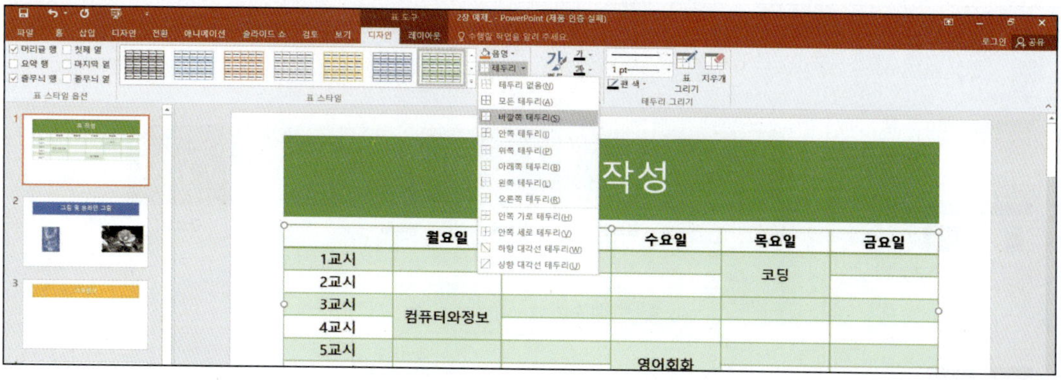

바깥쪽 테두리만 두꺼워짐을 알 수 있다.

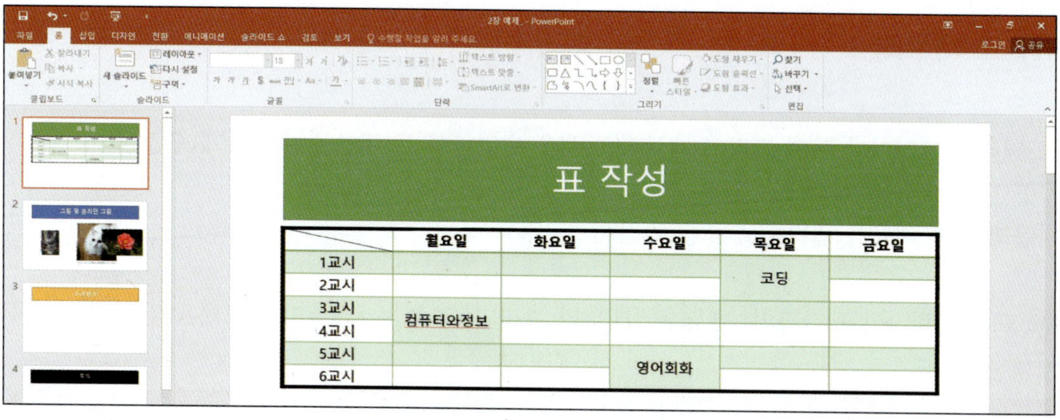

표를 클릭 – [표 디자인] 메뉴 – [표 스타일] – [문서와 가장 일치하는 항목 : 스타일 없음, 표 눈금]을 클릭한다.

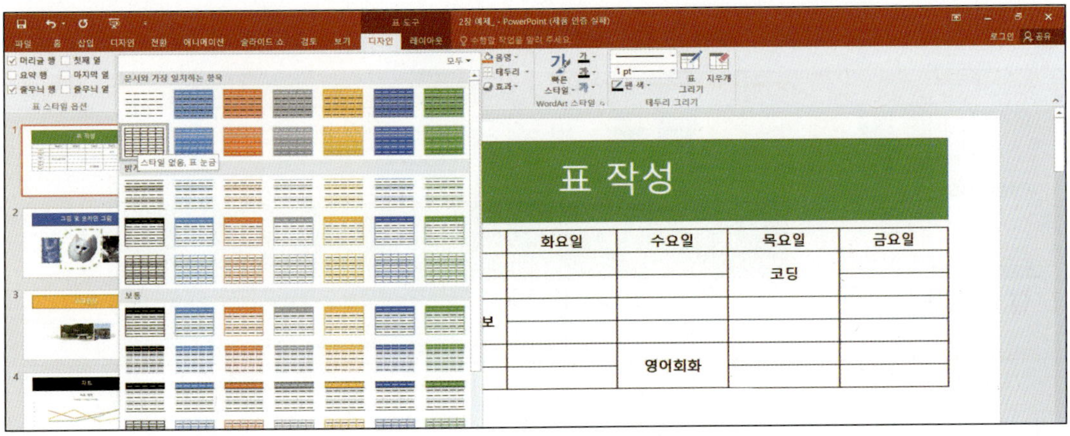

표를 클릭 – [표 디자인] 메뉴 – [테두리 그리기] 그룹 – [표 그리기]를 선택한다.

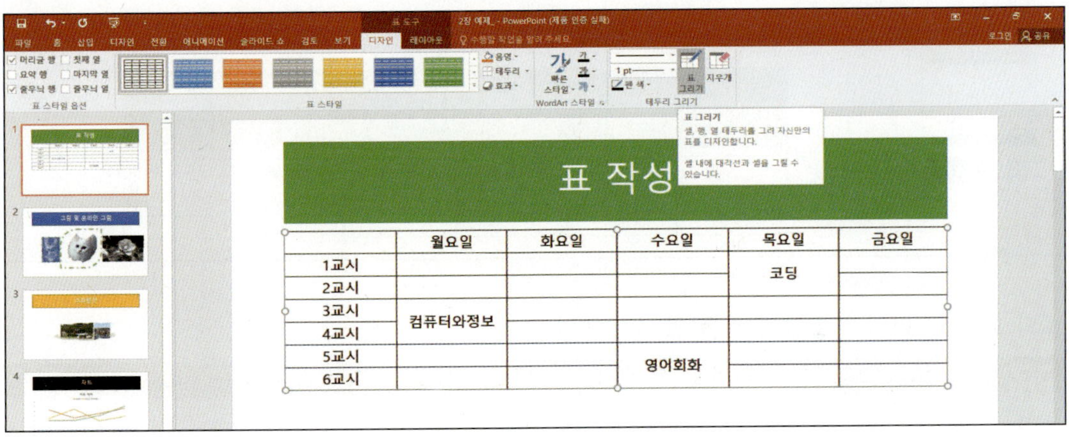

Ⅲ. 표 편집

표를 클릭 – [표 디자인] 메뉴 – [표 그리기] – [토요일]이라고 입력한다.

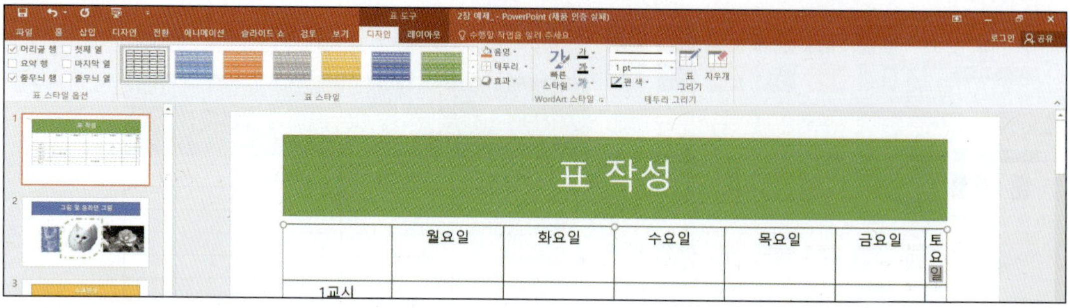

표를 클릭 – [레이아웃] 메뉴 – [셀 크기] 그룹 – [열 너비를 같게]를 클릭한다.

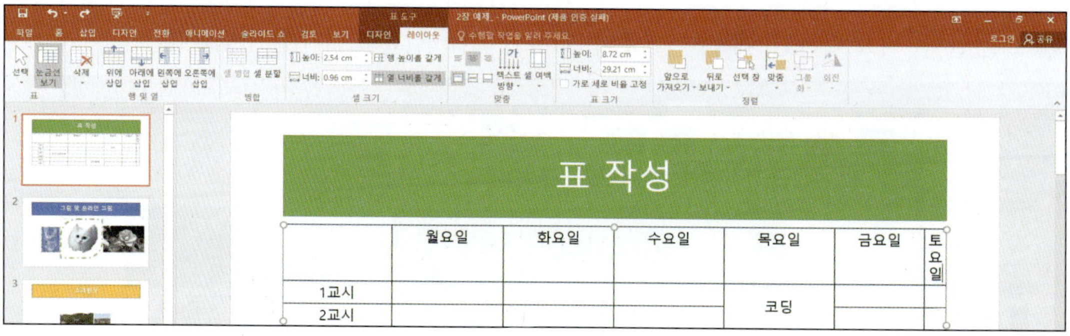

표의 모든 열 너비가 동일해 짐을 알 수 있다.

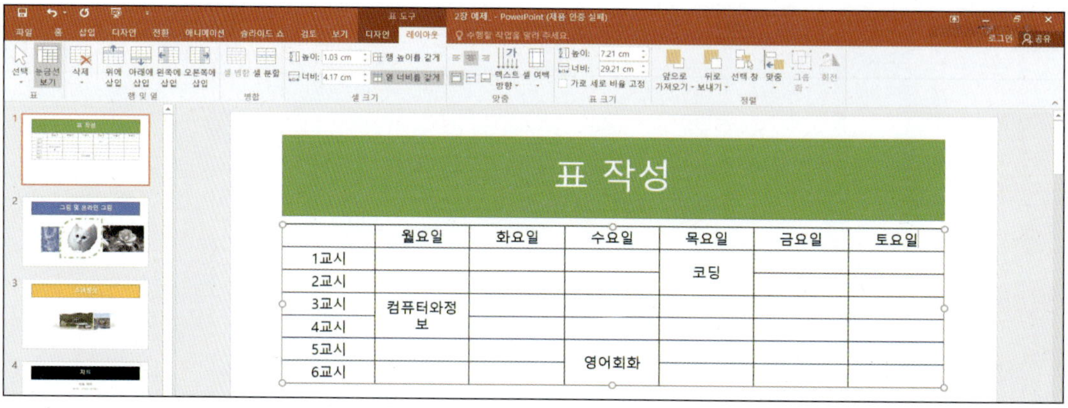

2-2 그림 및 온라인 그림

일러스트레이션 개체 중 [그림]과 [온라인 그림]을 이용하여 슬라이드 내용과 관련된 이미지를 삽입 할 수 있다. 이를 통해 이해력을 높이고 시각적 효과를 주어 다양한 디자인 연출이 가능하다. 또한 삽입한 그림에 그림 스타일, 조정, 꾸밈효과 등 다양한 효과를 입혀 세련된 화면을 구성할 수 있다.

	① 그림 : 기존 그림 파일을 삽입 ② 온라인 그림 : 온라인 검색을 통해 그림 삽입 ③ 스크린샷 : 열려 있는 화면에 대한 이미지 캡쳐 후 삽입 ④ 사진앨범 : 개인용 사진 또는 업무용 사진을 표시하기 위해 만들 수 있는 프레젠테이션 기능

Ⅰ. 그림 삽입

[슬라이드 2]번을 선택 – [삽입] 메뉴 – [이미지] 그룹 – [그림] 을 선택한다.

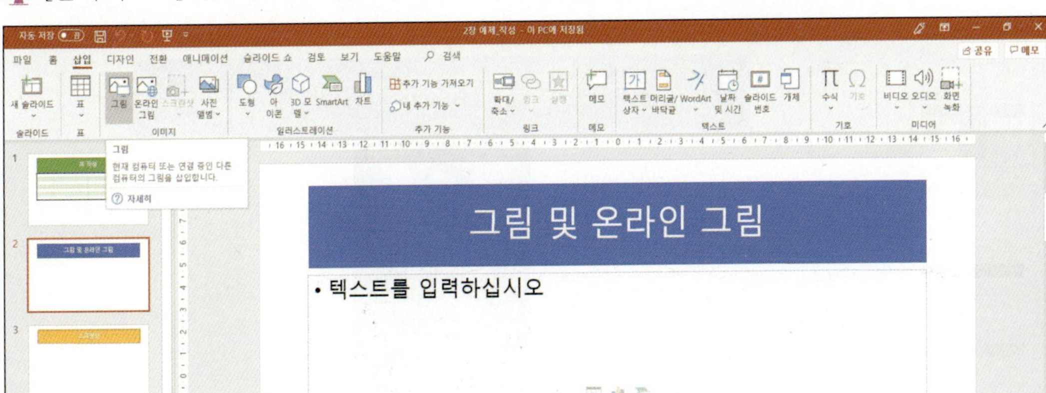

다운 받은 [그림] 폴더 클릭 – [코알라] 그림 클릭 – [삽입]을 선택한다.

삽입 된 코알라의 그림 크기를 적당히 조절하여 완성 한다.

이미지 모서리의 조절점에 마우스를 대면 양방향 화살표로 변경 되는데 그 때 대각선 방향으로 드래그하면 그림의 크기를 조절 할 수 있다.

II. 온라인 그림 삽입

[삽입] 메뉴 – [온라인 그림] – [검색 대상] – [고양이]를 입력 – 원하는 고양이 이미지 하나를 선택한다.

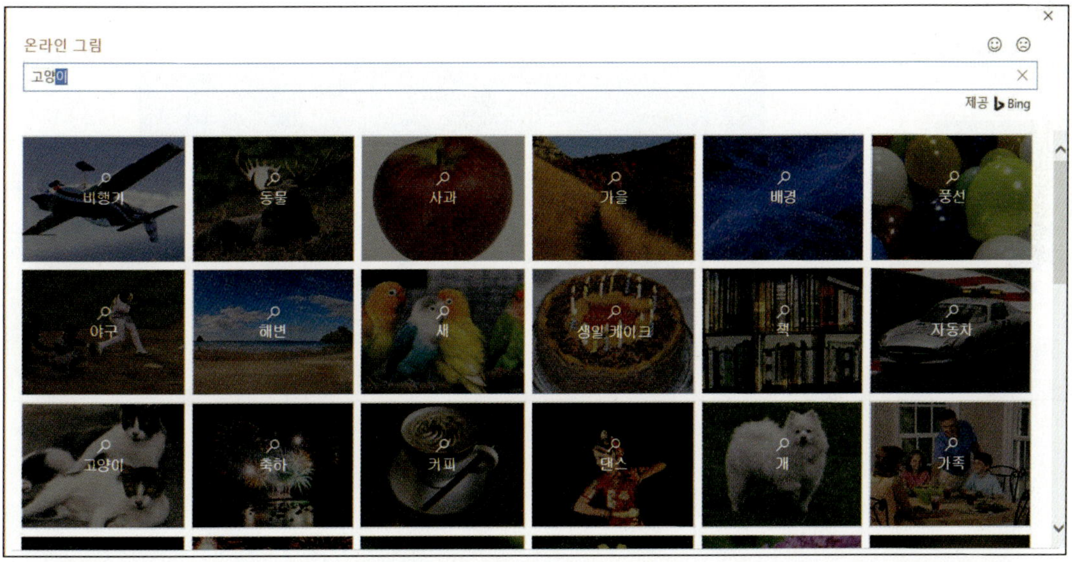

[고양이] 이미지를 클릭 – [삽입]을 클릭한다.

선택한 고양이 이미지가 나타났다.

[삽입] 메뉴 – [온라인 그림] – [검색 대상] – [bing] 검색란에 [꽃]을 입력 – [원하는 꽃 그림] 선택 – [삽입]을 클릭한다.

위 순서대로 코알라, 고양이 그리고 꽃 이미지를 추가하면 아래 그림처럼 내용을 볼 수 있다.

Ⅲ. 그림 편집 및 서식

삽입 한 그림은 파워포인트 내에서도 수정이 가능하여 배경을 지우거나 이미지의 색과 밝기 그리고 그림 스타일 등을 변경할 수 있다.

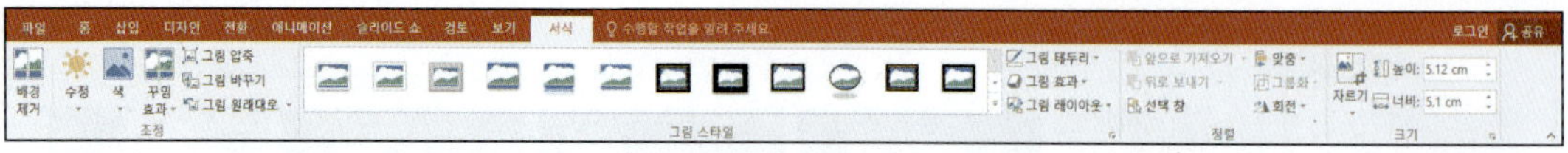

그 외에도 그림에 테두리를 설정하거나 입체적으로 만들어 그림의 크기, 높이와 너비를 조절하여 프레젠테이션 내용에 어울리게 편집 할 수 있다.

① 배경 제거

[슬라이드 2]번의 [고양이] 그림 선택 – [서식] 메뉴 – [조정] 그룹 – [배경 제거]를 선택한다.

조절점을 이용하여 [제거하고 싶은 부분]을 선택 – [배경 제거] – [변경 내용 유지]를 선택한다.

핑크색으로 표시되는 부분은 배경으로 인식하여 제거 될 부분이다. 이미지의 테두리에 있는 조절점을 이용하여 배경 제거 부분을 설정 할 수 있다.

② 수정

[슬라이드 2]번의 [코알라] 그림 선택 – [서식] 메뉴 – [조정] 그룹 – [수정] – [선명하게 50%]을 선택한다.

③ 색

[슬라이드 2]번의 [코알라] 그림 선택 – [서식] 메뉴 – [조정] 그룹 – [색] – [파랑, 밝은 강조색 1]을 선택한다.

④ 꾸밈 효과

[슬라이드 2]번의 [꽃] 그림 선택 – [서식] 메뉴 – [조정] 그룹 – [꾸밈 효과] – [연필 스케치]를 선택한다.

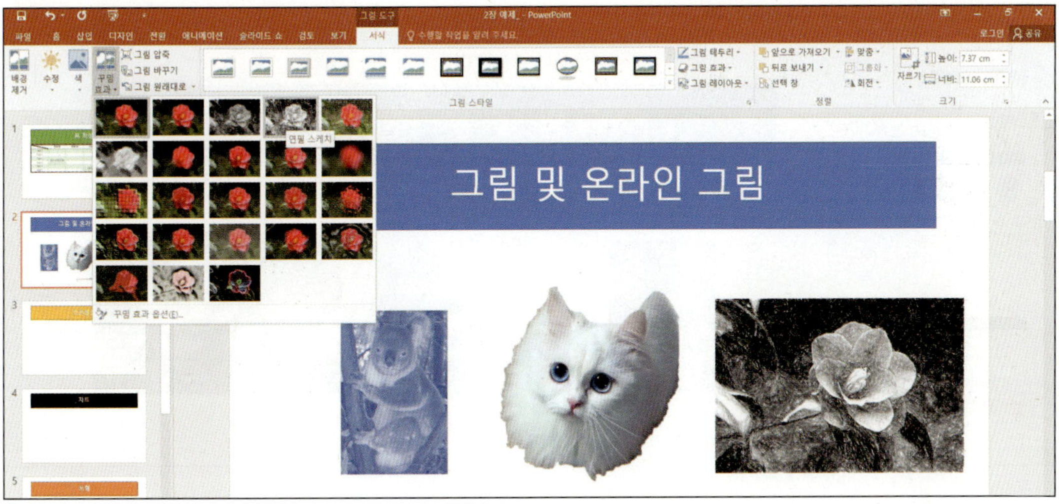

⑤ 그림 스타일

[고양이] 그림 선택 – [서식] 메뉴 – [그림 스타일] 그룹 – [둥근 대각선 모서리, 흰색]을 선택한다.

고양이 그림 테두리가 '둥근 대각선 모서리, 흰색' 으로 변경 됐다. 테두리에 있는 노란색(또는 분홍색) 조절점을 드래그(drag)하여 각자 그림틀의 모양을 변경해 보자.

⑥ 그림 테두리

Shift 키를 누른 채 [코알라 , 꽃] 선택 – [서식] 메뉴 – [그림 스타일] 그룹 – [그림 테두리] – [테마 색] – [파랑, 강조 5]를 선택한다.

Shift 키를 누른 채 [코알라, 꽃] 선택 – [서식] 메뉴 – [그림 테두리] – [대시] – [점선 대시]을 선택한다.

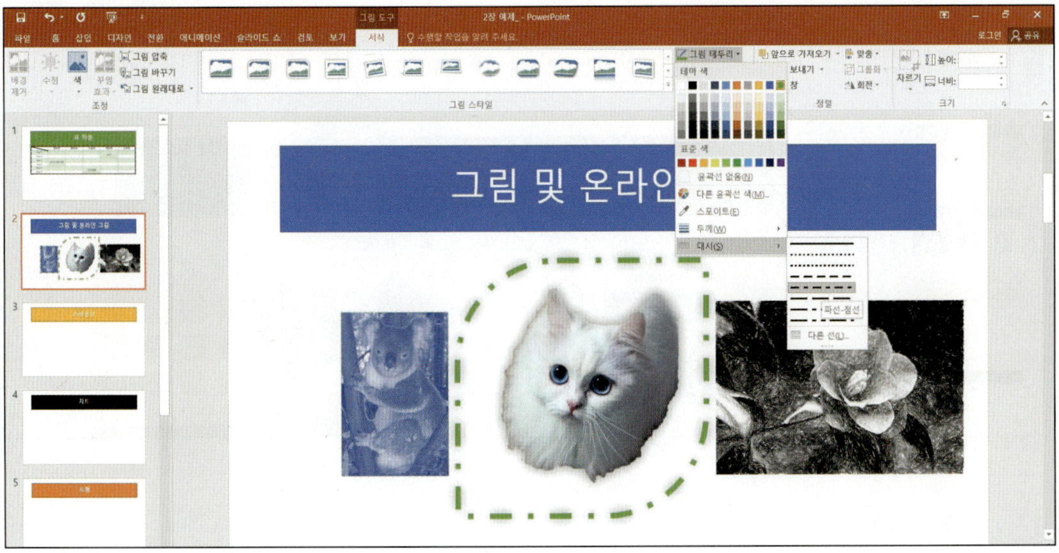

[고양이] 그림 선택 – [서식] 메뉴 – [그림 효과] – [그림자] – 마지막 [원근감]을 선택한다.

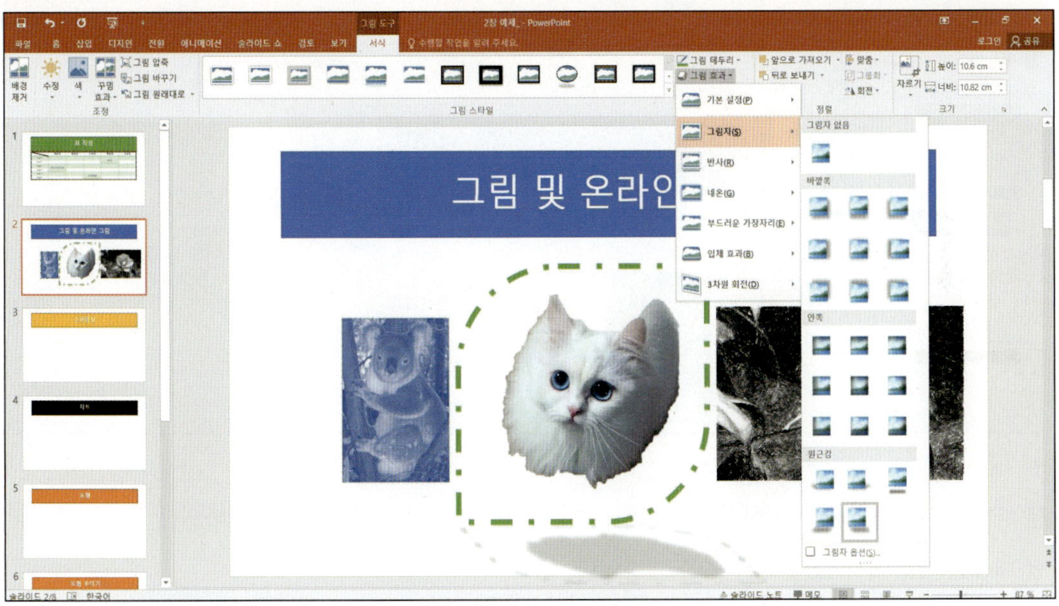

[코알라] 그림 선택 – [서식] 메뉴 – [그림 스타일] 그룹 – [그림 효과] – [입체 효과] – [아트 데코]을 선택한다.

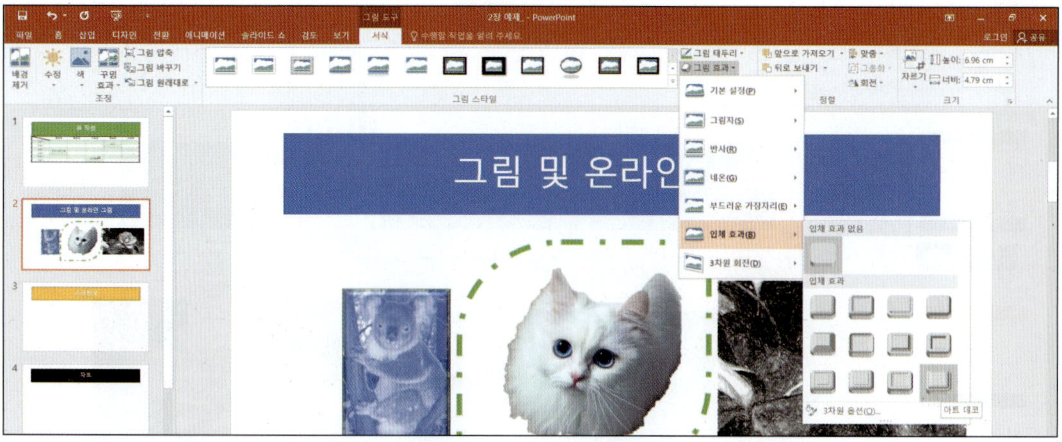

⑦ 그림 레이아웃

[코알라, 고양이, 꽃] 선택 – [서식] 메뉴 – [그림 스타일] 그룹 – [그림 레이아웃] – [연속 그림 목록형]을 선택한다.

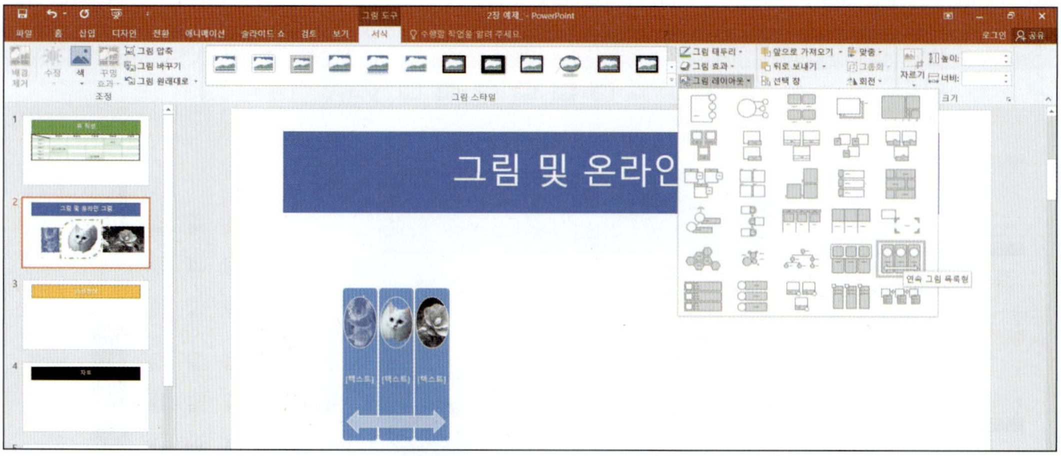

세 개의 그림이 SmartArt 형식으로 그림과 함께 텍스트를 입력할 수 있도록 바뀐다. SmartArt 관련 내용은 뒷장에서 자세히 살펴 볼 예정이다.

2-3 스크린 샷

열려 있는 화면을 캡쳐하여 그림을 슬라이드에 바로 삽입 할 수 있고 간단히 편집도 가능하다. 캡쳐를 원하는 프로그램을 실행 한 후 이 기능을 사용하면 된다.

[인터넷] – [한국관광공사] 사이트에 접속 – 파워포인트 [2장 예제] 열기

[슬라이드 3]번을 선택 – [삽입] – [스크린 샷] 선택 – [원하는 내용]을 클릭한다.

각자 원하는 사이트에 접속하여 다른 내용을 스크린 샷으로 삽입해도 된다.

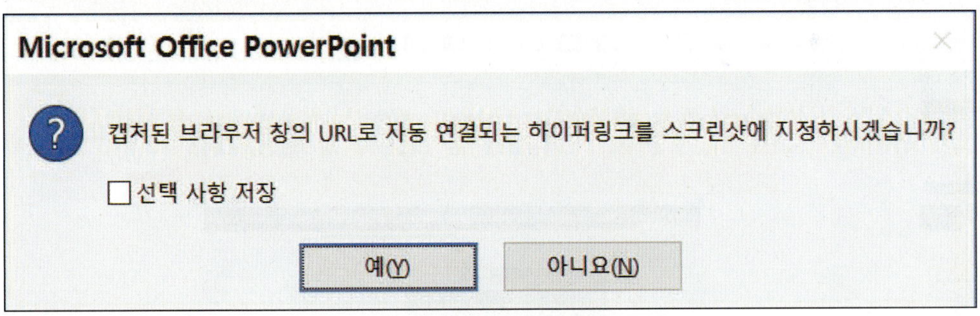

[예] 단추를 클릭한다.

스크린 샷은 인터넷 서핑 중 원하는 그림을 부분 편집하여 프레젠테이션에 추가하기 원할 때 적용하면 좋은 기능으로 그림은 미리 찾아 두는 것이 선행 되어야 한다.

추가한 한국관광공사 [그림] 선택 – [서식] 메뉴 – [크기] 그룹 – [자르기] 클릭 – [드래그]하여 크기를 선택한다.

또는 높이와 너비에 숫자를 입력하여 자를 수도 있다.

스크린 샷 기능 이용 후 다음 그림처럼 원하는 부분만 남겨 보았다.

도형에 맞춰 자르기

[그림] 클릭 – [서식] 메뉴 – [크기] 그룹 – [자르기] – [도형에 맞춰 자르기] – [구름]을 선택한다.

자르기 기능으로 구름 모양 안에 그림이 들어가 있는 것을 볼 수 있다.

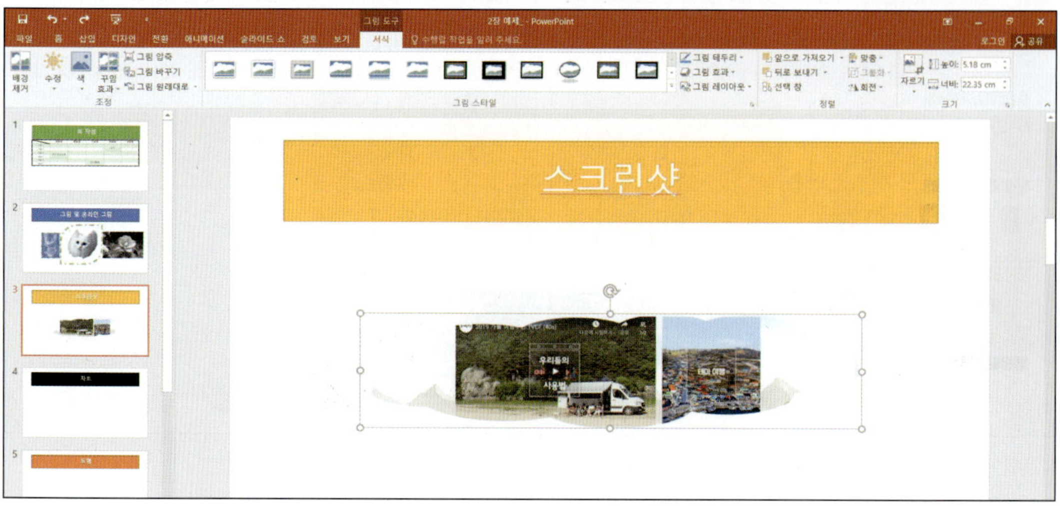

2-4 차트

[차트]는 숫자 데이터를 그래픽화하여 비교 및 분석을 쉽게 하고 내용을 빠르고 정확히 이해할 수 있도록 추세와 유형을 시각적으로 표현하는 기능이다. 차트 종류와 차트 옵션을 통해 데이터 특성에 맞게 재편집하고 빠른 차트 스타일 및 레이아웃을 이용하여 차트를 손쉽게 꾸밀 수 있다.

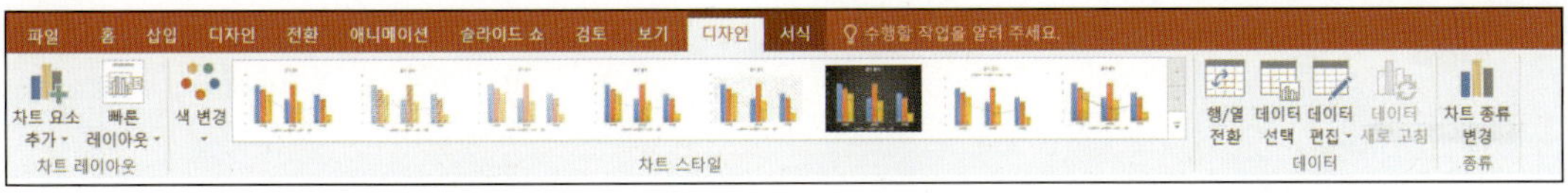

① 항목

최근에 사용한 항목을 비롯해 서식 파일, 세로 막대형, 꺾은 선형, 원형, 가로 막대형 그리고 콤보 등을 선택 할 수 있다.

② 세부 항목

선택한 차트의 세부 형식을 선택할 수 있다.

③ 미리보기

차트의 모양을 표시하여 원하는 형식인지 미리 확인 할 수 있다.

[슬라이드 4]번을 선택 – [삽입] 메뉴 – [일러스트레이션] 그룹 – [차트] – [차트 삽입] – [세로 막대형] 선택 – [묶은 세로 막대형] 클릭 – [확인]을 선택한다.

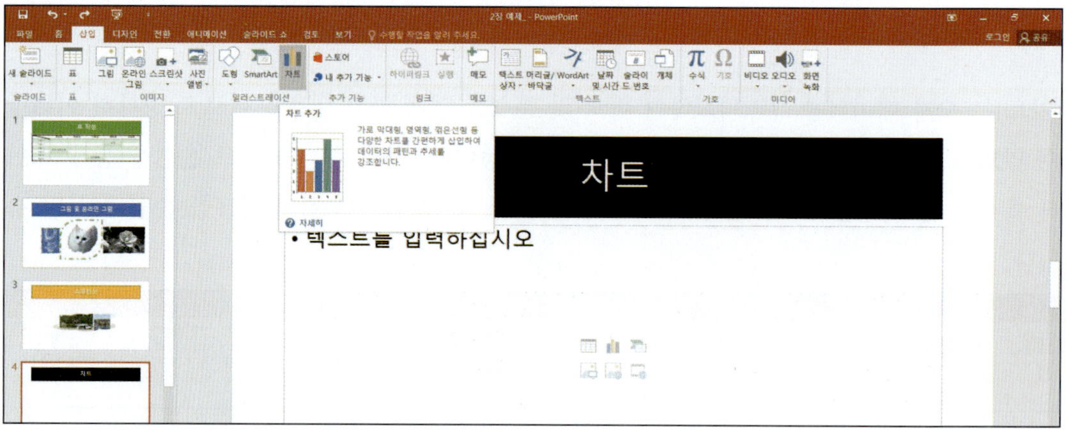

차트 삽입 창의 미리 보기로 세로 막대형 차트를 확인 할 수 있다.

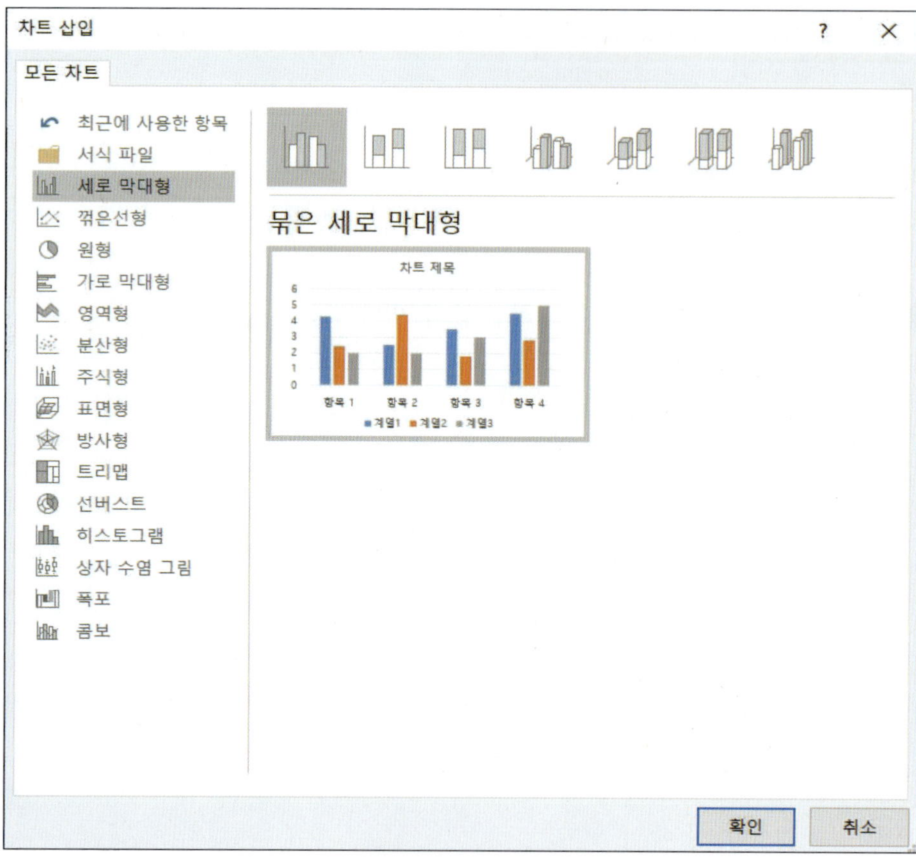

Ⅰ. 차트 내용 입력

엑셀 창이 열리면 차트를 만들고자 하는 내용의 숫자를 입력한다.

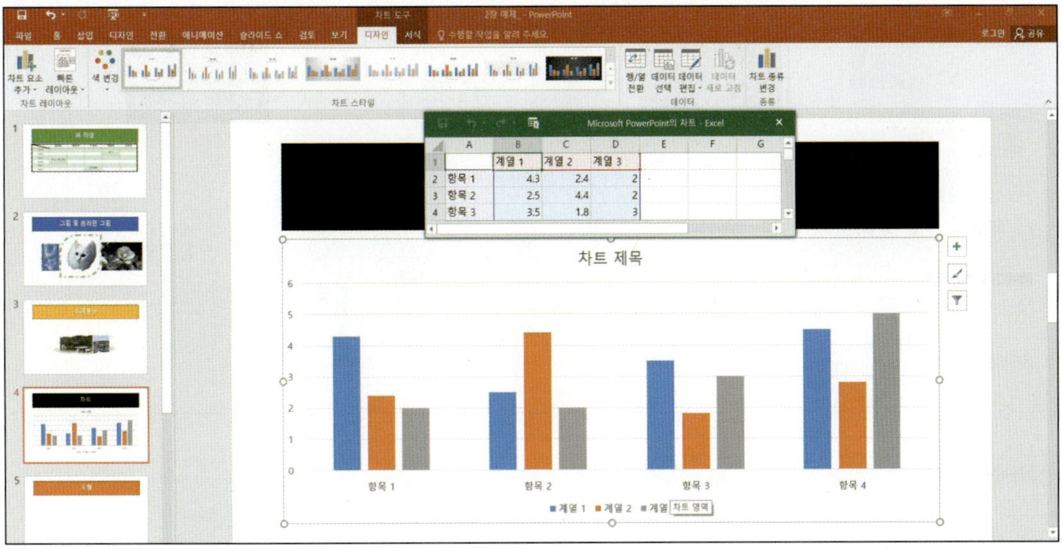

[세로 막대형] 선택 – [디자인] 메뉴 – [차트 스타일] – [스타일 3]을 선택한다.

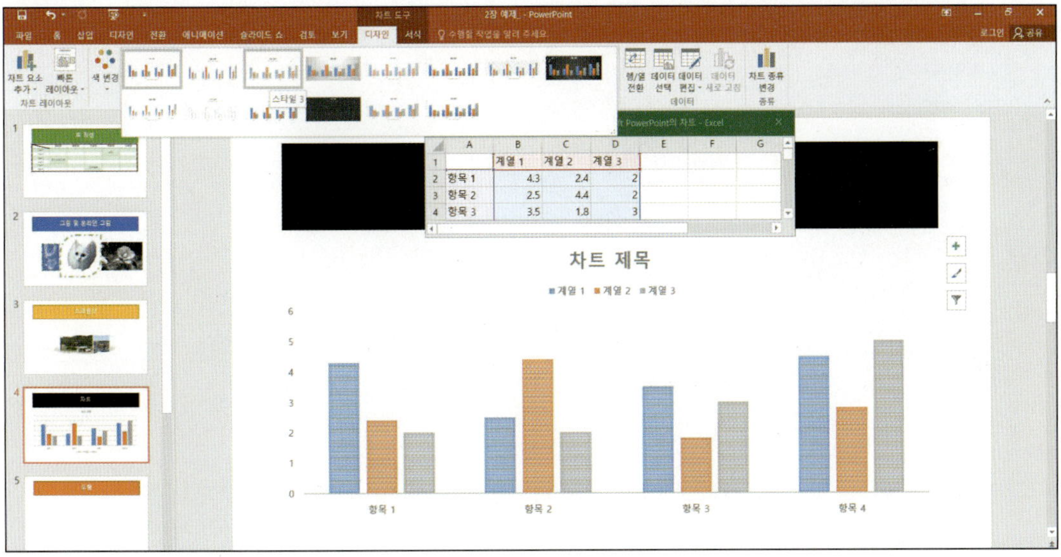

[세로 막대형] 선택 – [디자인] 메뉴 – [색 변경] – [색상형 : 색 3] 을 선택한다.

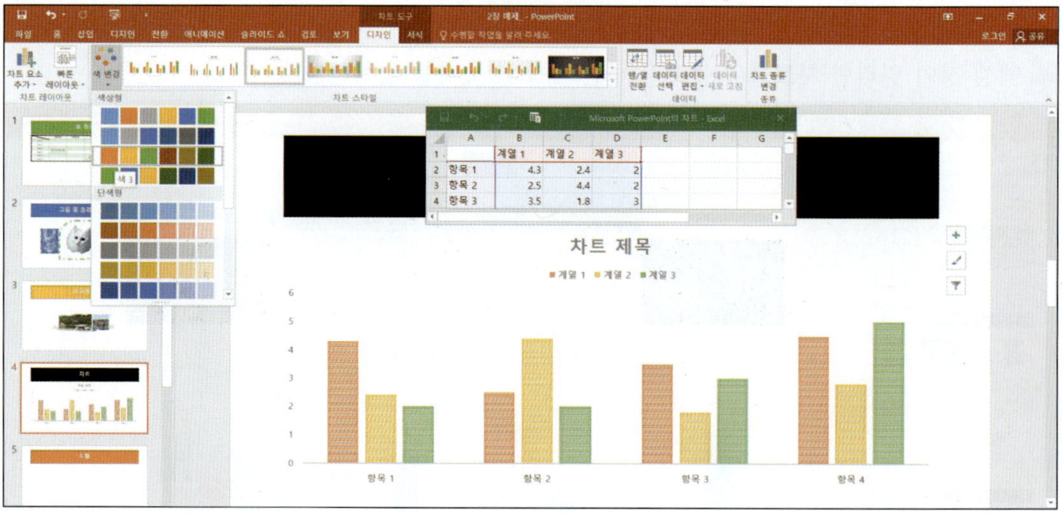

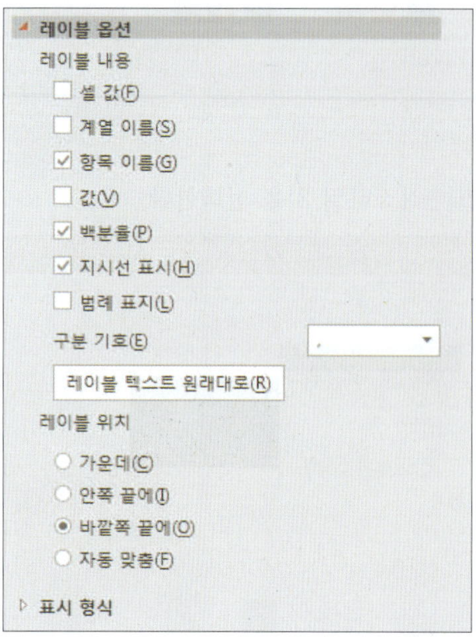

II. 차트 종류 변경

[세로 막대형] 차트 선택 – [디자인] 메뉴 – [차트 종류 변경] – [꺾은 선형] 선택 – [표식이 있는 꺾은 선형] 클릭 – [확인]을 누른다.

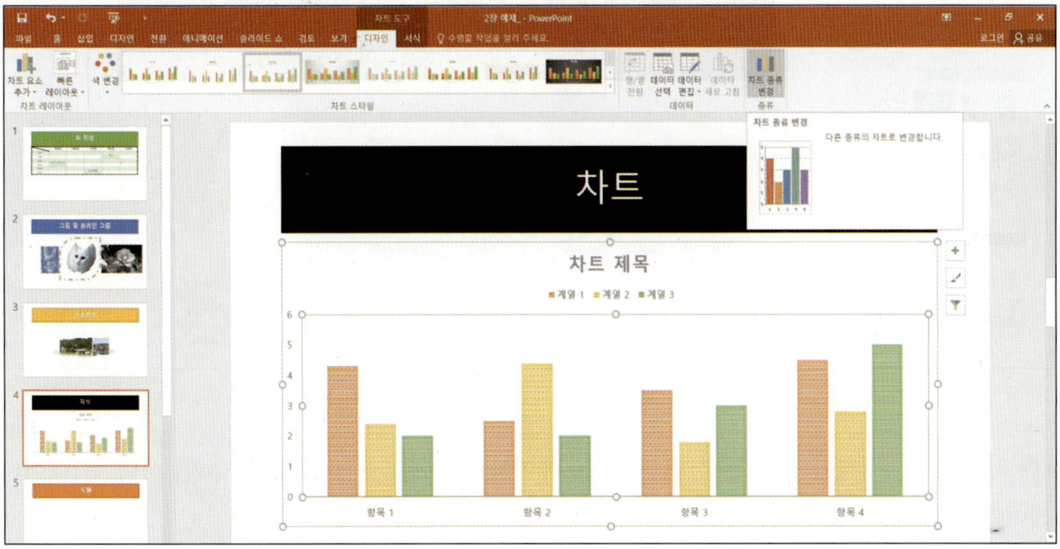

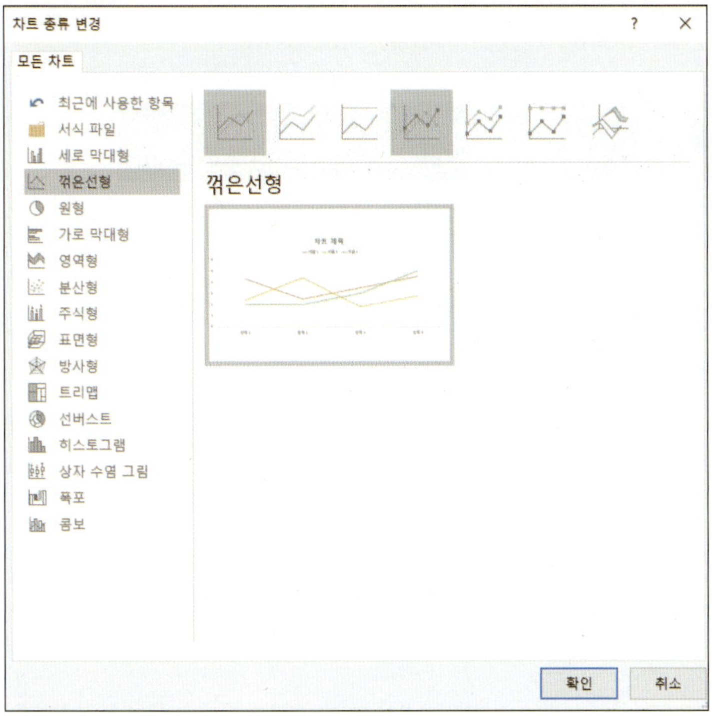

[차트 종류 변경]을 할 경우 여러 개의 종류가 포함된 혼합 차트는 수동으로도 직접 작성할 수 있다.

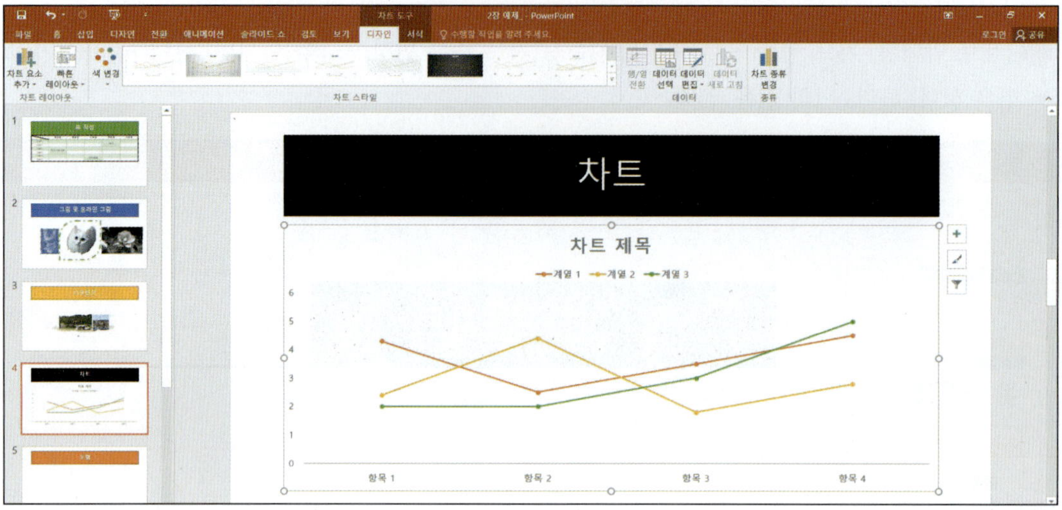

차트 클릭 – [디자인] 메뉴 선택 – [차트 레이아웃] 그룹 – [차트 요소 추가] 선택 – [데이터 레이블] – [오른쪽]을 선택한다.

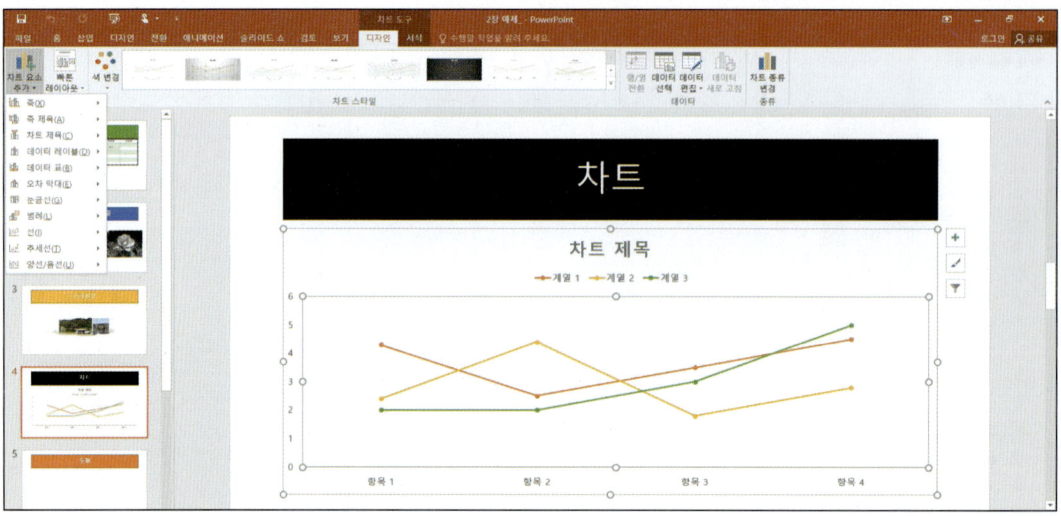

차트에 숫자 값이 표시 된다.

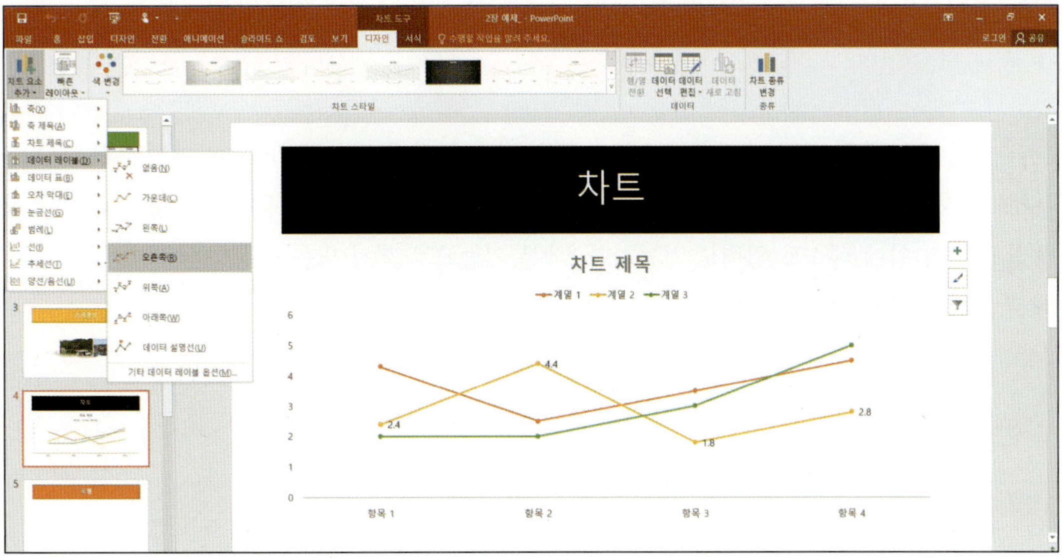

2-5 도형

모든 도해의 기본이 되는 개체로 다양한 도형 스타일을 설정하여 시각적으로 세련된 표현이 가능하다. 다양한 종류의 도형을 슬라이드에 그린 후 그리기 도구를 이용하여 도형 스타일을 적용하고 도형 안에 텍스트 입력도 가능하다. 세부 기능으로 회전 또는 대칭, 순서 변경, 맞춤 및 배분 그리고 그룹 및 그룹 해제 등의 기능도 가능하다.

일반 도형 그리기

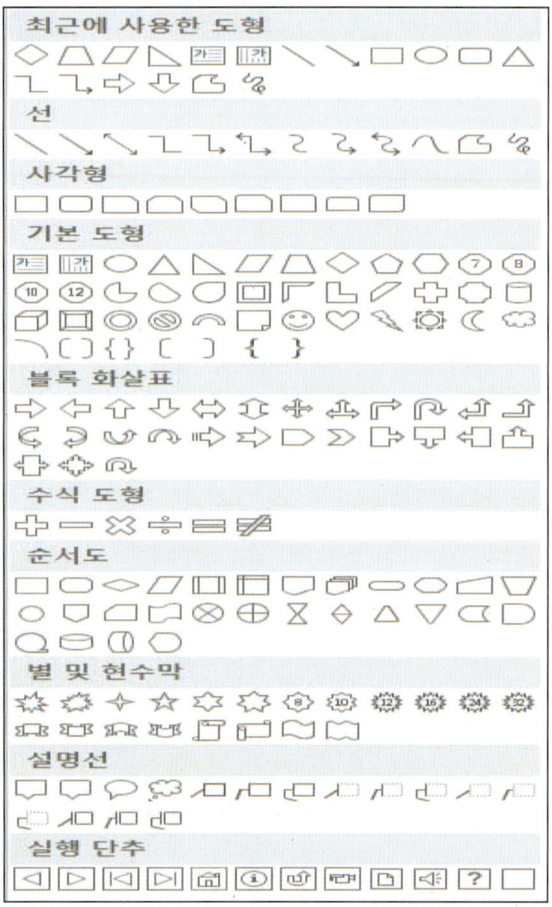

1. 도형 삽입

[삽입] 메뉴 – [도형] – [직각 삼각형...다이아몬드]의 4개의 도형을 차례로 그린다.

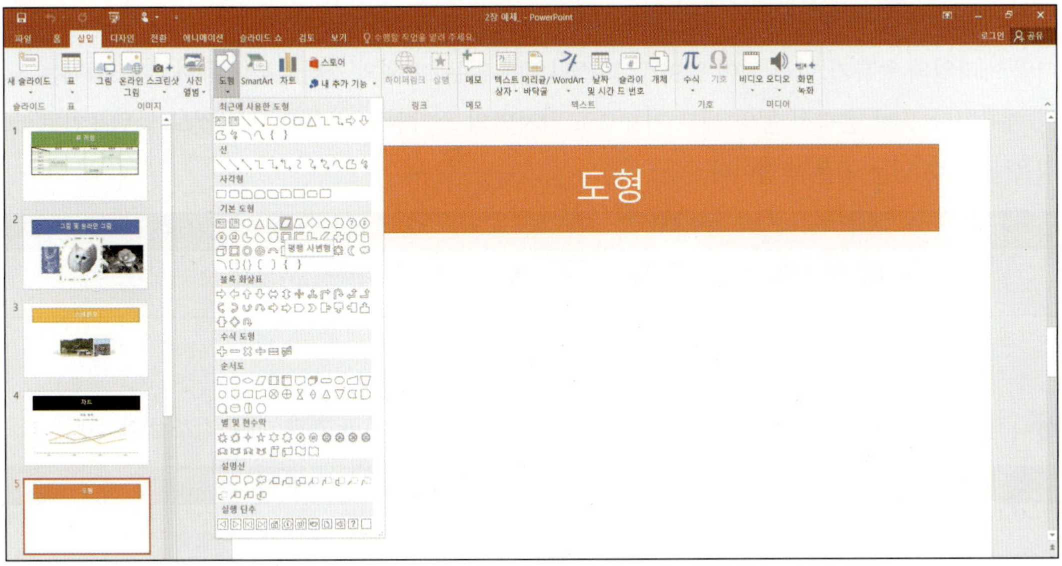

아래 화면처럼 도형이 나타난다.

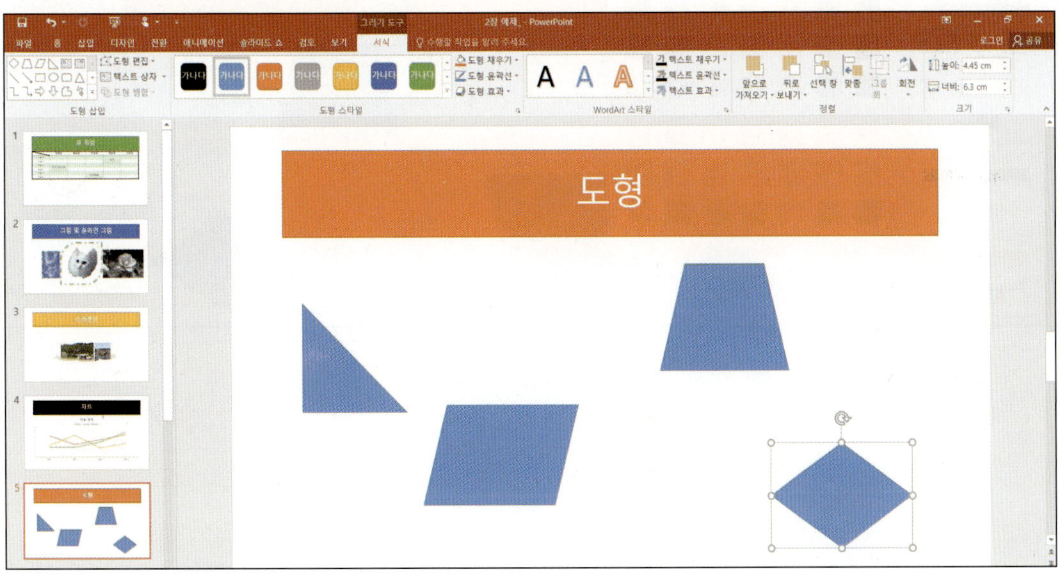

II. 도형 스타일

도형 스타일을 이용해 도형을 꾸며 주면 시간을 절약 할 수 있다. 도형 스타일을 사용해 도형 꾸미기인 도형 스타일 변경, 도형 채우기, 도형 효과 그리고 도형의 크기 조절이 가능하다.

다만 스타일의 종류가 한정 되어 있어 도형 스타일에 없는 그 외의 스타일을 적용하고자 할 때는 도형 채우기나 도형 윤곽선 등의 세부 기능으로 각자만의 스타일로 변경해 보는 것도 파워포인트 스킬을 높일 수 있는 좋은 방법이다.

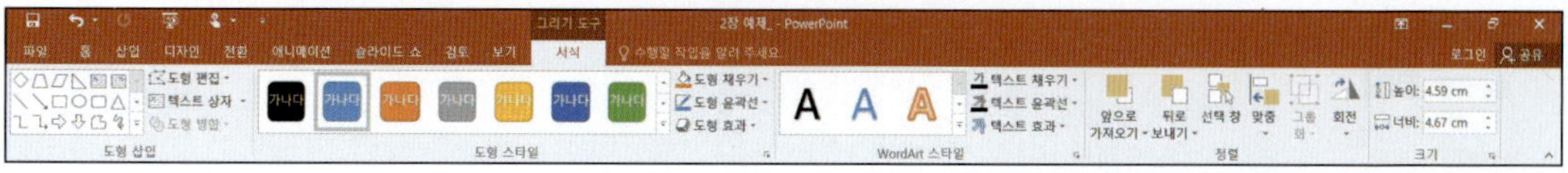

[직각 삼각형] 클릭 – [서식] 메뉴 – [도형 스타일]을 클릭 – [강한 효과, 파랑 강조 2]를 선택한다.

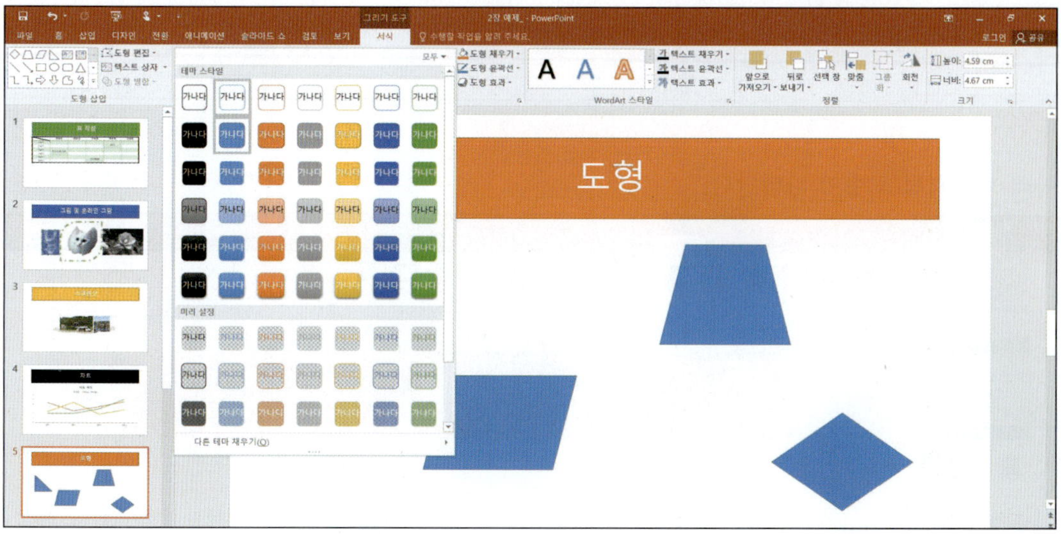

나머지 도형에도 자기만의 도형 스타일을 적용해 보자.

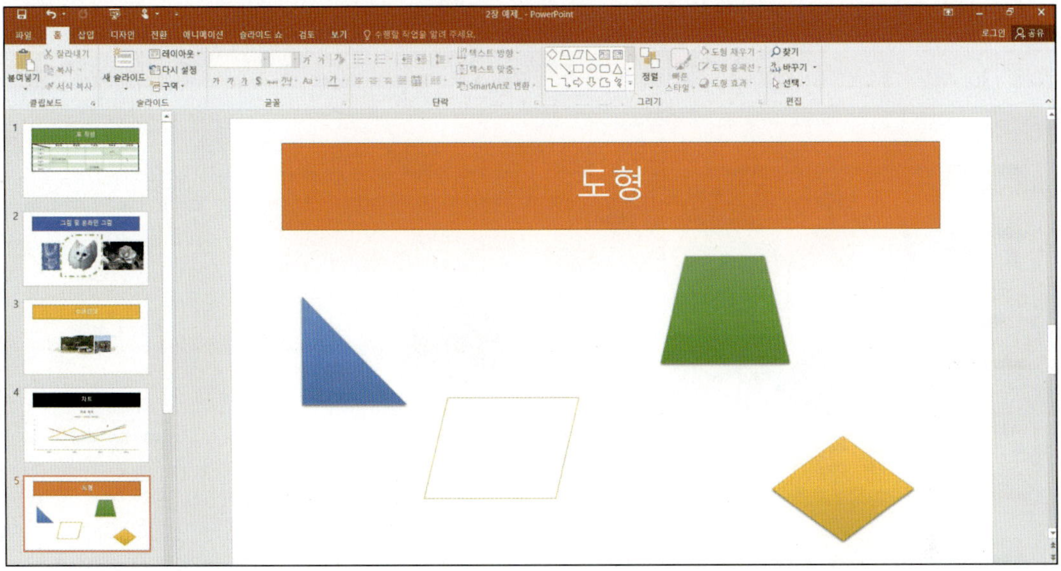

Ⅲ. 그라데이션 만들기

[그라데이션]은 도형이나 텍스트 상자에 두 가지 이상의 채우기 색을 설정 할 때 사용하면 된다. 즉, 한 색에서 다른 색으로 색 및 음영이 점진적으로 진행되는 것을 말하며 기본 설정 색과 종류, 방향 등을 통해 다양한 그라데이션 효과를 적용시킬 수 있다.

[직각 삼각형] 도형 선택 – [마우스 오른쪽] 버튼 – [도형 서식]을 클릭 – [채우기]를 클릭 – [그라데이션 채우기]를 선택한다.

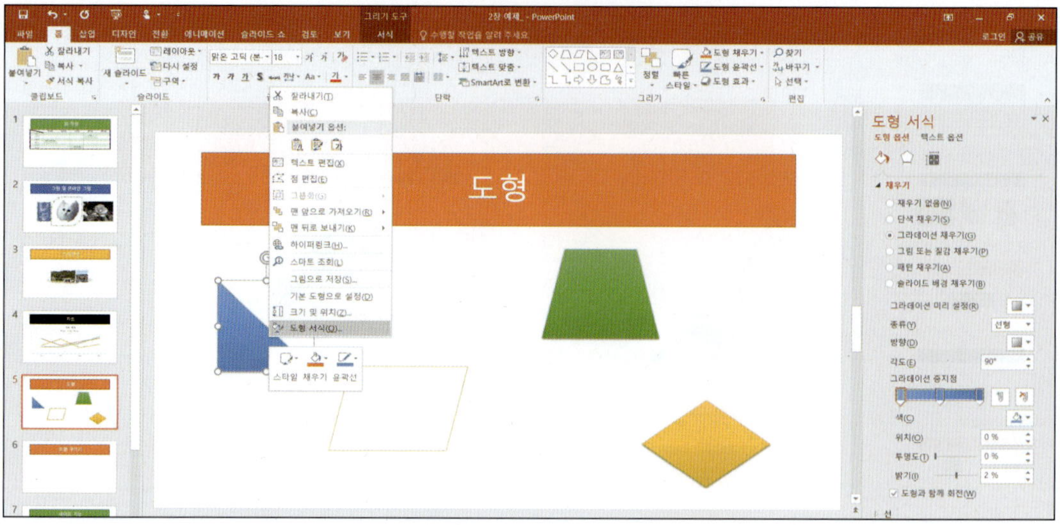

직각삼각형에 그라데이션이 적용 된다.

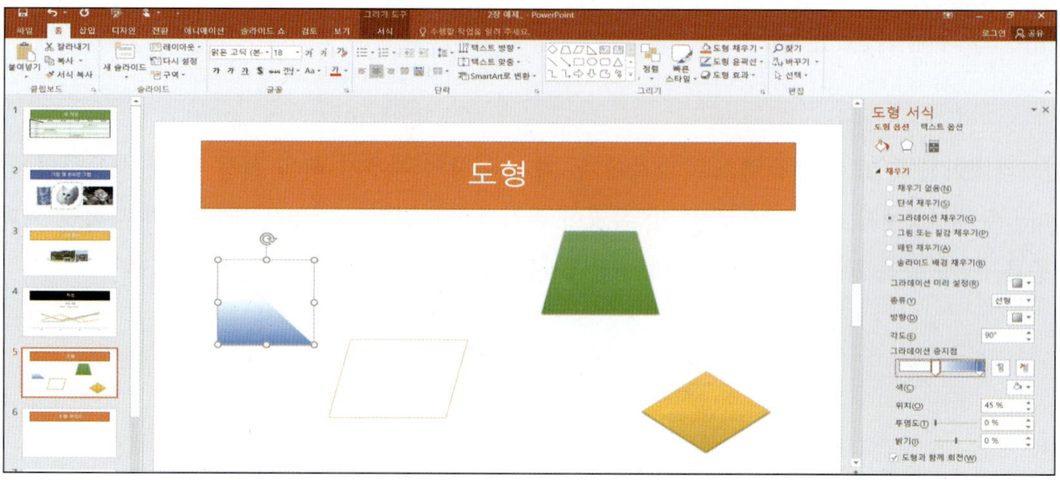

① 그라데이션 미리 설정

기본적으로 제공하는 그라데이션이 표시 되고 비슷한 효과를 선택한 후 옵션을 변경하여 지정 할 수 있다.

② 종류

선형, 방사형, 사각형 그리고 경로형 중에서 원하는 종류를 선택할 수 있다.

③ 방향 및 각도

방향은 그라데이션이 표시 되는 방향을 지정하고 각도는 사용자가 희망하는 각도를 입력하여 그라데이션 방향을 지정 할 수 있다.

④ 그라데이션 중지점

기본적으로 3개의 중지점이 표시 되고 중지점의 위치를 드래그하여 변경하며 추가 삭제도 가능하다.

⑤ 도형과 함께 회전

도형을 회전했을 경우 그라데이션도 함께 회전 된다.

2-6 도형 꾸미기

[정렬]은 여러 개의 도형이 있을 때 [정렬]을 이용하여 슬라이드의 [중간]에 맞추거나 [위쪽], [아래쪽]으로 맞춤이 가능하다. 도형의 [가로 간격을 동일하게], [세로 간격을 동일하게]의 정렬을 통해 간격 조절도 쉽게 할 수 있다.

Ⅰ. 정렬

[슬라이드 5]번을 선택 – Shift 키를 이용하여 [모든 도형]을 선택한다.

[서식] 메뉴 – [정렬] 그룹 – [맞춤] – [중간 맞춤]을 선택한다.

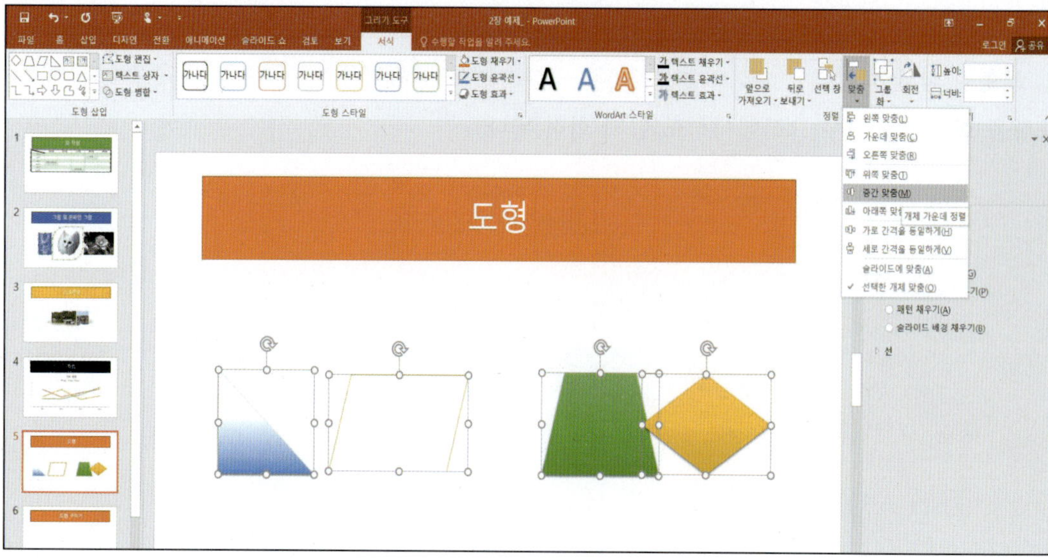

개체의 위치를 균등하게 놓는 '가로 간격을 동일하게' 의 설정은 다음과 같다.

[모든 도형] 선택 – [서식] 메뉴 – [정렬] 그룹 – [맞춤] – [가로 간격을 동일하게]를 선택한다.

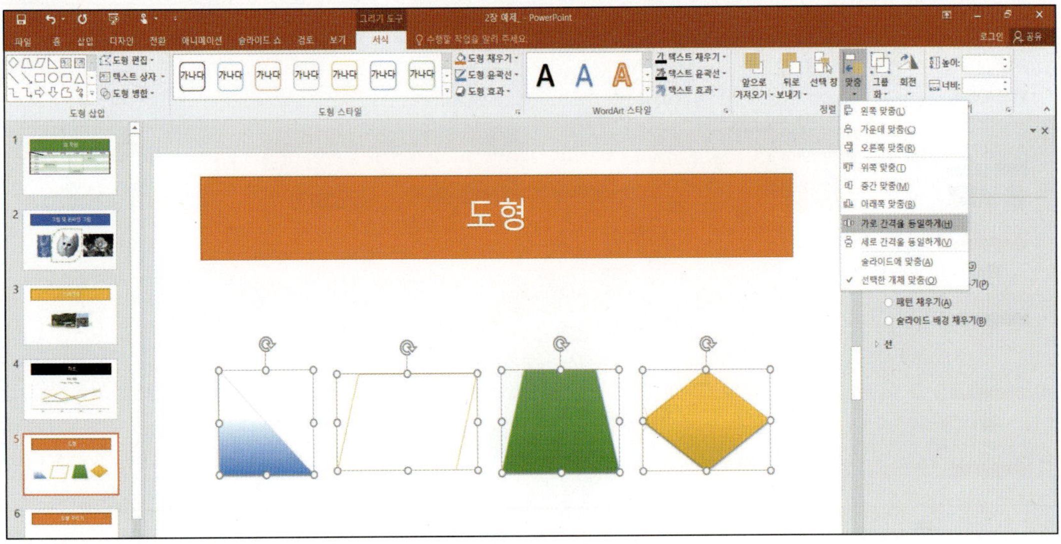

II. 도형 순서 변경

[모든 도형]을 드래그하여 서로 겹치게 만든다.

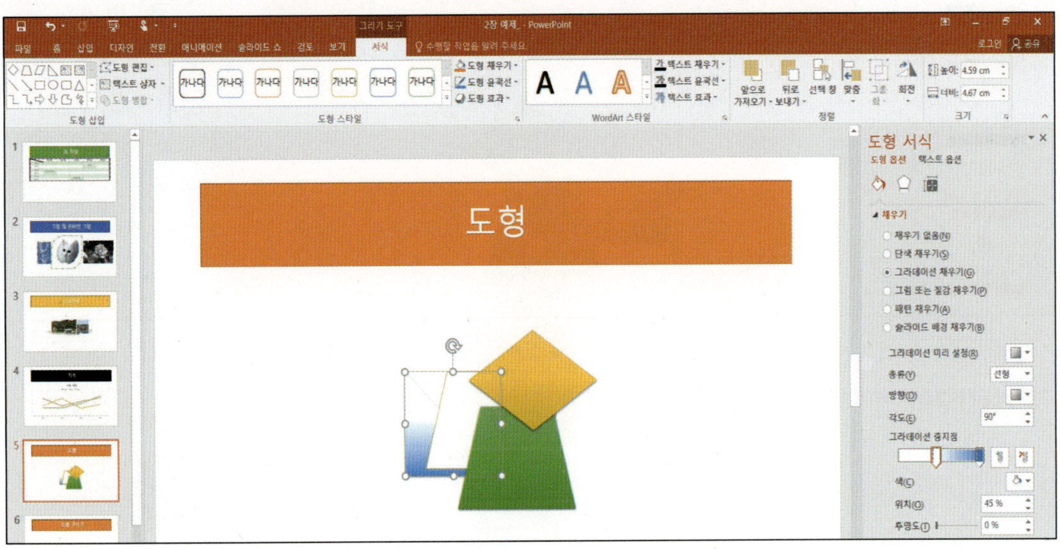

[직각 삼각형] 선택 – [마우스 오른쪽] 클릭 – [맨 앞으로 가져오기]를 선택한다.

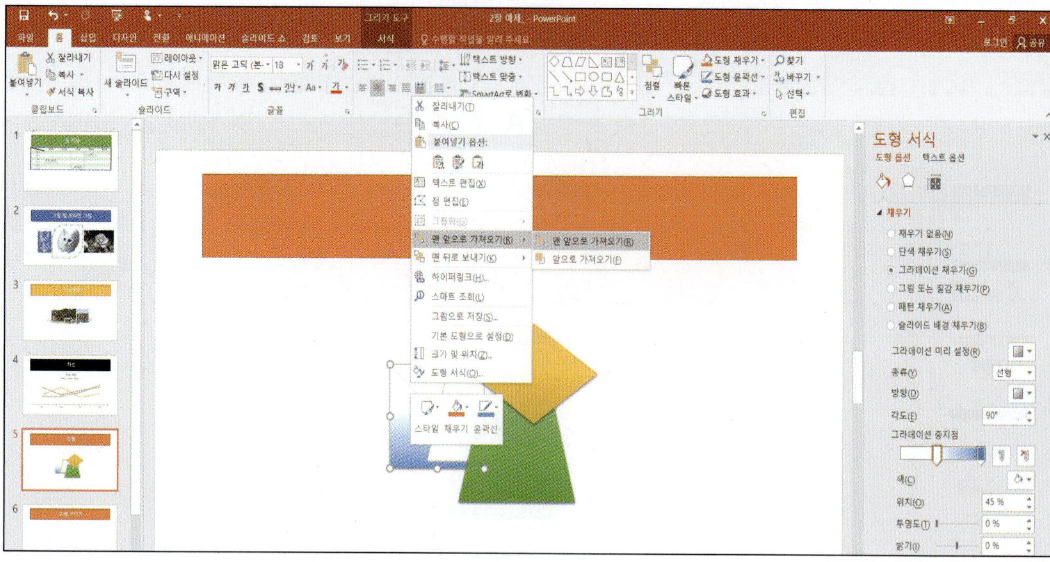

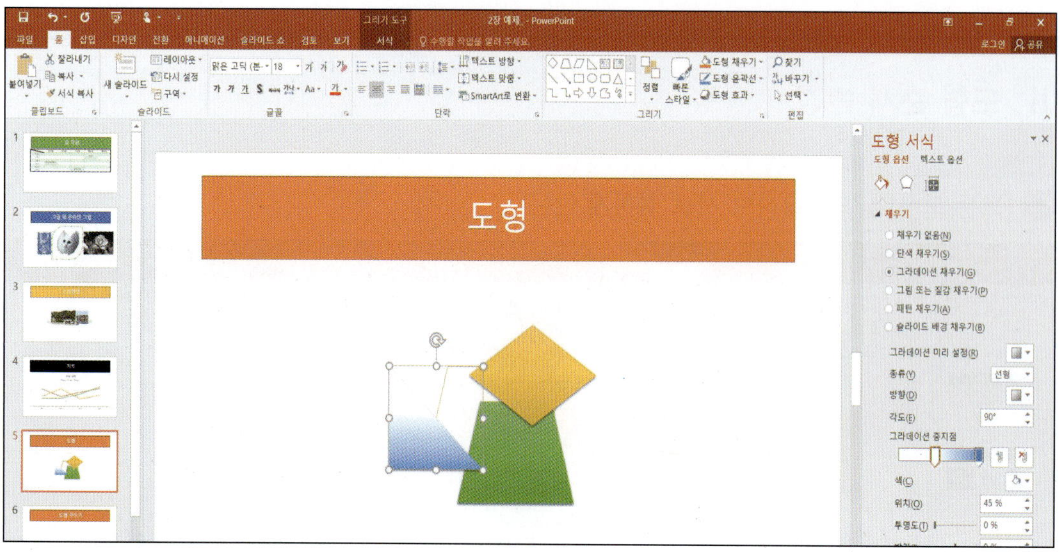

직각삼각형이 맨 위로 나오는 것을 확인할 수 있다.

Ⅲ. 도형 그룹화

[모든 도형] 선택 – [마우스 오른쪽] 클릭 – [그룹화] 선택 – [그룹]을 클릭한다.

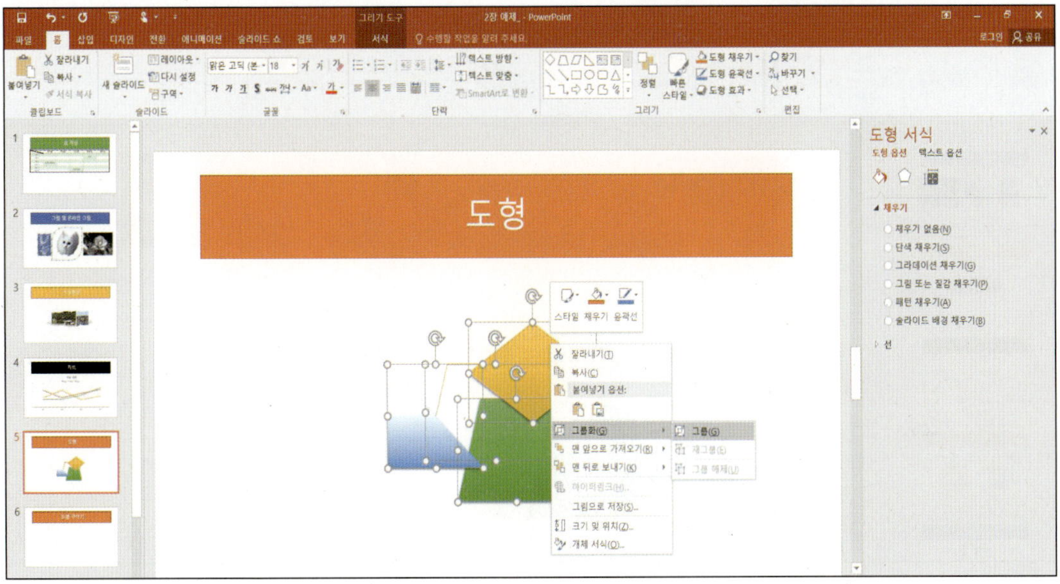

네 개의 도형이 하나의 도형으로 그룹화 됐다.

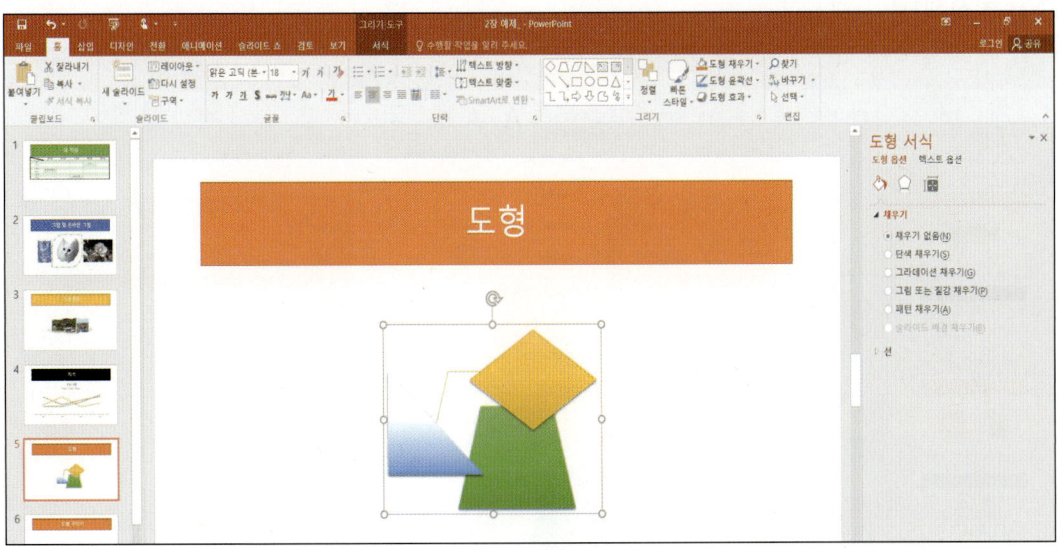

Ⅳ. 도형 입체 효과

[삽입] 메뉴 – [일러스트레이션] 그룹 – [도형] 선택 – [배지] 도형을 그린다.

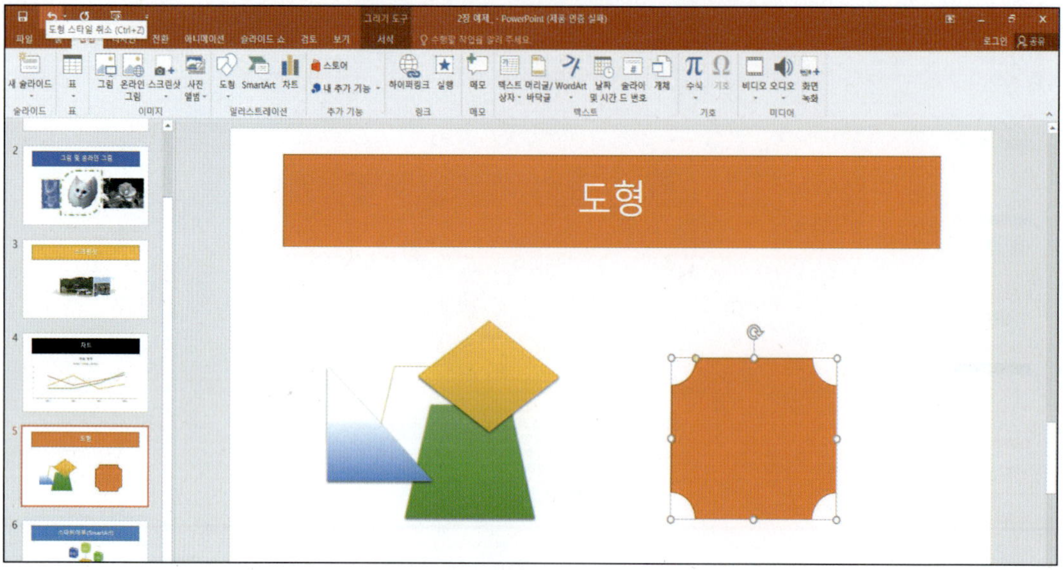

[배지] 도형 선택 – [도형 스타일] 그룹 – [도형 효과] – [그림자] 클릭 – [원근감 대각선 오른쪽 아래]를 선택한다.

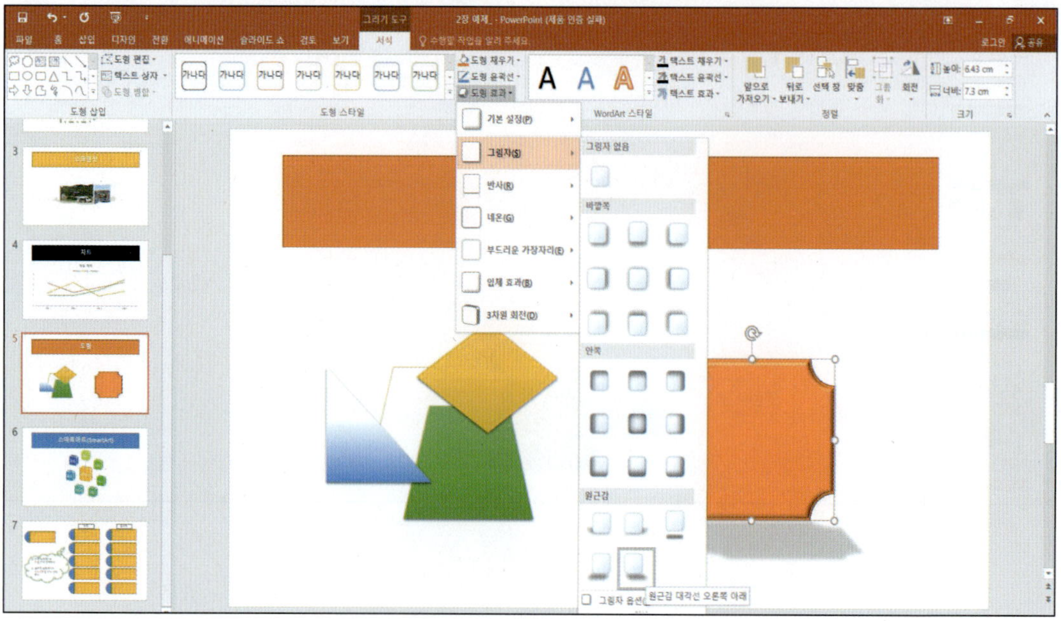

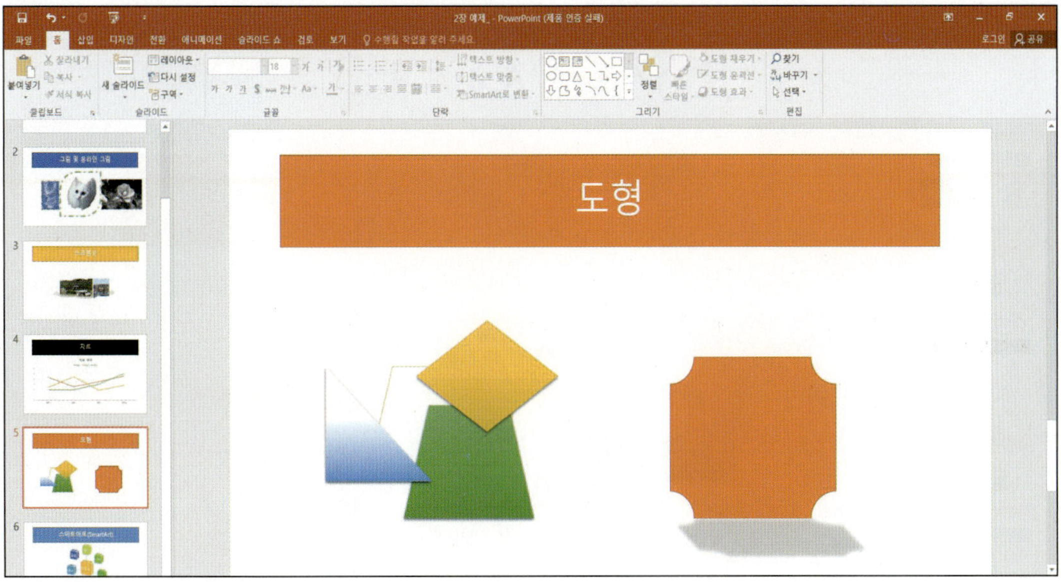

배지 도형에 그림자가 적용됐음을 알 수 있다.

[배지] 도형 선택 – [도형 스타일] 그룹 – [도형 효과] – [입체 효과] – [아트 데코]를 선택한다.

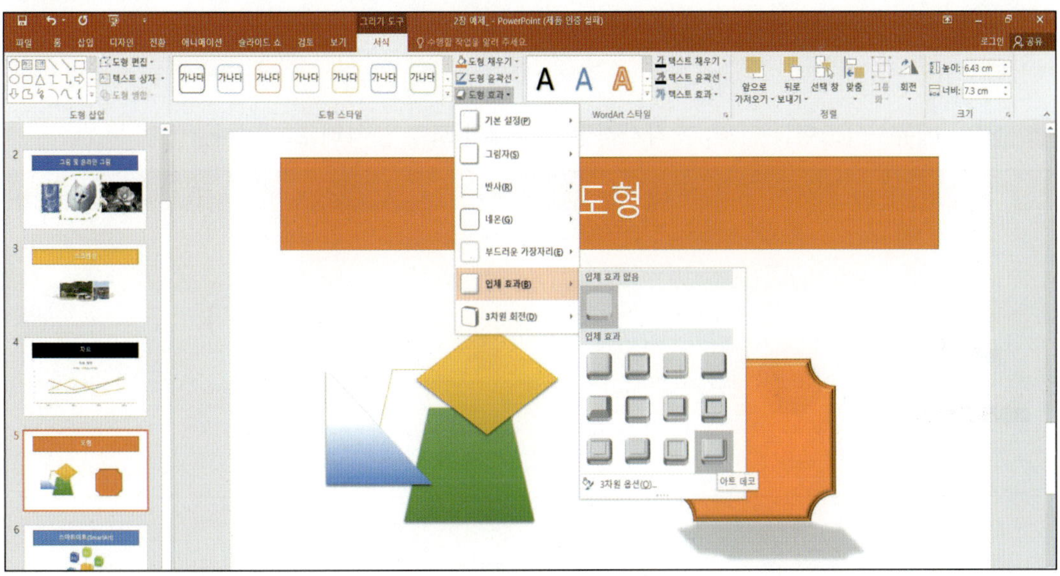

배지에 입체 효과인 아트 데코가 적용됐음을 알 수 있다.

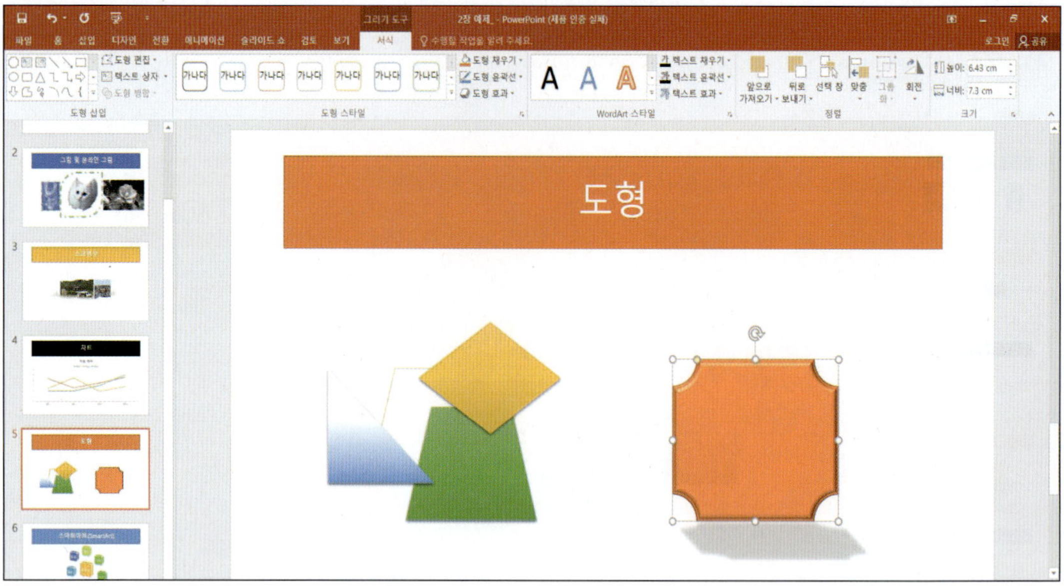

V. 세이프 기능으로 도형 그리기

세이프 기능은 두 개 이상의 도형을 병합, 결합, 조각, 교차 그리고 빼기 기능을 조합하여 다양한 도형을 만들 수 있는 특수한 기능이다.

[삽입] 메뉴 – [도형] – [원, 직각사각형]의 2개의 도형을 차례로 그린다.

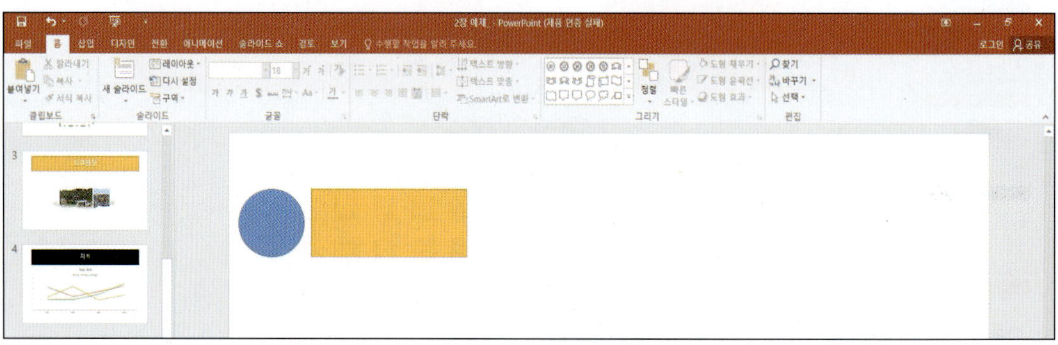

[슬라이드 6]번을 선택 – [직사각형]을 [원]과 겹치게 왼쪽으로 이동한다.

도형 복사를 위해 원과 직사각형을 [Shift] 키를 사용하여 [2개의 도형]을 동시에 선택 – [복사 : Ctrl키 누른 채 드래그] – 복사하여 10개의 도형을 만든다.

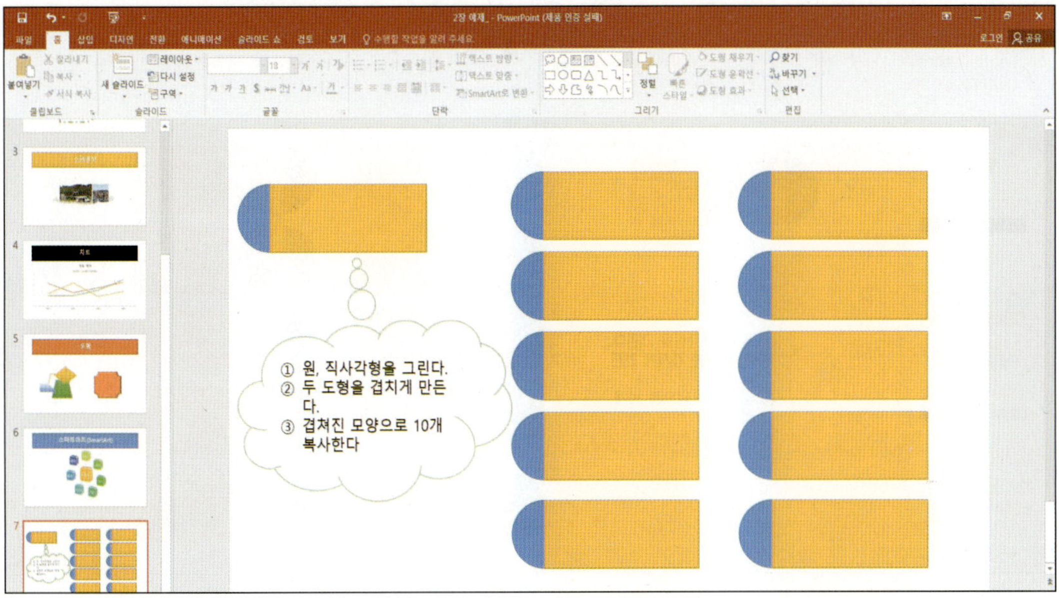

[원, 직사각형]을 [Shift] 키를 사용하여 [2개의 도형]을 동시에 선택한다.

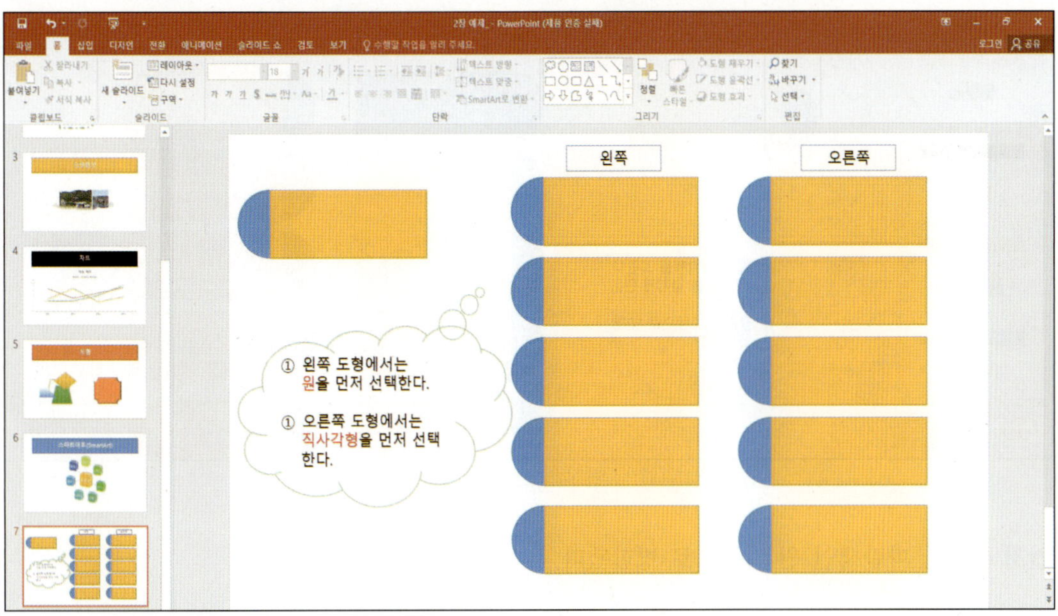

[Shift]키로 [원과 직사각형] 선택 – [서식] 메뉴 – [도형 삽입] 그룹 – [도형 병합] 클릭 – [병합]을 선택한다.

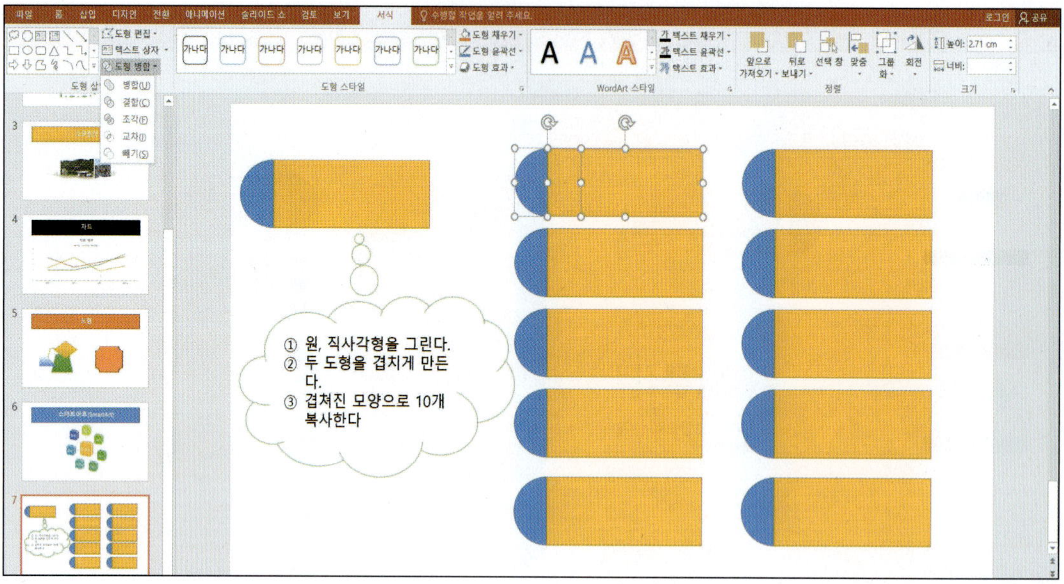

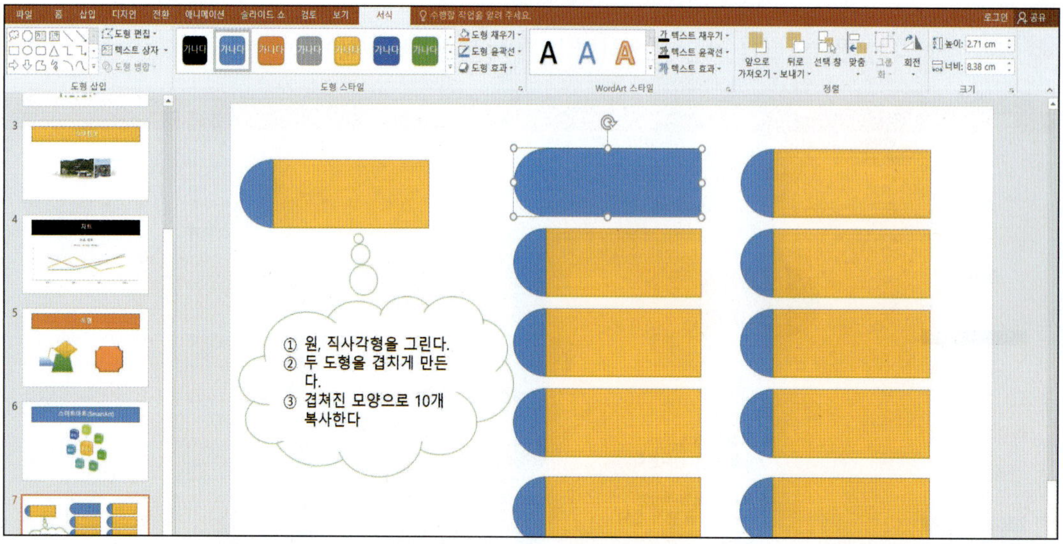

먼저 선택한 파란색인 원 기준으로 병합됐다.

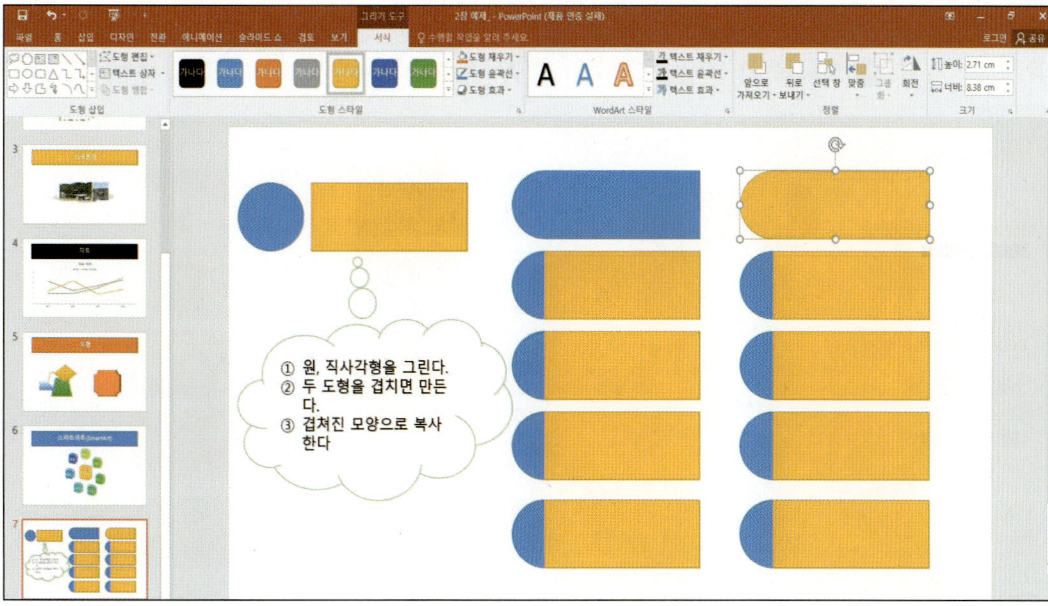

먼저 선택한 노란색인 직사각형 기준으로 병합됐다.

[원과 직사각형] 선택 – [도형 삽입] 그룹 – [서식] 메뉴 – [도형 병합] – [결합]을 선택한다.

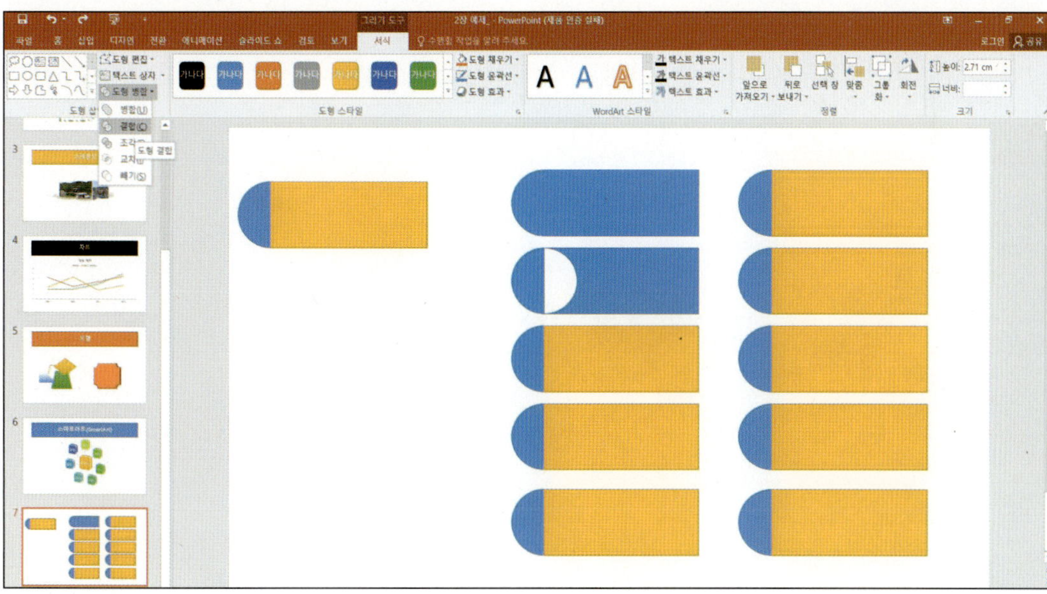

먼저 선택한 파란색인 원 기준으로 결합됐다.

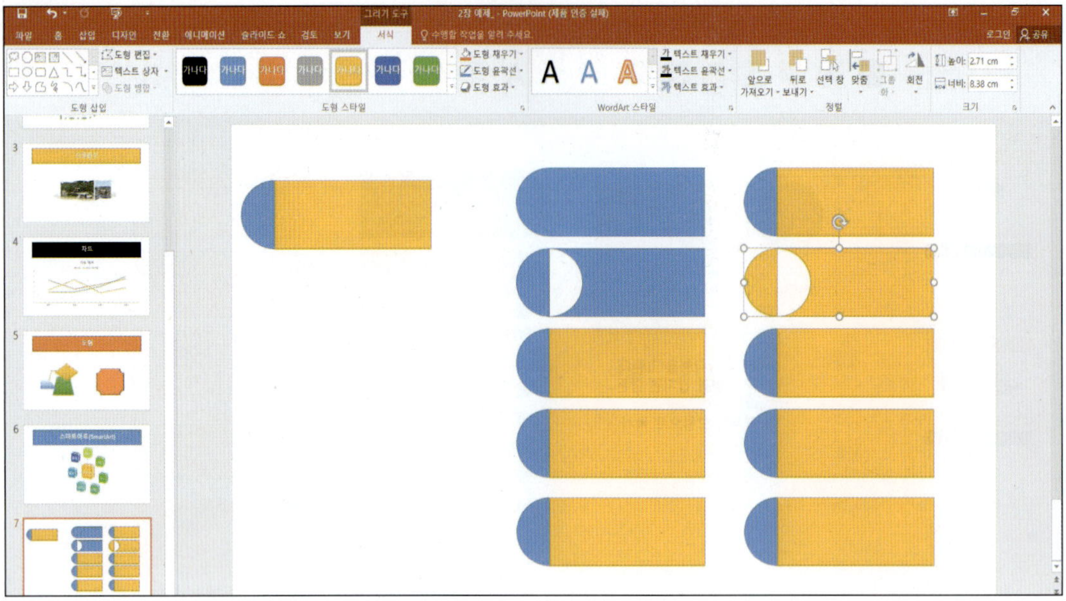

먼저 선택한 노란색인 직사각형 기준으로 결합됐다.

[원과 직사각형] 선택 – [서식] 메뉴 – [도형 삽입] 그룹 – [도형 병합] 클릭 – [조각]을 선택한다.

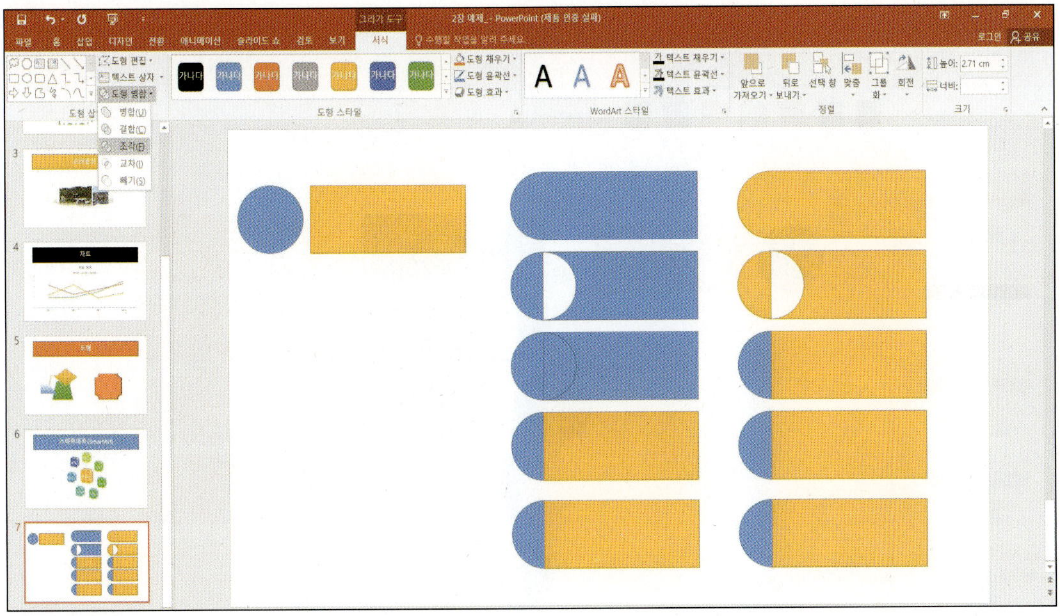

먼저 선택한 파란색인 원 기준으로 조각됐다.

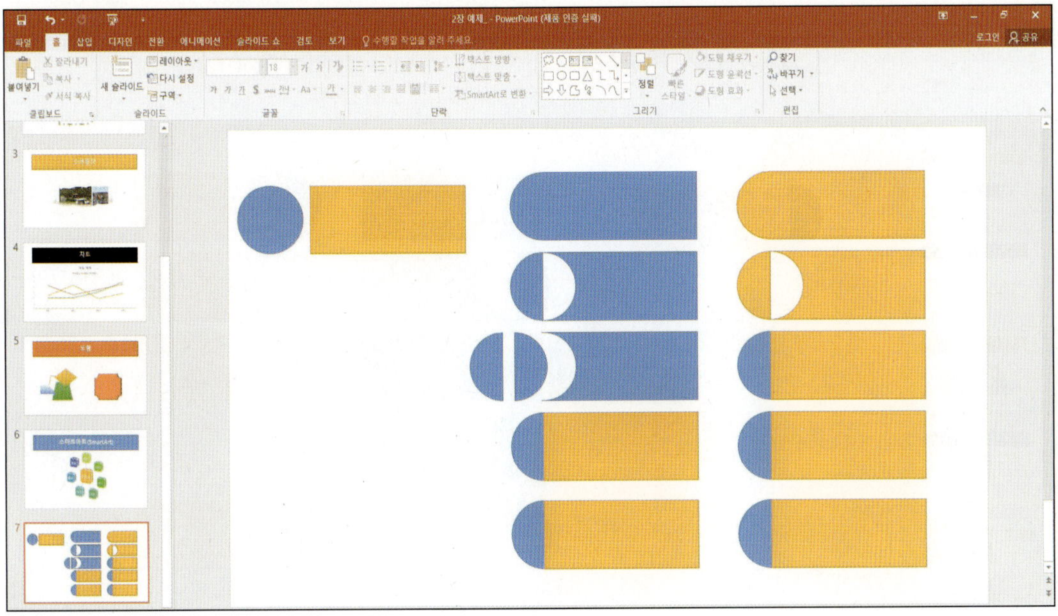

[원과 직사각형] 선택 – [서식] 메뉴 – [도형 삽입] 그룹 – [도형 병합] 클릭 – [교차]를 선택한다.

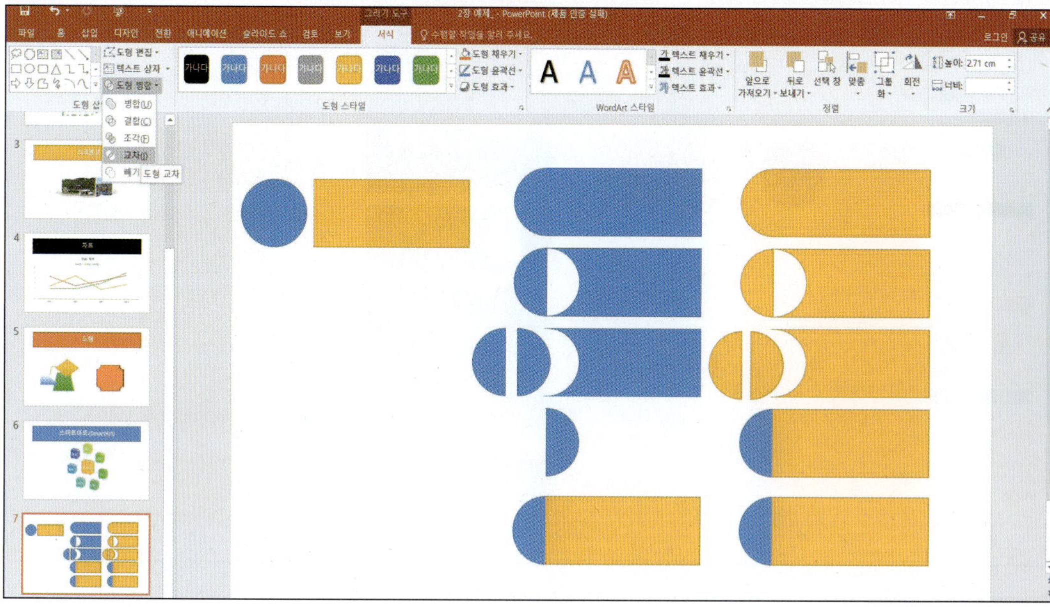

먼저 선택한 파란색인 원 기준으로 교차됐다.

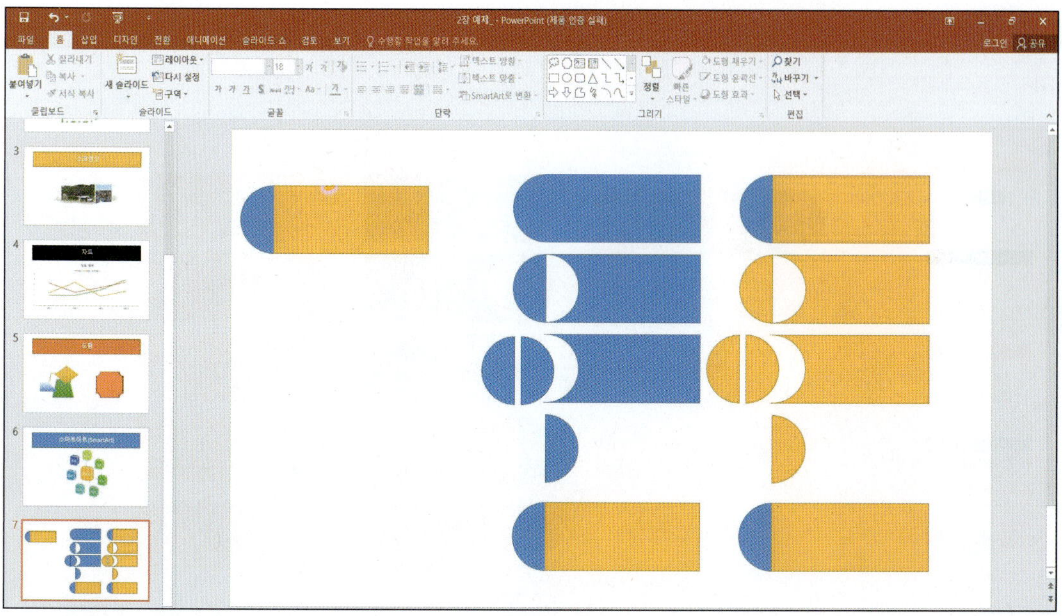

먼저 선택한 노란색인 직사각형 기준으로 교차됐다.

[원과 직사각형] 선택 – [서식] 메뉴 – [도형 삽입] 그룹 – [도형 병합] 클릭 – [빼기]을 선택한다.

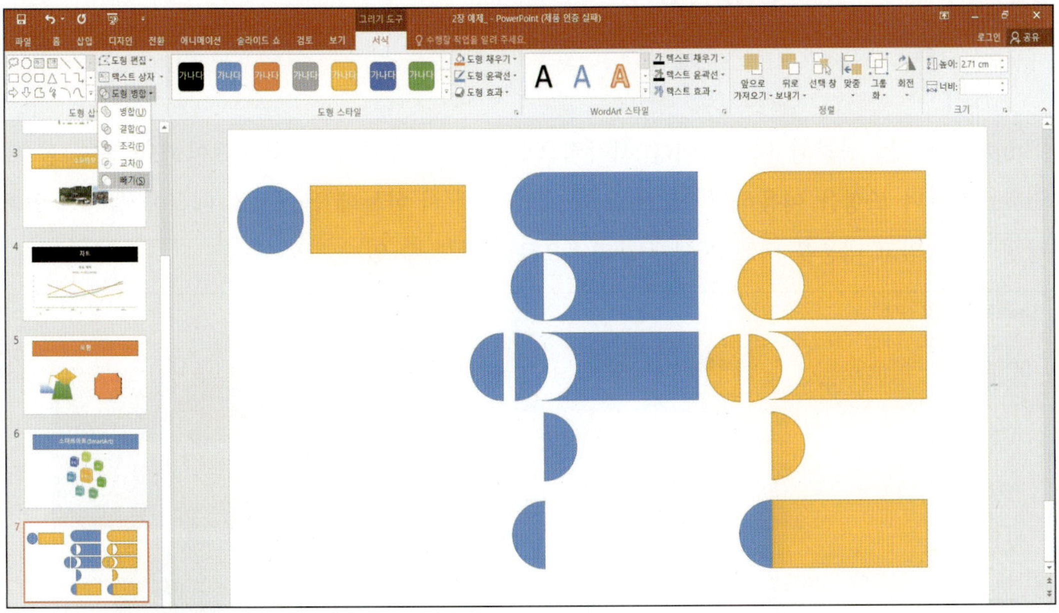

먼저 선택한 파란색인 원 기준으로 빼기됐다.

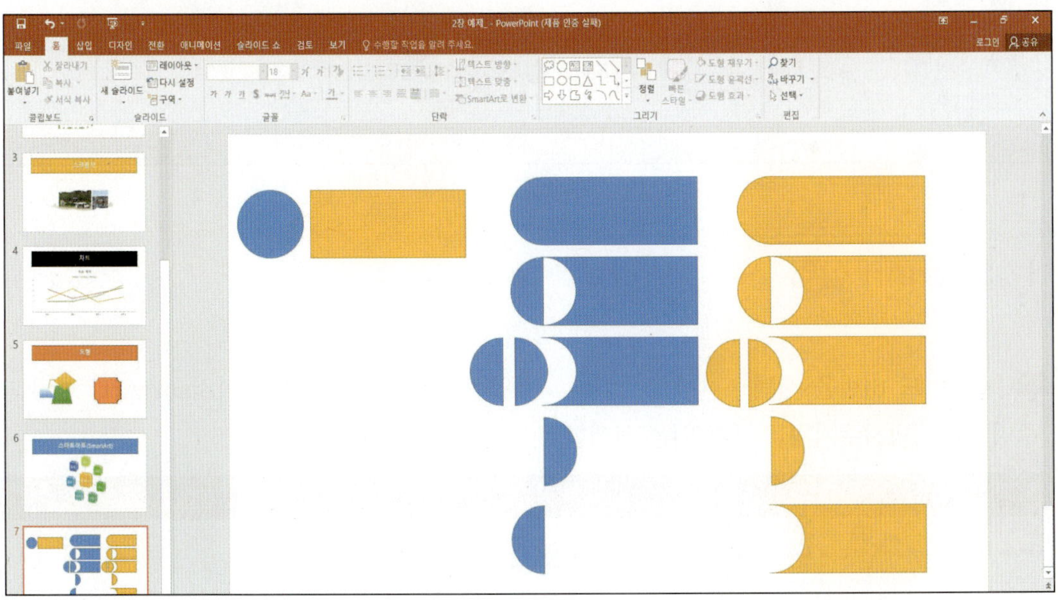

먼저 선택한 노란색인 직사각형 기준으로 빼기됐다.

2-7 SmartArt

[SmartArt] 는 정보와 아이디어를 시각적으로 표현한 것이다. 프레젠테이션을 진행 할 때 SmartArt 나 도형을 이용하면 텍스트보다 개념 전개 시 한눈에 들어오기 때문에 설득력 있게 작성 할 수 있고 내용을 빠르고 쉽게 효과적으로 전달할 수 있다.

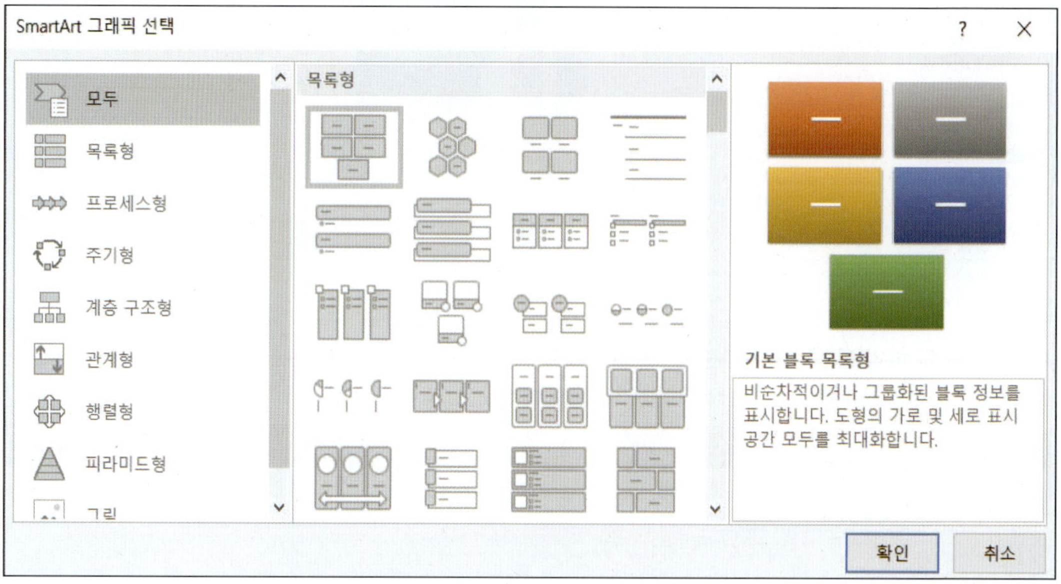

Ⅰ. SmartArt 삽입

[슬라이드 6]번을 선택 – [삽입] 메뉴 – [일러스트레이션] 그룹 – [SmartArt] 클릭 – [주기형] – [방사주기형] – [확인]을 선택한다.

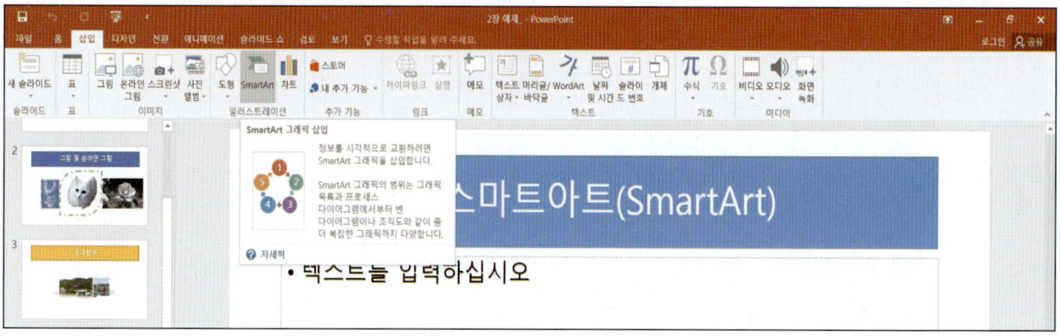

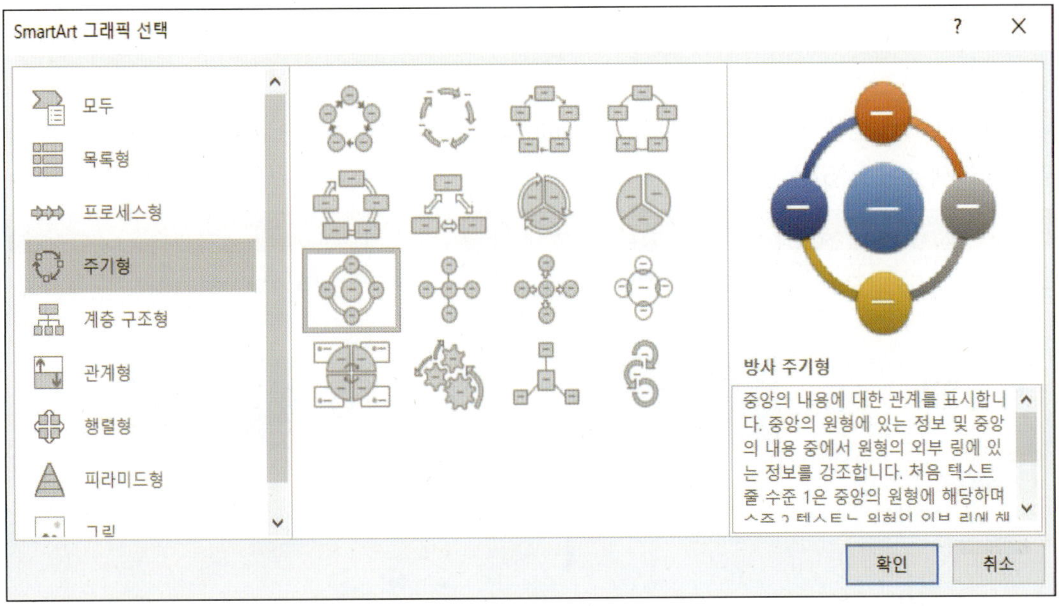

[SmartArt] 선택 – [SmartArt 텍스트 상자] 클릭 – 텍스트 창에 [광역시, 부산, 인천, 대전, 대구, 용산 그리고 광주]를 입력한다.

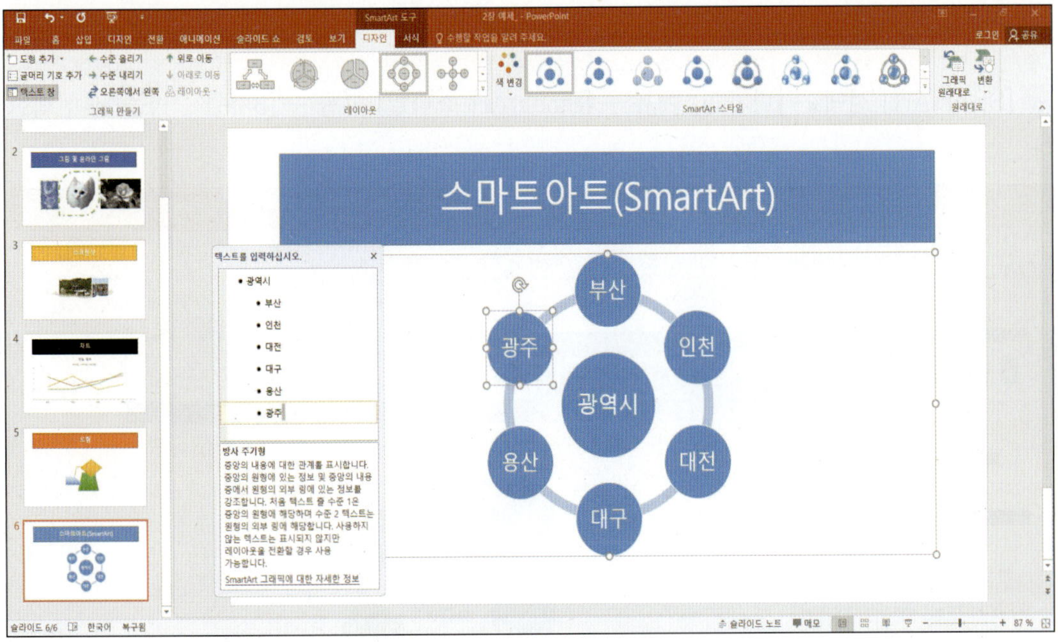

II. SmartArt 색 변경

[SmartArt] 선택 – [디자인] 메뉴 – [SmartArt 스타일] 그룹 – [색 변경] – [색상형 범위 : 강조색 4 또는 5]을 선택한다.

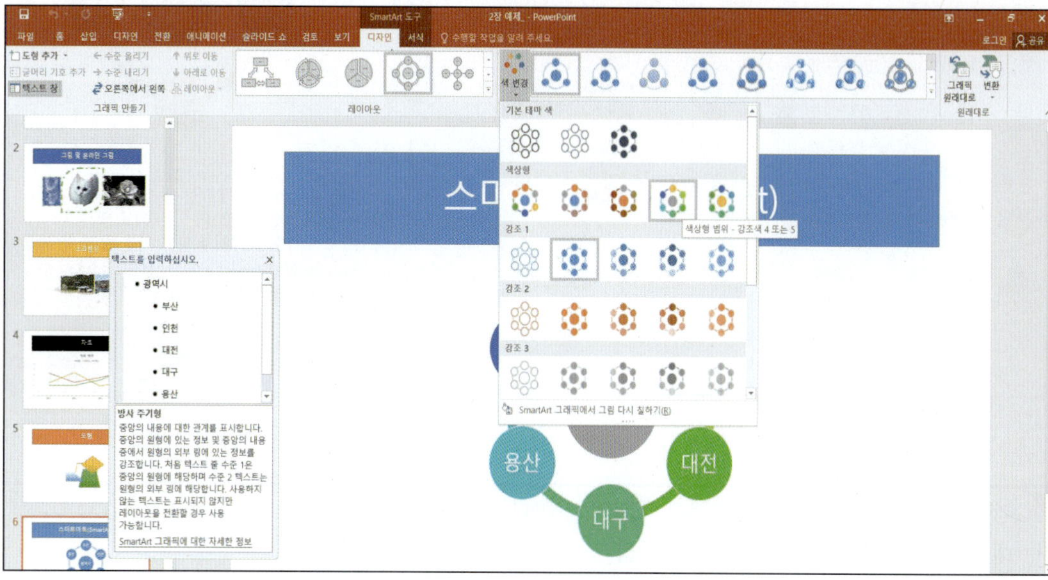

[SmartArt] 선택 – [디자인] 메뉴 – [SmartArt 스타일] 그룹 – [3차원 : 벽돌]을 선택한다.

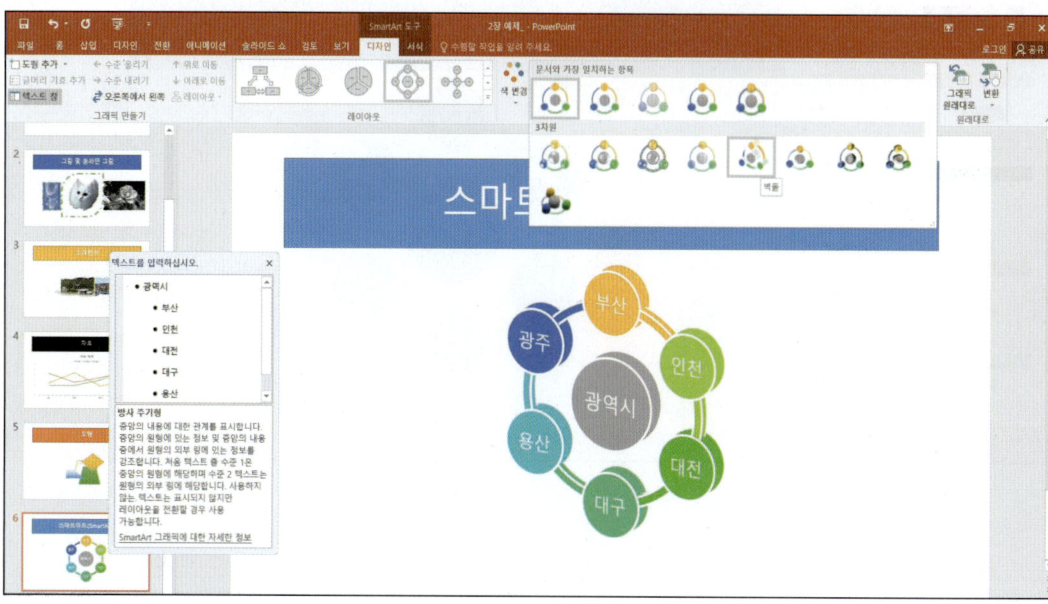

Ⅲ. SmartArt 종류 변경

[SmartArt] 선택 – [디자인] 메뉴 – [레이아웃] 그룹 – [방사형 클러스터형]을 선택한다.

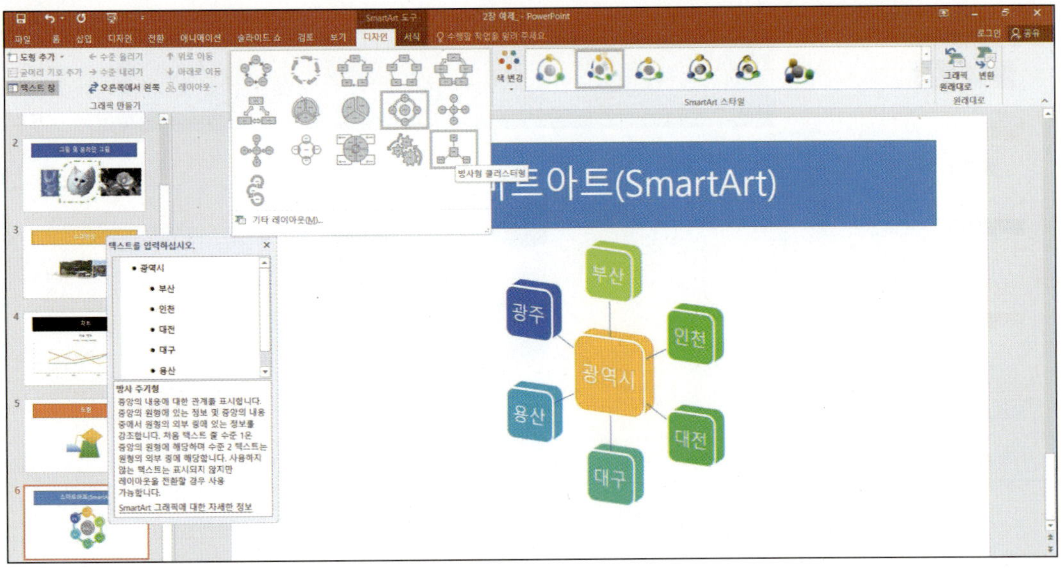

Ⅳ. SmartArt 순서 바꾸기

[대전] 클릭 – [디자인] 메뉴 – [그래픽 만들기] 그룹 – [위로 이동] 단추를 클릭한다.

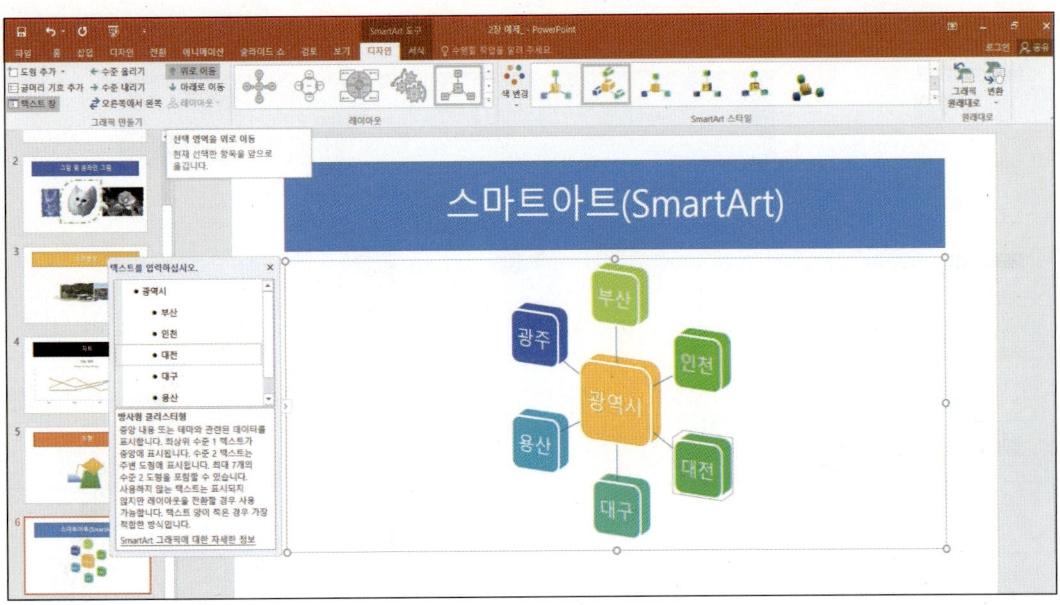

[대전] 위치가 위로 올라갔다.

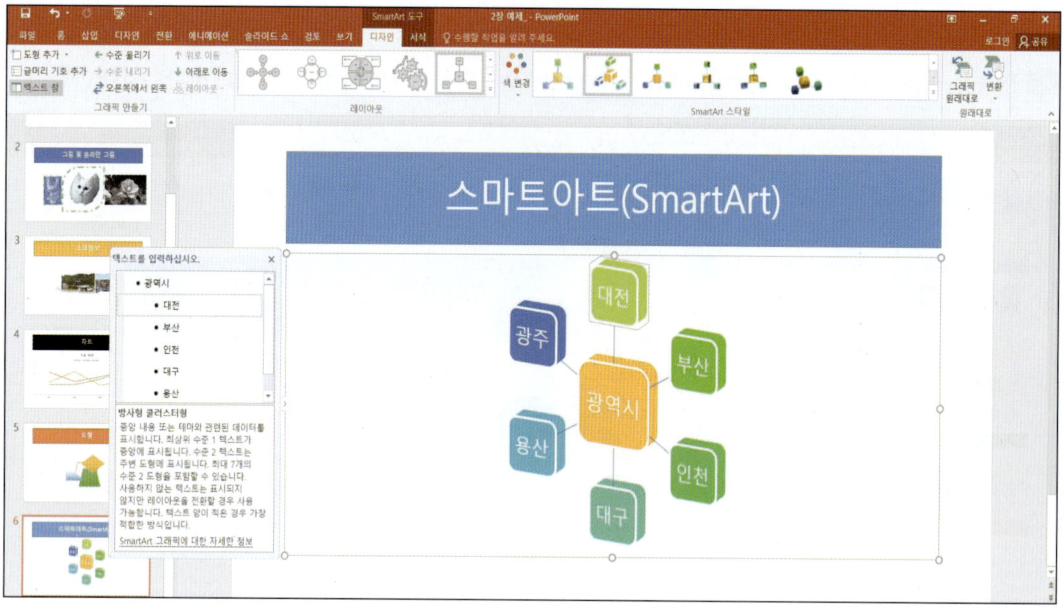

V. SmartArt 내용 추가

[텍스트 상자에서 Enter]를 친다. - [경기]라고 입력한다.

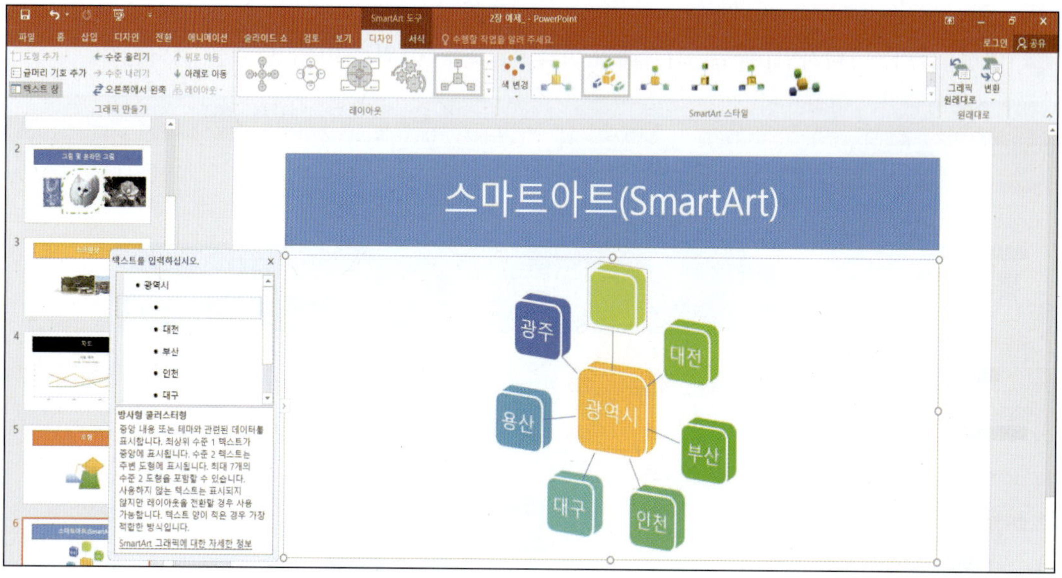

아래 그림과 같이 결과가 나온다.

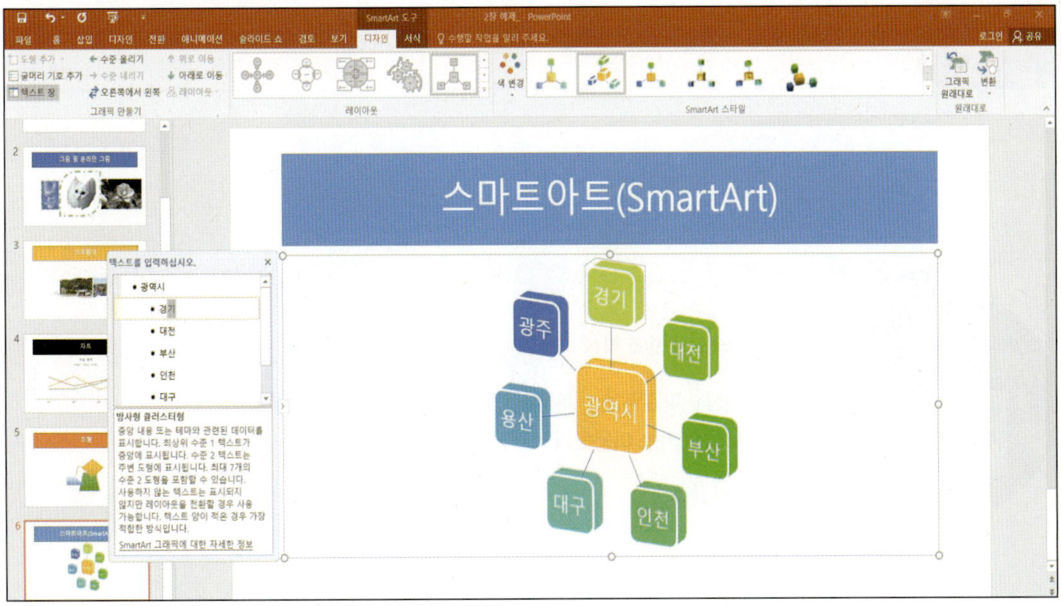

2장 확인학습

조건 1

슬라이드 1번에 작성

- 저장 : 파일명은 '본인이름1'로 바탕화면에 저장하기
- 세이프 기능 이용하기

완 성 본

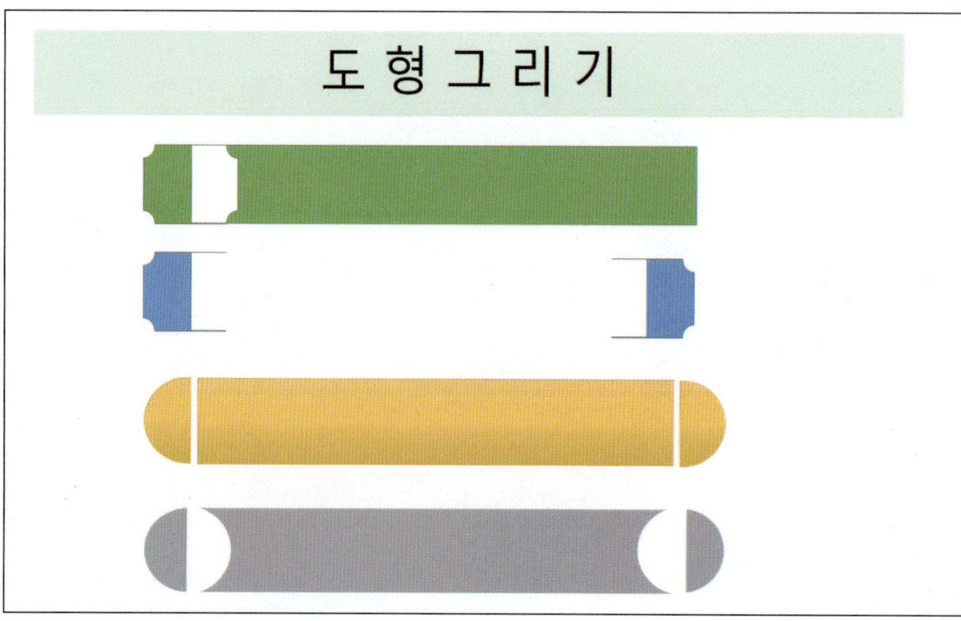

조건 2

슬라이드 2에 작성

다음과 같이 표와 도형을 이용해 완성하시오.

- 표 작성 : 2 * 4
- 표 안에 내용 입력
- 도형을 이용해 꾸미기
  (제목, 아시아, 유럽, 국가, 유명 여행지)

완 성 본

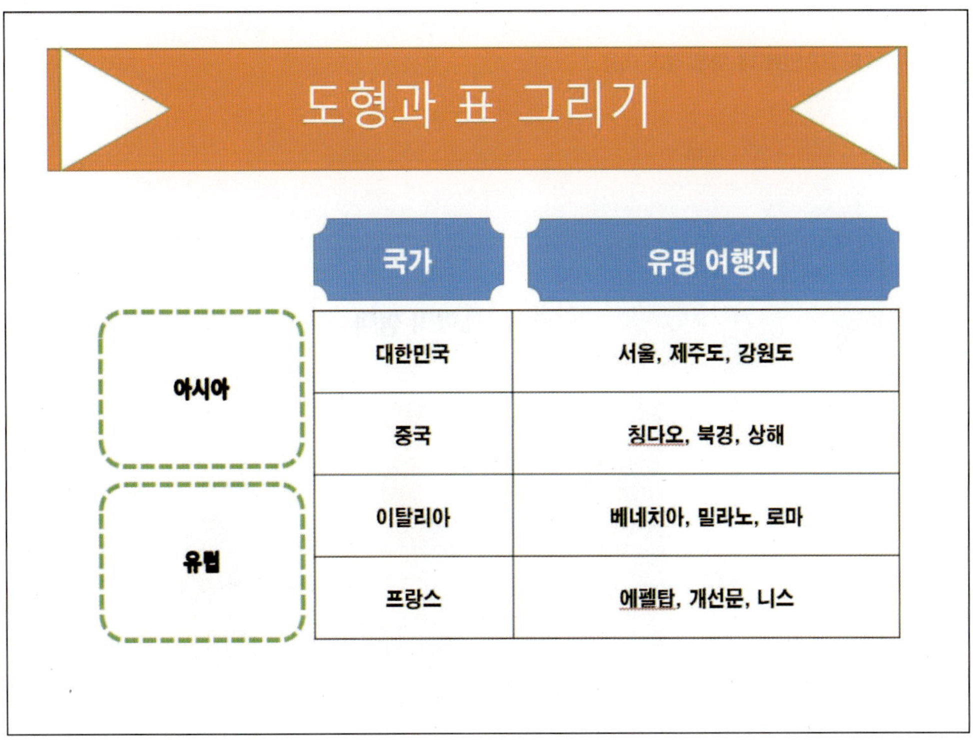

조건 3

슬라이드 3에 작성

– 아래 데이터를 입력 후 차트 만들기

	A	B	C	D	E
1		중간고사	기말고사	출석	평소
2	보건계열	8	7	5	6
3	공학계열	5	8	3	4
4	사회계열	6	5	4	2
5					

– 파워포인트 내 차트 결과 내용

완 성 본

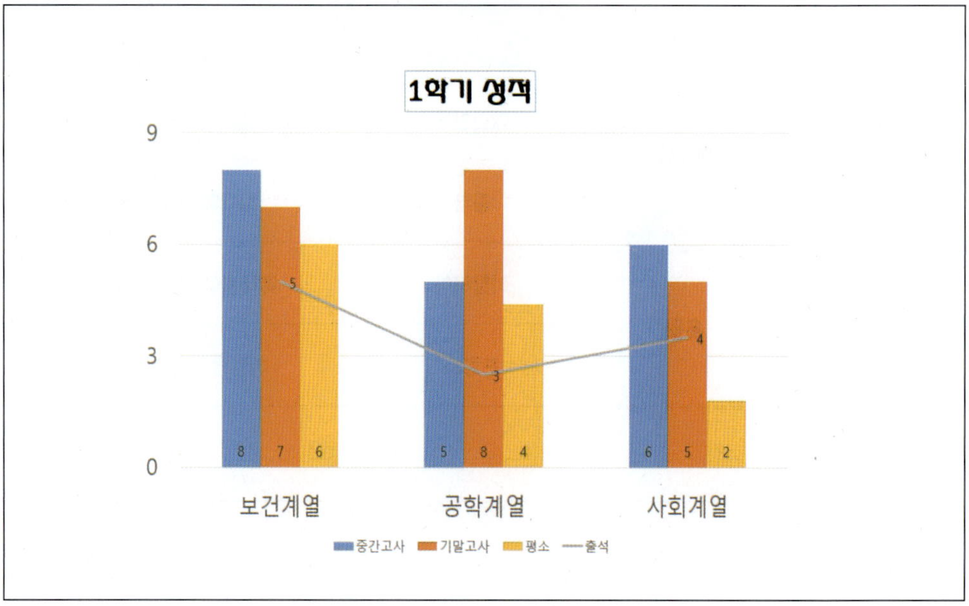

조건 4

슬라이드 4에 작성

다음과 같이 표를 완성하시오.

– 내용 입력

– 1행(구분, 계~) : 그라데이션 적용(흰색, 파란색)

– 표 테두리 지정 : 바깥쪽 – 굵게, 안쪽 – 점선

– 글자 색 적용

표 만들기로 다음 내용을 입력 후 내용 꾸미기

완 성 본

구분	계	0세-29세	30-49세	50-69세	70세이상
A	22,313	8,235	8,673	4,591	814
B	4,496	1,603	1,810	944	139
C	4,234	1,512	1,642	938	142
D	1,549	549	676	269	55
E	1,501	455	652	315	79
F	890	377	395	100	18
G	813	295	340	140	38
H	670	220	314	107	29
I	36,466	13,246	14,502	7,404	1,314

Chapter 3

텍스트와 미디어

03 텍스트와 미디어

3장에서는 텍스트 꾸미기와 미디어 기능인 음악 파일이나 동영상 삽입을 통해 다양한 프레젠테이션 기능을 익히고 만드는 학습을 진행한다.

예제파일 : [3장 예제] 파일 사용

3-1 하이퍼링크

하이퍼링크는 파워포인트에서 많이 사용하는 기능으로 웹 페이지와 파일에 빠르게 접근할 수 있도록 문서에 링크를 만들고 문서 내의 원하는 부분으로 이동할 수 있는 기능이다. 다른 파일 및 외부 실행 프로그램이나 웹 사이트로 하이퍼링크를 설정하면 쇼 보기에서 해당 프로그램이 실행되어 웹 사이트 주소로 이동된다.

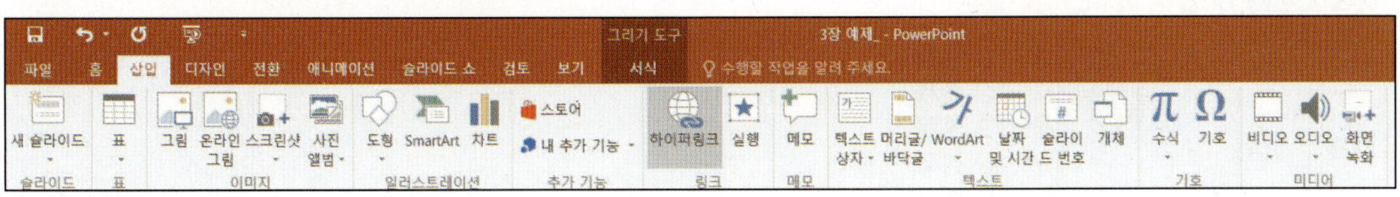

하이퍼링크가 설정된 텍스트에는 파랑 색의 밑줄이 표시되고 하이퍼링크 종류로는 기존 파일/웹 페이지, 현재 문서, 새 문서 만들기 그리고 전자 메일 주소가 있다.

① 기존 파일 / 웹 페이지

[기존 파일/웹 페이지]는 기존 파일이나 웹 페이지로 하이퍼링크를 연결하고자 할 때 선택하면 된다. [화면 설명]은 슬라이드 쇼를 할 때 화면에 풍선 도움말로 표현하고 싶은 내용을 입력하면 된다.

[슬라이드 1]번을 선택 – 부제목인 [류블랴나] 클릭 – [삽입] 메뉴 – [링크] 그룹 – [하이퍼링크]를 선택한다.

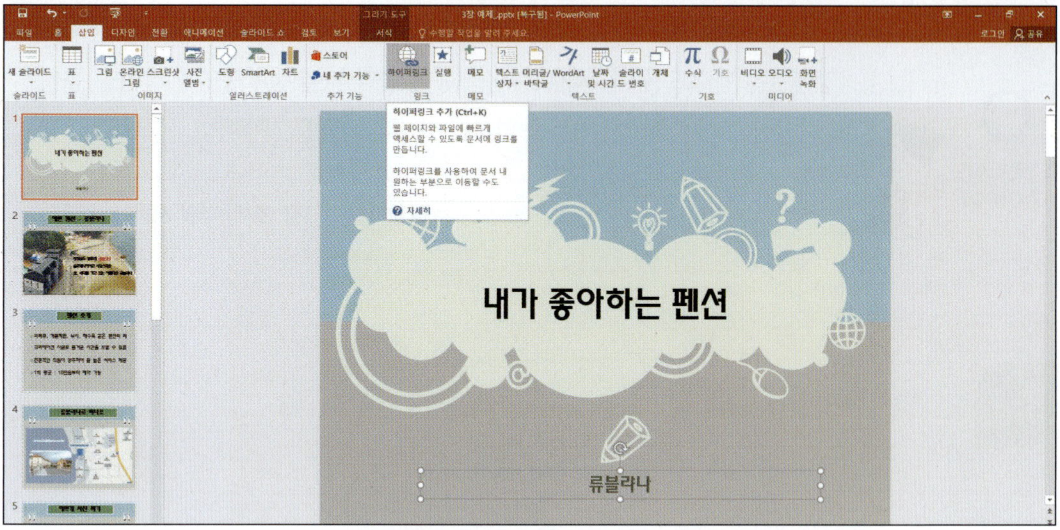

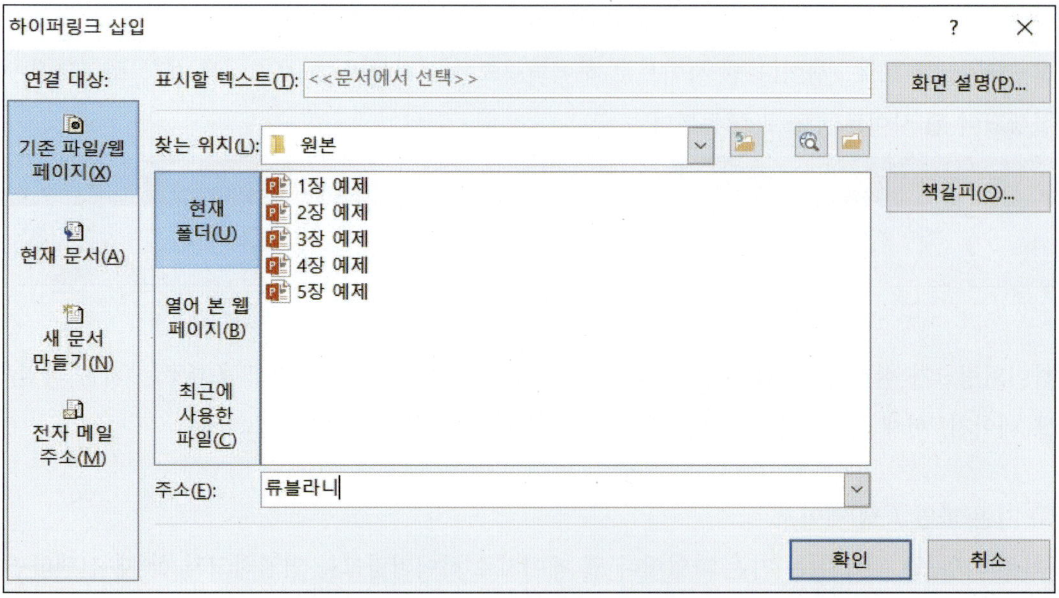

[연결 대상] – [기존 파일/웹 페이지] 클릭

주소란에 [http://www.ljubljana.co.kr/]를 입력 – [화면 설명 : '류블랴나로 이동 합니다'] 라고 입력 – [확인]을 클릭한다.

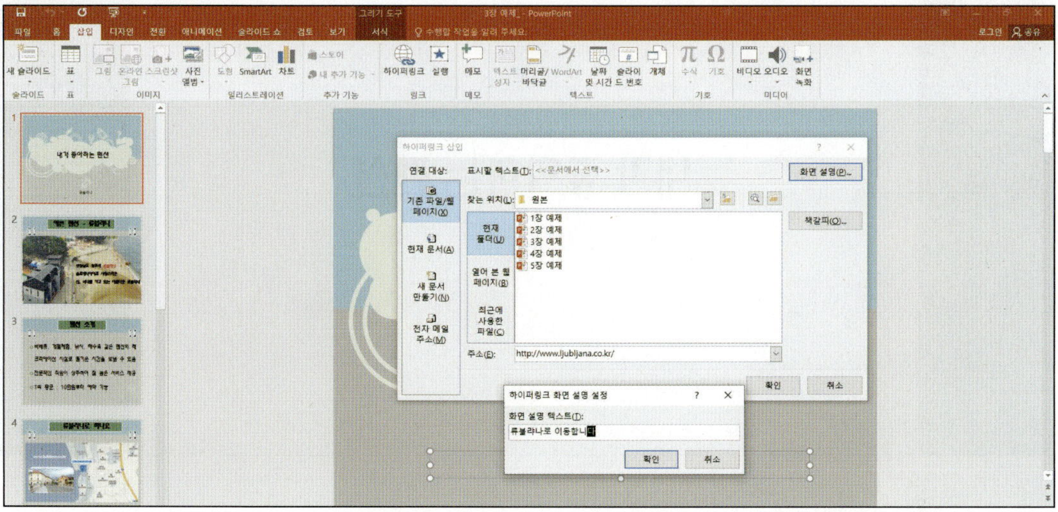

② 하이퍼링크 확인 방법

슬라이드 쇼를 시작하는 방법 중 [처음부터]를 선택하면 슬라이드 위치와 상관없이 첫 페이지부터 쇼가 진행 되고 [현재 슬라이드부터]를 선택하면 쇼를 하기 전 커서가 위치해 있던 곳부터 쇼가 진행 된다.

[슬라이드 쇼] – [슬라이드 쇼 시작] 그룹 – [현재 슬라이드부터]을 클릭한다.

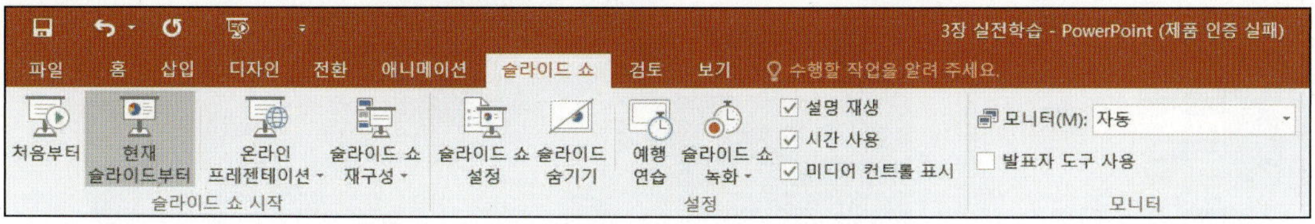

③ 현재 문서

현재 문서의 슬라이드 제목을 선택하여 해당 슬라이드 내용으로 이동할 수 있다.

[슬라이드 2]번의 본문 텍스트 [류블랴나]를 드래그 – [삽입] 메뉴 – [링크] 그룹 – [하이퍼링크]를 선택한다.

[연결 대상]의 [현재 문서] 클릭 – [이 문서에서 위치 선택]을 클릭 – [9. 여행코스] 클릭 – [확인]을 선택한다.

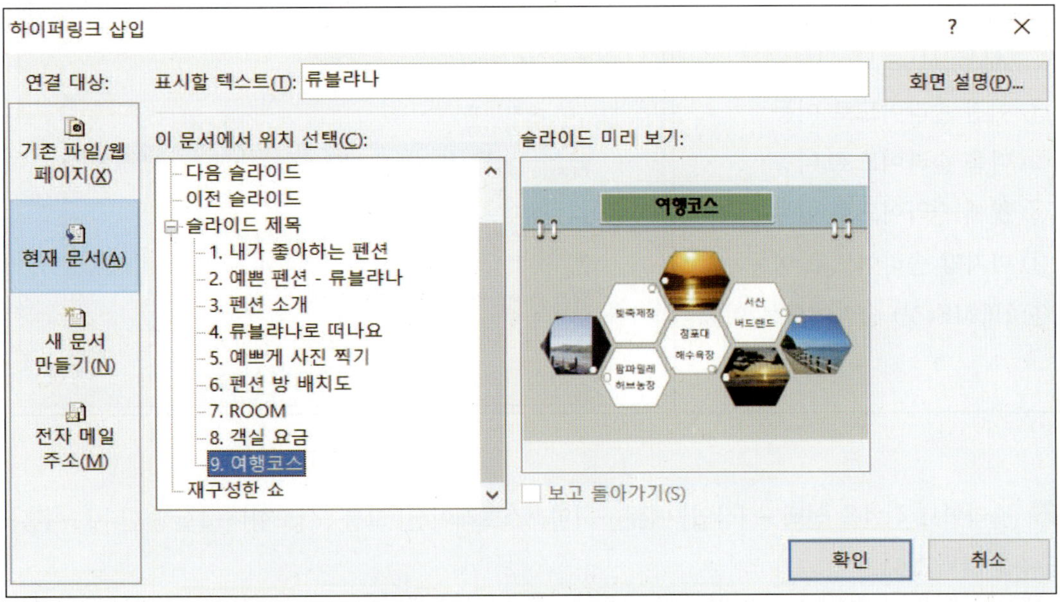

슬라이드 2번의 〈류블랴나〉를 선택하면 슬라이드 9번으로 이동 된다.

3-2 실행

슬라이드 쇼를 진행하다보면 자유롭게 슬라이드 위치를 이동하고자 할 때가 있는데 실행 단추를 활용하면 이런 요구를 쉽게 해결 할 수 있다.

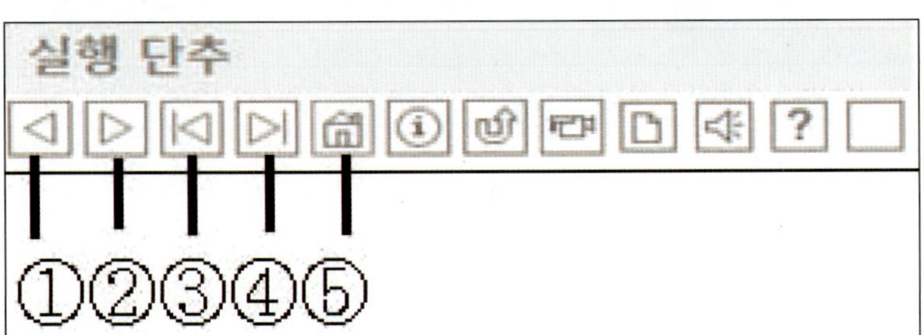

① 이전 슬라이드로 이동

② 다음 슬라이드로 이동

③ 첫째 슬라이드로 이동

④ 마지막 슬라이드로 이동

⑤ HOME(첫) 슬라이드로 이동

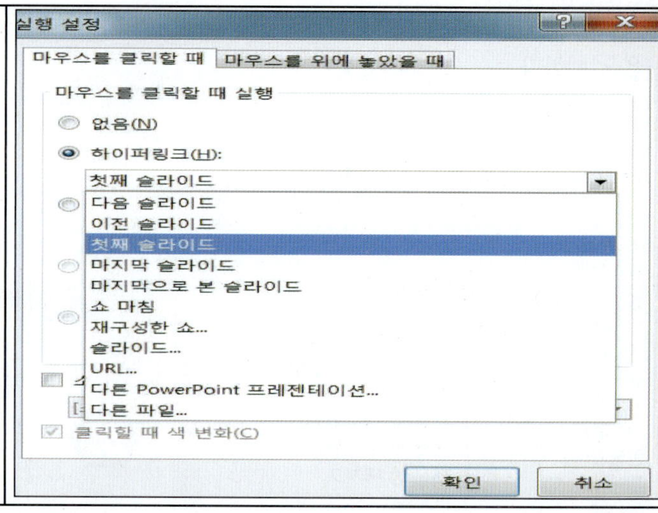

[슬라이드 4]번을 선택 – [삽입] 메뉴 – [일러스트레이션] 그룹 – [도형] – [실행 단추] – [홈] 단추를 클릭 한다.

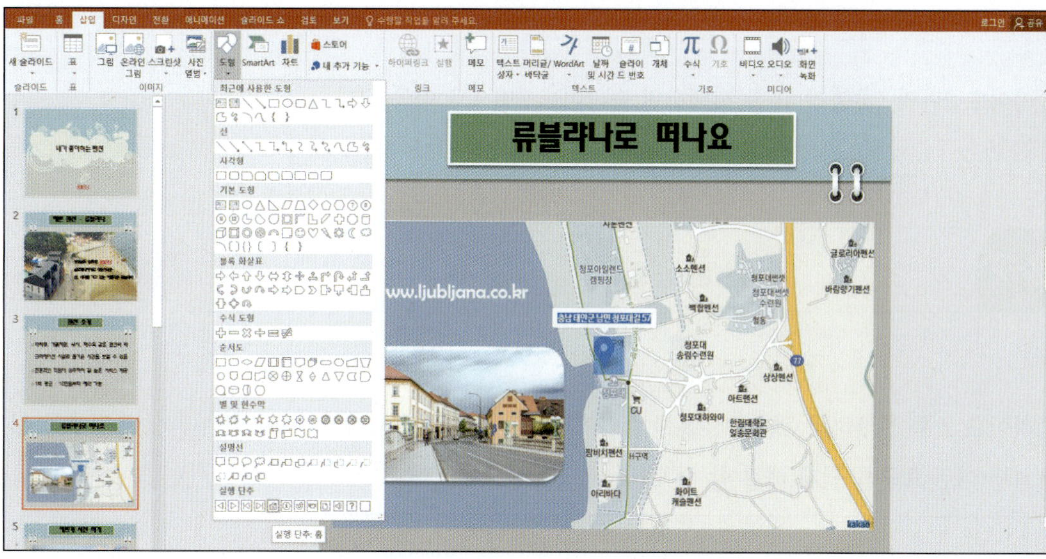

[실행 설정] 창 – [마우스를 클릭할 때] 선택 – [하이퍼링크] – [첫째 슬라이드] 클릭 – [확인]을 누른다.

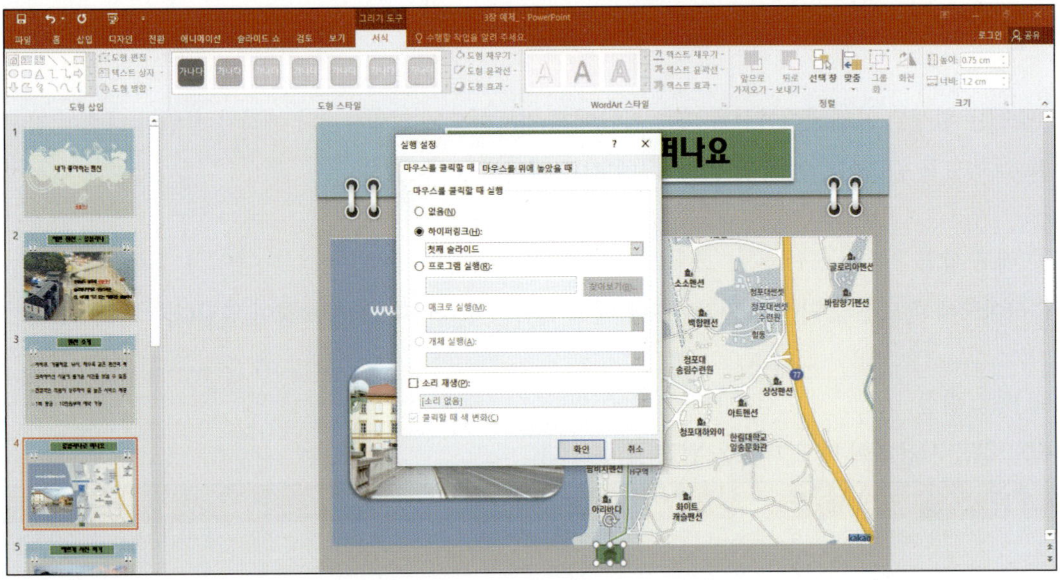

이런 방법으로  의 실행 단추를 슬라이드에 추가 한다.

① [실행 설정] – [마우스를 클릭할 때] 선택 – [하이퍼링크] – [이전 슬라이드] – [확인]을 클릭한다.

② [실행 설정] – [마우스를 클릭할 때] 선택 – [하이퍼링크] – [다음 슬라이드] – [확인]을 클릭한다.

③ [실행 설정] – [마우스를 클릭할 때] 선택 – [하이퍼링크] – [첫째 슬라이드] – [확인]을 클릭한다.

④ [실행 설정] – [마우스를 클릭할 때] 선택 – [하이퍼링크] – [마지막 슬라이드] – [확인]을 클릭한다.

[마우스를 클릭 할 때] 탭에 실행 설정을 할 경우 슬라이드 쇼 진행시 마우스가 하이퍼링크 된 곳을 클릭하면 화면 전환이 이루어진다.

[마우스를 위에 놓았을 때] 탭에 실행 설정을 할 경우 슬라이드 쇼 진행시 마우스가 하이퍼링크 된 곳으로 이동되면 자동으로 화면 전환이 이루어진다.

3-3 메모

[메모]는 완성된 프레젠테이션을 다른 사람에게 검토하도록 의뢰하거나 제작자 본인이 나중에 참고할 수 있도록 슬라이드의 특정 위치에 [메모]를 삽입해 둘 수 있다.

① 메모 삽입

슬라이드에 메모를 삽입하면 슬라이드에 메모 아이콘이 나타나고 메모 창이 열린다.

② 메모 편집

메모 창을 사용하여 메모 내용을 편집 할 수 있다.

슬라이드에 삽입된 메모는 슬라이드 쇼 보기에서는 표시 되지 않고 인쇄 시에는 포함시켜 인쇄 되도록 설정 할 수 있다.

[슬라이드 4]번의 제목 선택 – [검토] 메뉴 – [메모] 그룹 – [새 메모] 클릭 – [청포대 해수욕장에 있는 예쁜 펜션 류블랴나] 라고 입력한다.

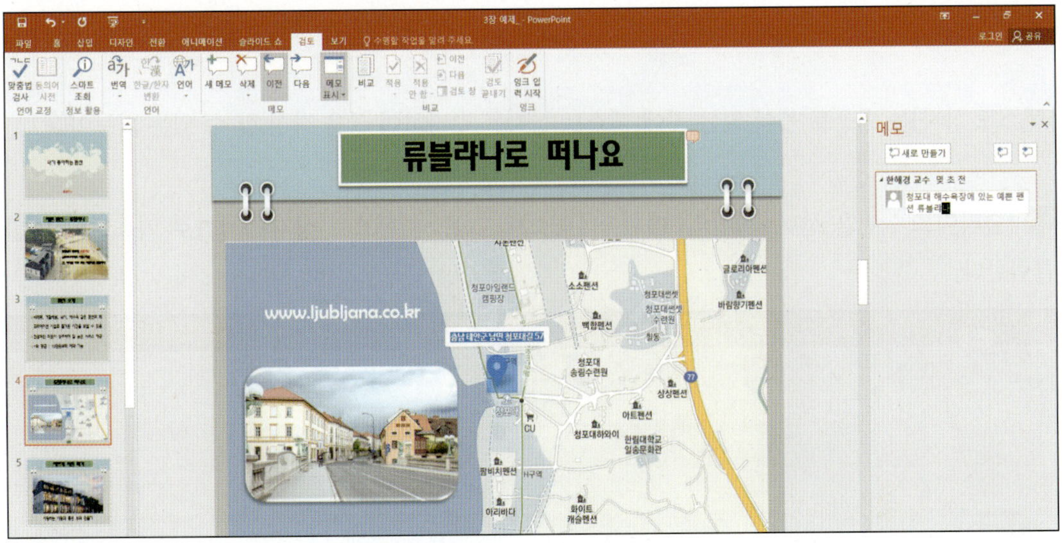

슬라이드에 메모를 삽입하면 사용자 이름과 메모를 작성한 날짜가 자동으로 표시 된다. 메모가 삽입된 위치에는 메모 표식이 나타나며 메모 표식을 드래그하여 원하는 위치로 이동할 수 있다.

① 새 메모 : 메모를 추가 한다.
② 삭제 : 추가 된 메모를 삭제 한다.
③ 이전/다음 : 만들어진 메모를 앞/뒤쪽으로 찾을 수 있다.
④ 메모 표시 : 메모를 메모 창에 표시하거나 내용을 보기/숨기기가 가능하다.

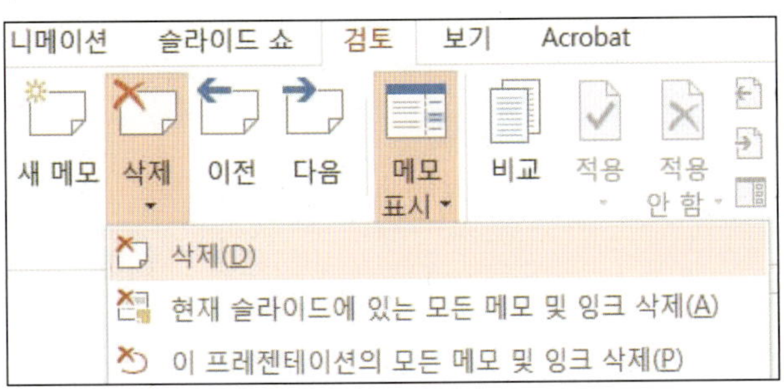

3-4 텍스트 상자

[텍스트 상자]는 텍스트 틀이 없는 곳에 텍스트 상자를 추가하여 글을 작성 할 수 있는 기능이다.

[슬라이드 1]번을 선택 – [삽입] 메뉴 – [텍스트] 그룹 – [텍스트 상자] – [가로 텍스트 상자]를 클릭한다.

[드래그]로 글상자 크기 지정 – 글 상자에 [슬로베니아 수도] 라고 입력한다.

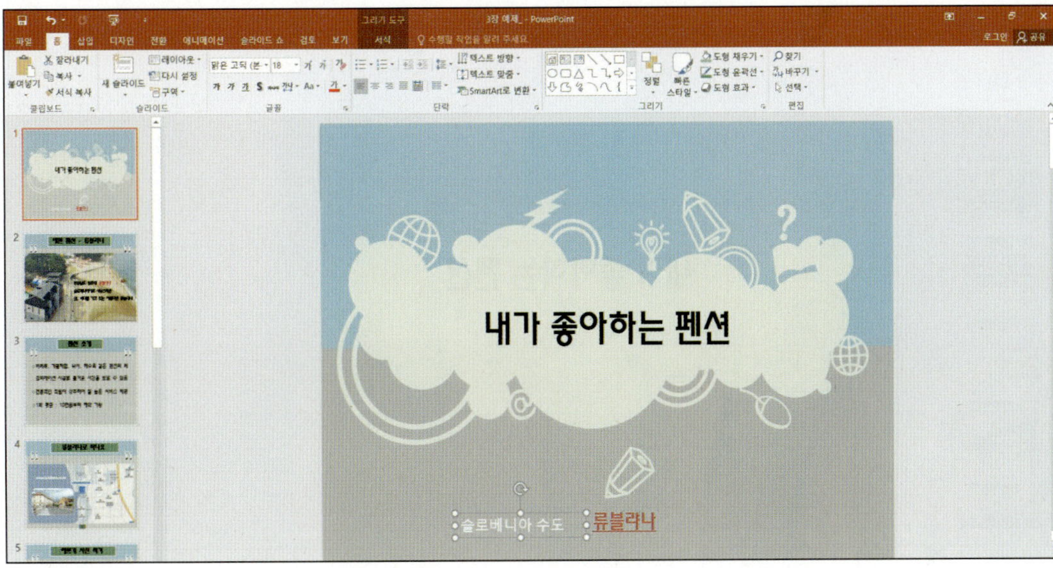

[텍스트 상자] 클릭 – [마우스 오른쪽] 클릭 – [도형 서식]을 선택 – [채우기 색 : 연두색], 선은 [실선]으로 선택한다.

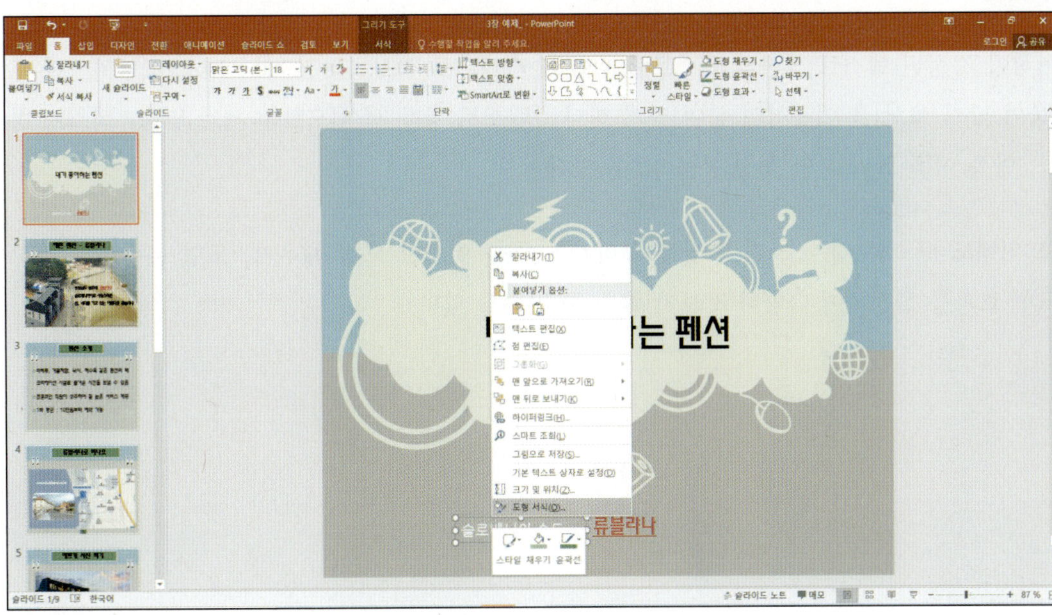

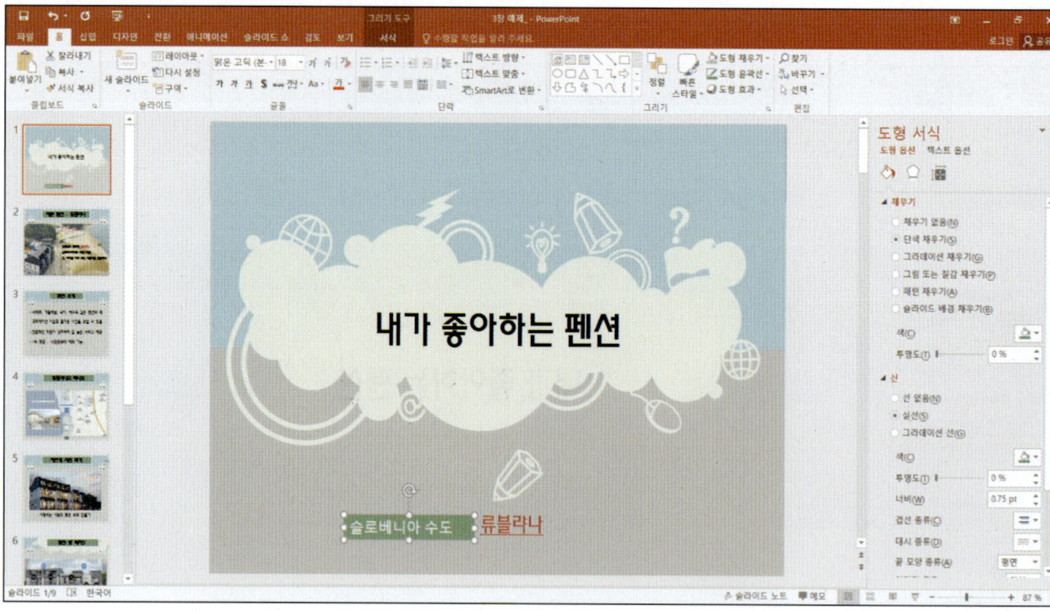

텍스트 상자 삭제는

[텍스트 상자] 클릭 – 키보드의 [Delete] 키를 누른다.

서식이 지정된 텍스트 상자의 텍스트를 다른 슬라이드로 복사하려면 해당 텍스트를 복사한 후 [붙여 넣기 옵션]을 이용하여 붙여 넣기 한다. [텍스트 상자 서식]으로는 세로 맞춤, 텍스트 방향, 안쪽 여백 그리고 단 설정 등을 할 수 있다.

그 외에도 텍스트 상자 크기 변경과 그리기 도구를 이용한 도형 채우기, 도형 윤곽선 그리고 도형 효과를 설정하여 다양하고 보기 좋게 꾸밀 수도 있다.

3-5 머리글 / 바닥글

유인물의 모든 페이지 위쪽이나 아래쪽에 동일하게 페이지 번호나 상호 및 작성자 이름 등을 넣을 수 있고, 내용을 유인물 마스터를 이용하여 위치 및 서식을 변경 할 수 있다.

[슬라이드 1]번을 선택 – [삽입] 메뉴 – [텍스트] 그룹 – [머리글/바닥글]을 클릭한다.

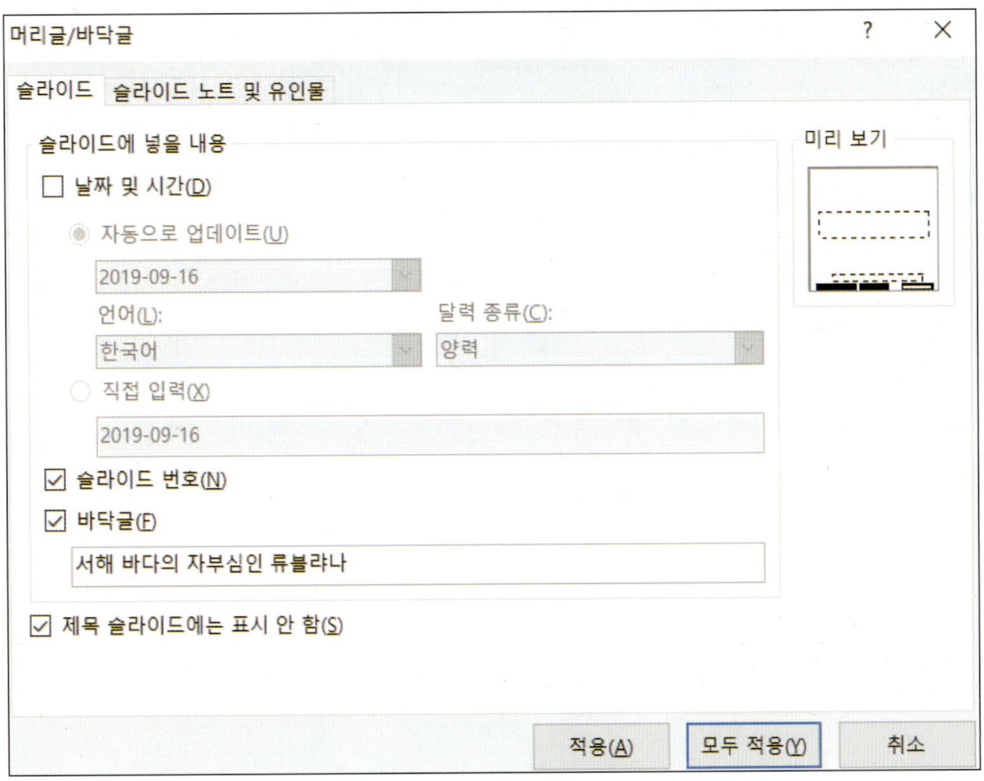

[슬라이드에 넣을 내용] 에 [슬라이드 번호] 체크 – [바닥글 : 서해 바다의 자부심인 류블랴나] 라고 입력 – [제목 슬라이드에는 표시 안함] 체크 – [모두 적용]을 클릭 한다.

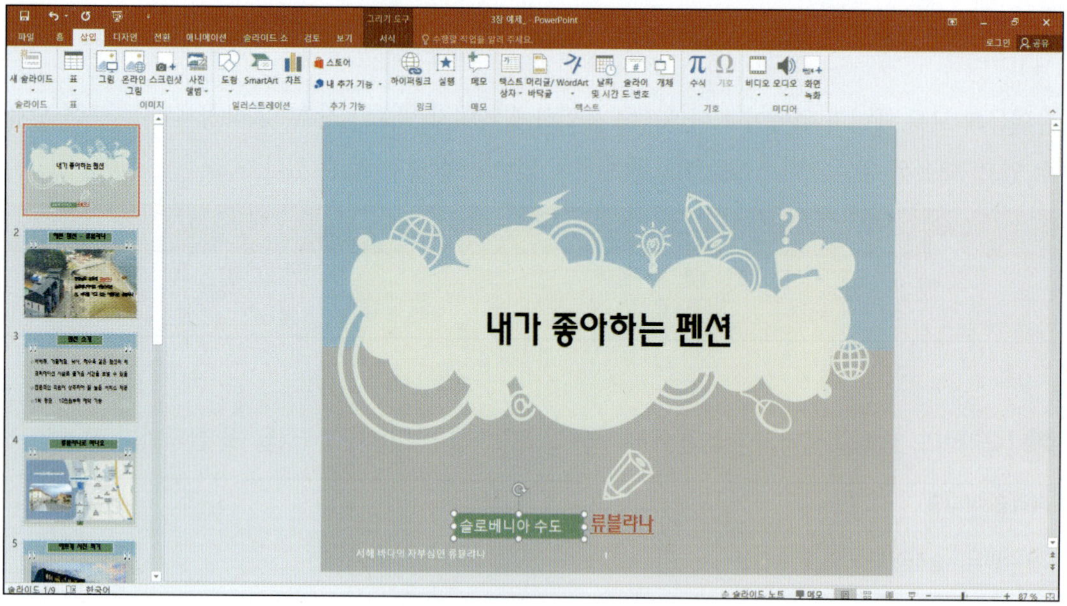

위와 같이 결과 화면이 나온다.

3-6 WordArt

[WordArt (워드아트)]는 슬라이드 제목이나 강조하고 싶은 텍스트에 다양한 갤러리 스타일로 그래픽화하여 화려하고 돋보이게 만드는 방법이다.

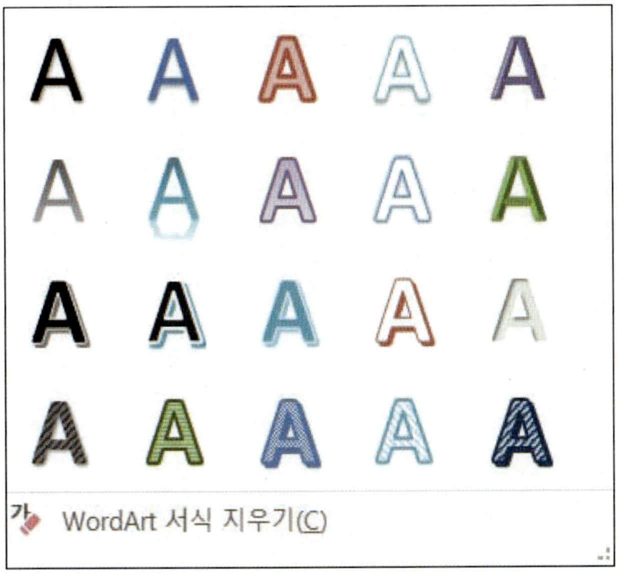

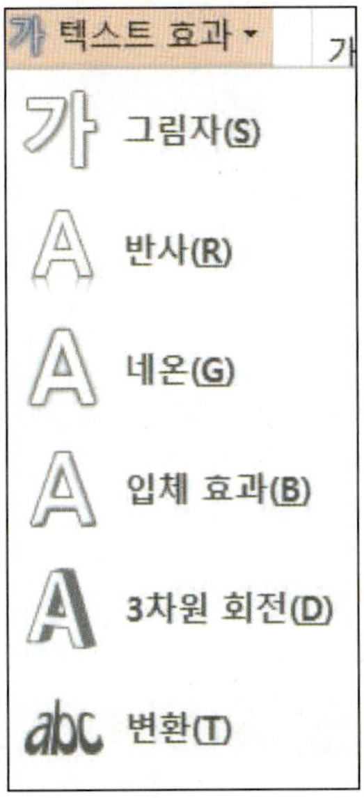

[WordArt] 편집은 기본적으로 제공되는 도형 스타일을 이용하여 스타일, 텍스트 채우기, 텍스트 윤곽선, 텍스트 효과를 사용자가 직접 디자인하여 개성 있는 워드 아트를 꾸밀 수 있다.

채우기 또는 윤곽선을 변경하거나 그림자, 반사, 네온 또는 3차원 회전 또는 입체 효과와 같은 기능을 추가하여 텍스트나 WordArt의 모양을 변경할 수 있다.

[슬라이드 1]번을 선택 – [홈] 메뉴 – [슬라이드] 그룹 – [새 슬라이드] – [제목만]을 선택하여 빈 슬라이드를 추가한다.

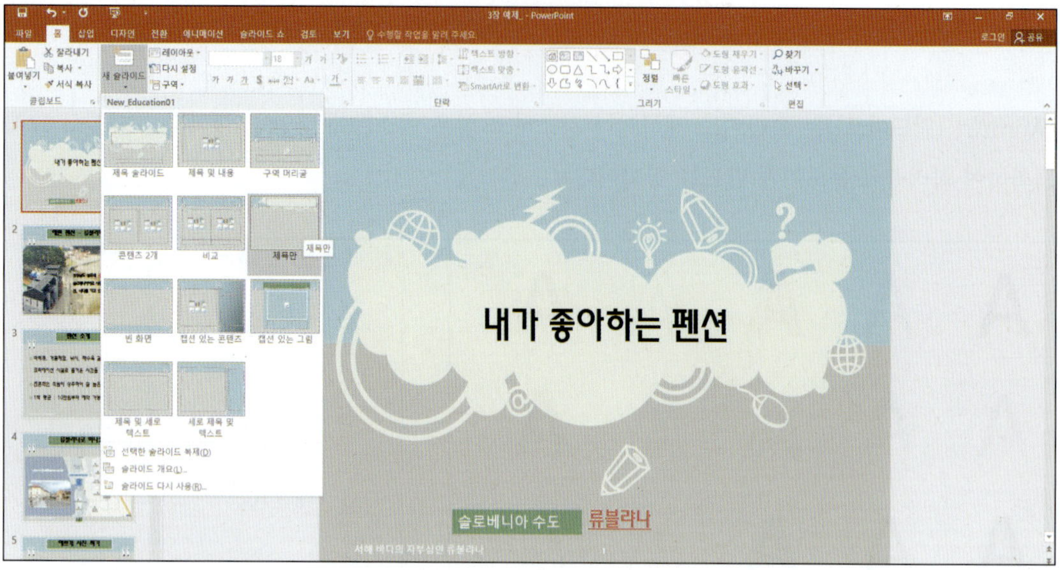

[슬라이드 2]번을 선택 – [삽입] 메뉴 – [텍스트] 그룹 – [WordArt] 선택 – [원하는 WordArt 디자인]을 클릭한다.

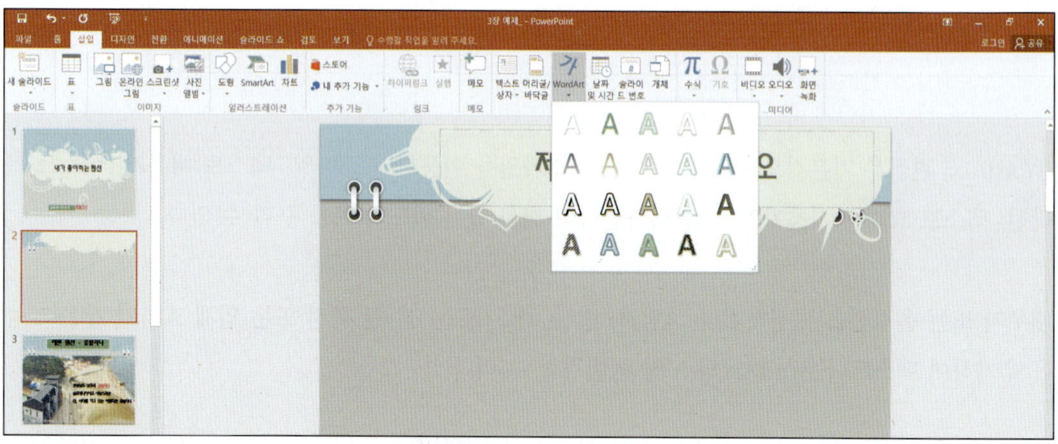

WordArt 글 상자에 [우리 함께 떠나요~]를 입력한다.

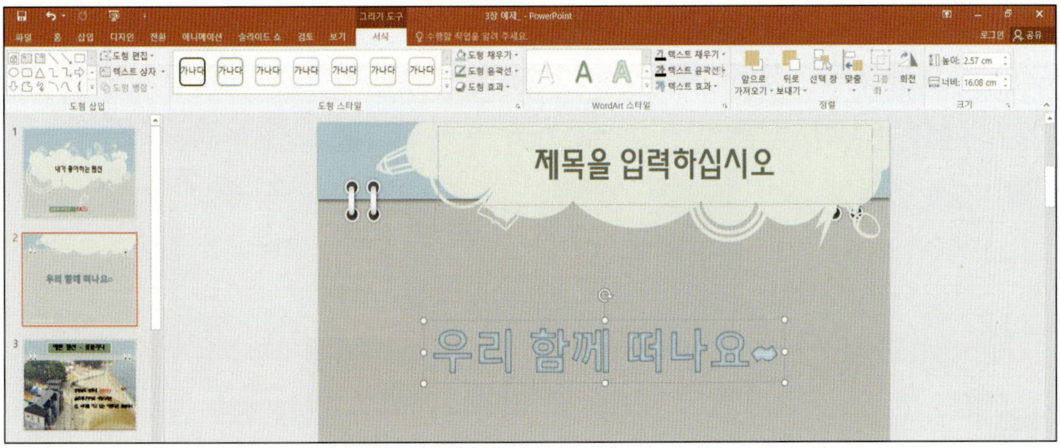

WordArt 편집을 위해

[우리 함께 떠나요~] WordArt 선택 – [서식] 메뉴 – [WordArt 스타일] 그룹 – [텍스트 효과] 선택 – [변환] – [WordArt 스타일]을 클릭한다.

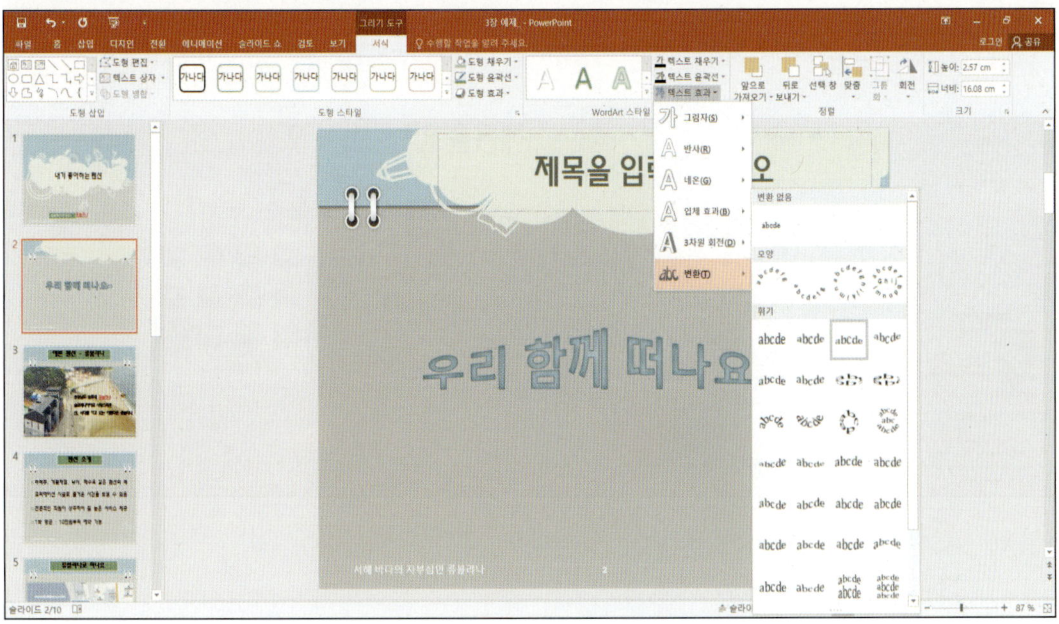

[우리 함께 떠나요~] WordArt 선택 – [서식] 메뉴 – [WordArt 스타일] 그룹 – [텍스트 효과] 선택 – [반사] 선택 – [전체 반사, 터치] 클릭한다.

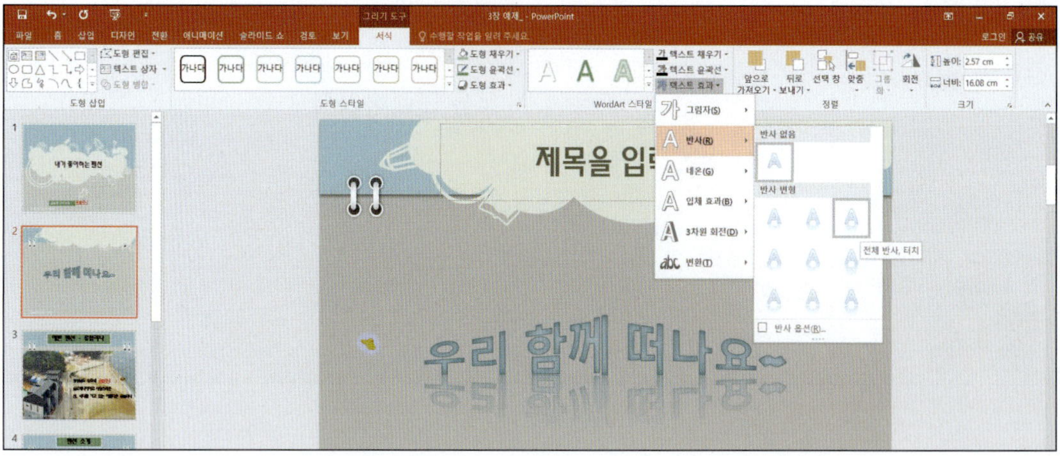

[우리 함께 떠나요~] WordArt 선택 – [서식] 메뉴 – [WordArt 스타일] 그룹 – [텍스트 효과] 선택 – [입체 효과] – [아트 데코] 클릭한다.

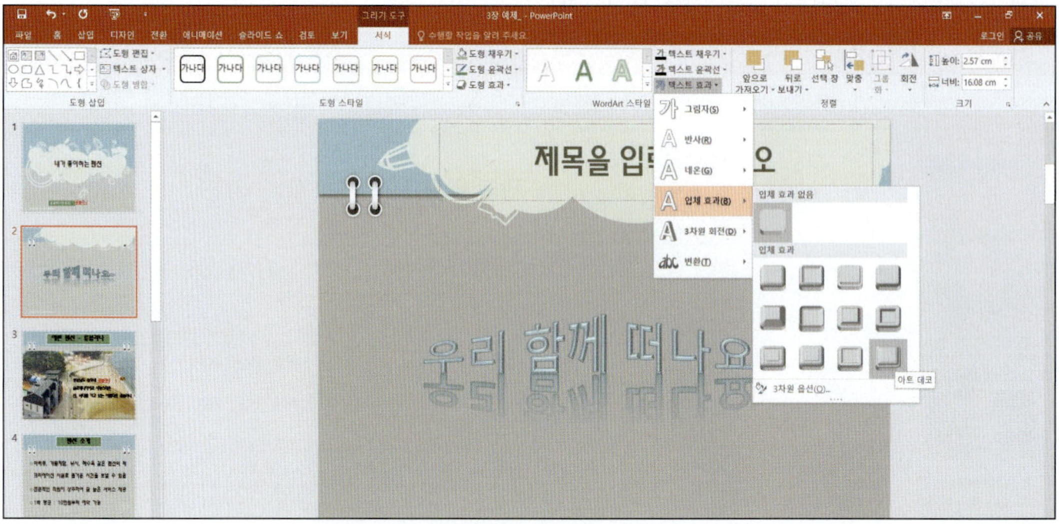

3-7 개체

[개체] 삽입은 파워포인트의 슬라이드에 다른 파일이나 프로그램을 삽입하는 기능이다.

① 새로 만들기

[슬라이드 2]번을 선택 – [삽입] 메뉴 – [텍스트] 그룹 – [개체]를 클릭한다.

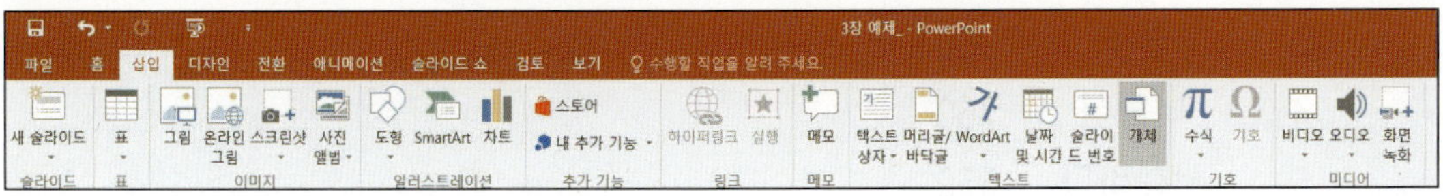

개체 삽입 대화 상자에서 [새로 만들기] 클릭 – [Microsoft Excel 워크시트] 선택 – [아이콘으로 표시] 체크 – [아이콘 변경] 클릭 – [확인]을 선택한다.

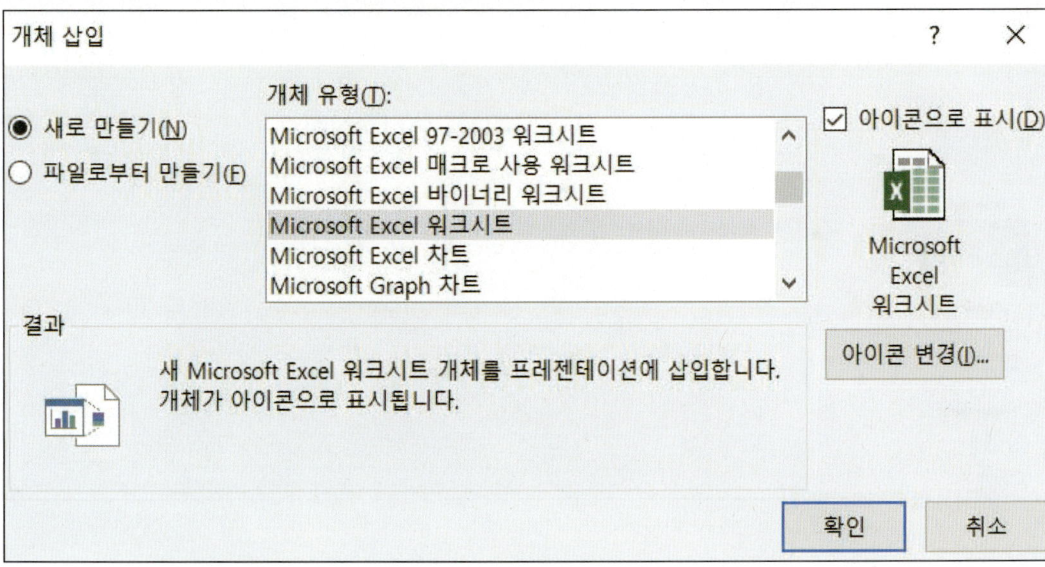

엑셀 창에 다음 내용을 입력한다.

	A	B	C
1	청포대 펜션 인기 순위		
2			
3	순위	펜션명	방문객
4	1	류블랴니	1500
5	2	오아시스	1250
6	3	들꽃	980
7	4	너와나	760
8	5	서해바다	550

다음과 같이 개체가 추가 되어 완성 된다.

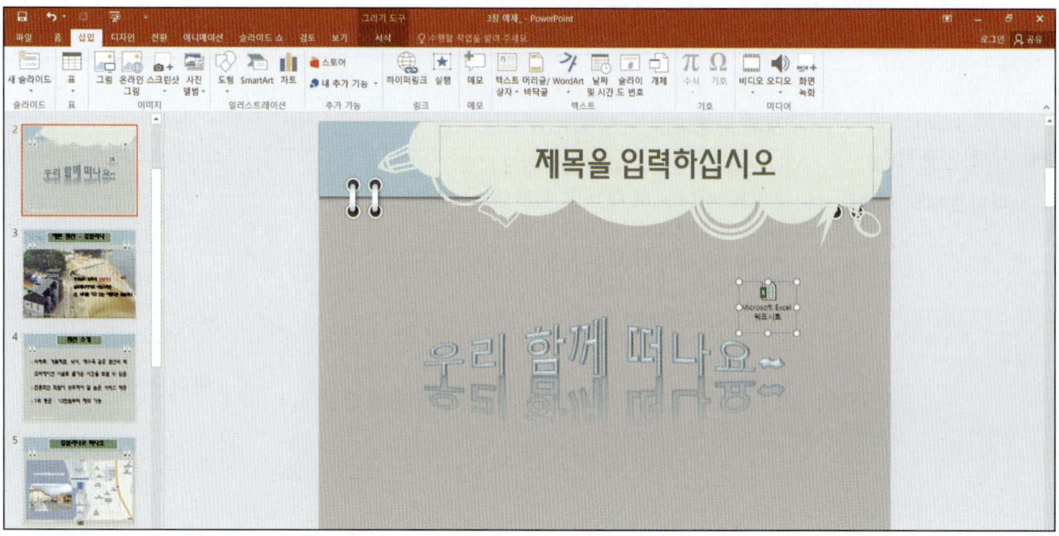

② 파일로부터 만들기

[슬라이드 2]번을 선택 – [삽입] 메뉴 – [텍스트] 그룹 – [개체]를 클릭한다.

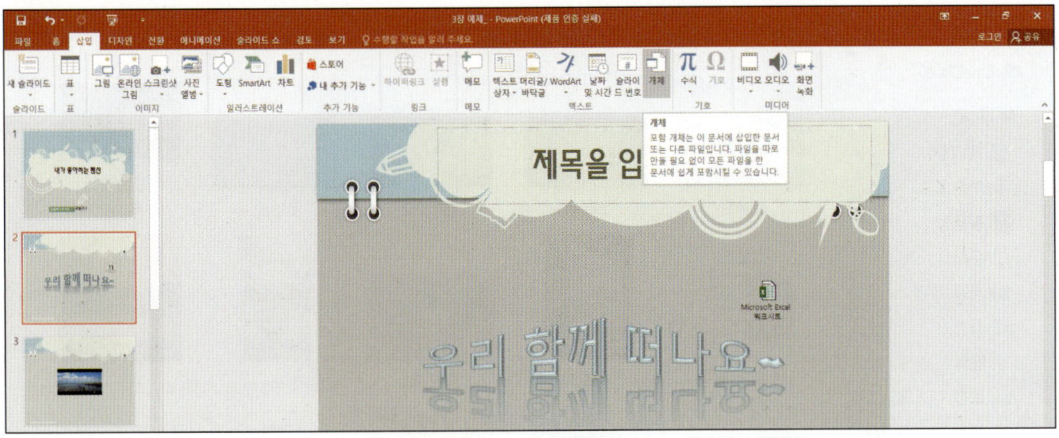

개체 삽입 대화 상자에서 [파일로부터 만들기] 클릭 – [찾아보기] 클릭 – [그림 폴더 : 청포대2]을 클릭 – [아이콘으로 표시] 체크 – [아이콘 변경] 클릭 – [확인]을 선택한다.

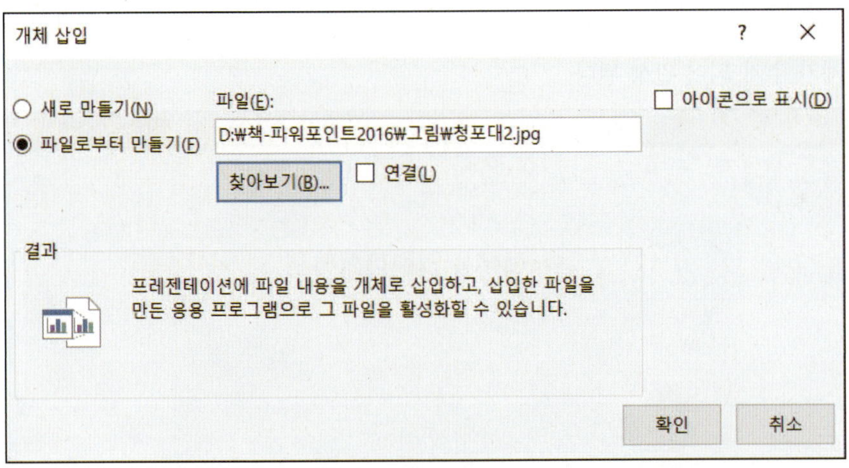

다음과 같이 파일 개체가 추가 되어 완성 된다.

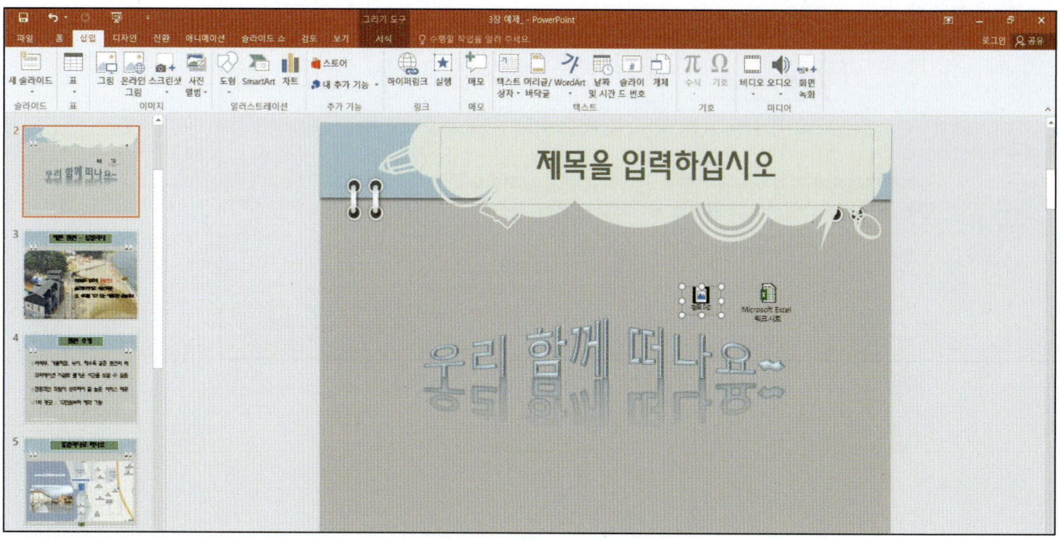

3-8 기호

[슬라이드 1]번을 선택 – [류블랴나] 앞에 커서 만들기 – [삽입] 메뉴 – [기호] 그룹 – [기호] – 글꼴을 [Wingdings] 선택 – [원하는 기호]를 클릭한다.

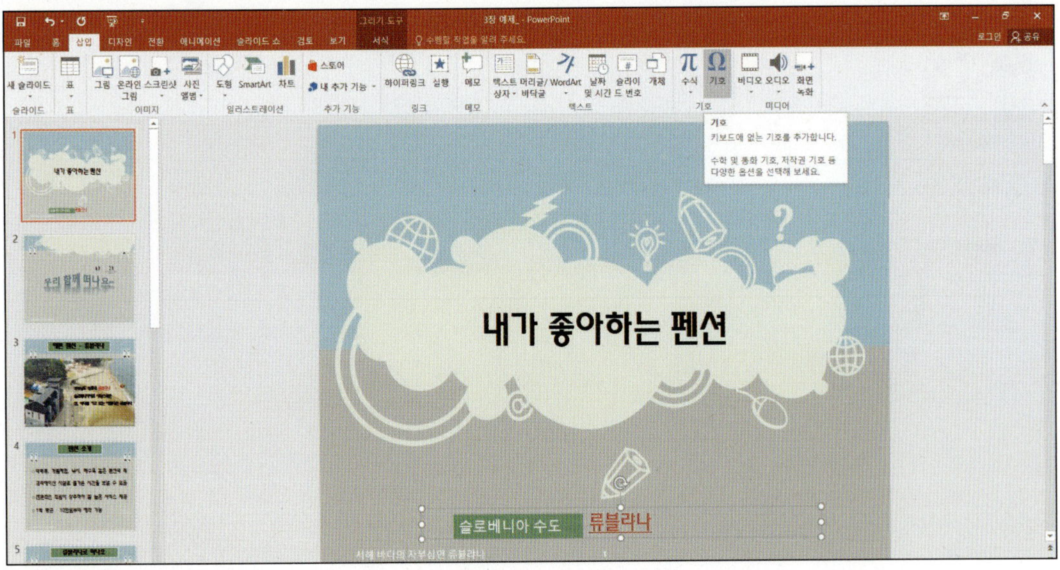

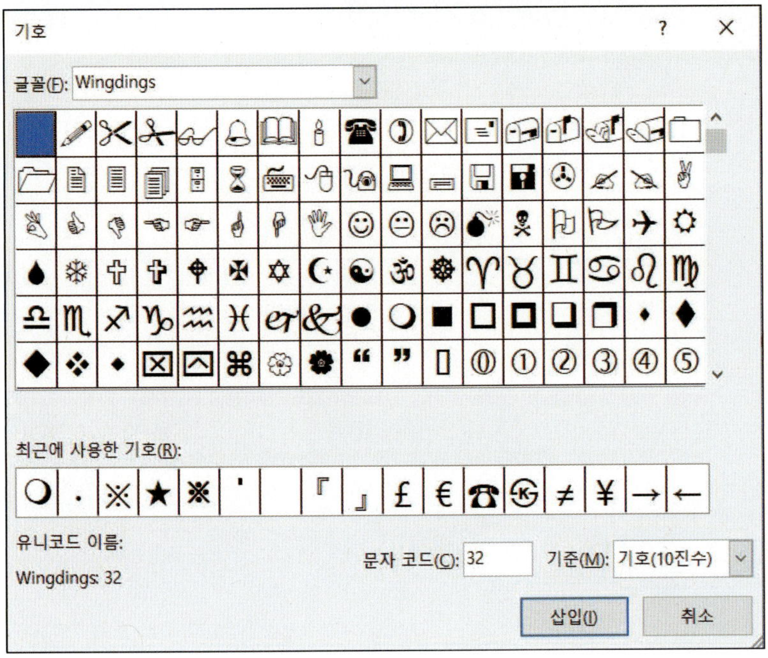

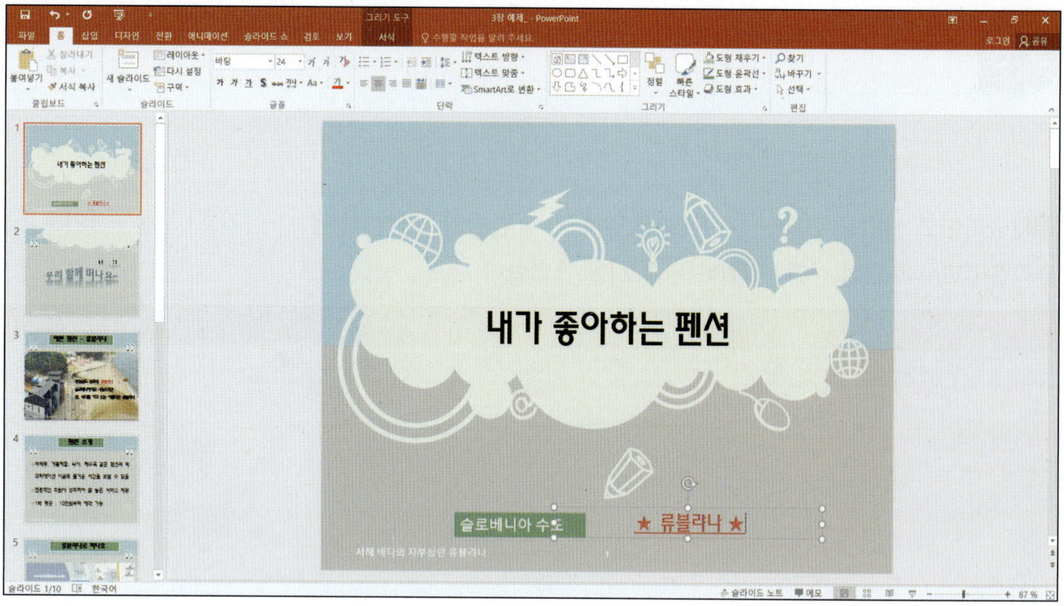
내가 좋아하는 펜션
슬로베니아 수도
★ 류블랴나 ★

3-9 소리

[소리]는 녹음된 소리 파일이나 배경 음악 파일, 효과음으로 사용할 소리 파일의 멀티미디어 파일을 슬라이드에 삽입하여 슬라이드 쇼를 진행 할 때 재생할 수 있다. 소리 파일 형식은 [wav, mid, mp3] 등을 지원하고 슬라이드 쇼를 진행시 소리 파일이 자동으로 시작하거나 마우스를 클릭할 때 재생되도록 설정할 수 있다.

[슬라이드 2]번을 선택 – [삽입] 메뉴 – [미디어] 그룹 – [오디오]를 선택한다.

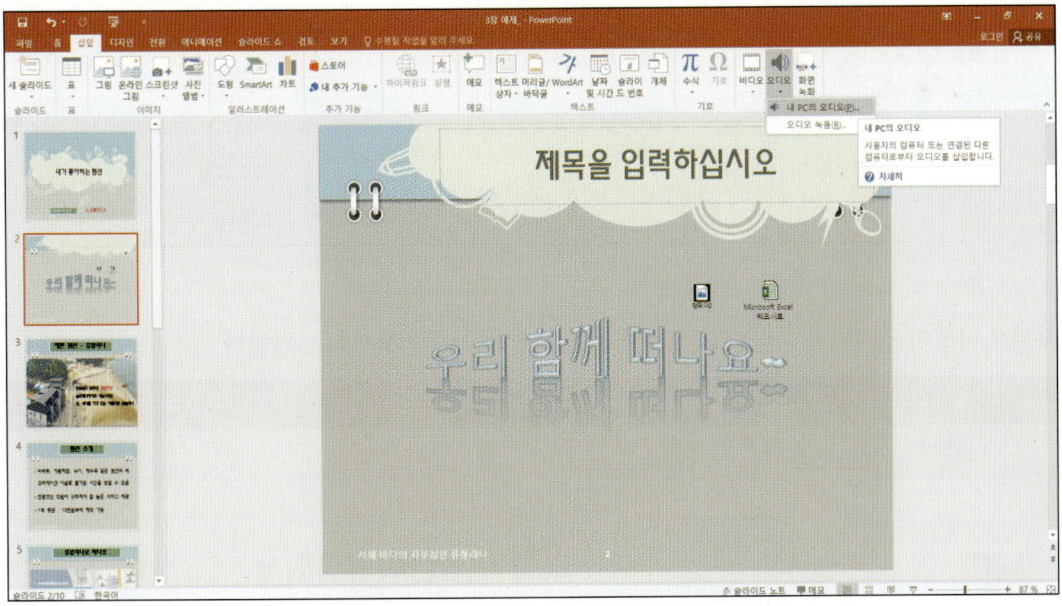

참고로 오디오와 비디오 삽입은 컴퓨터 환경과 설치 프로그램에 따라 실행이 될 수도 있고 그렇지 않을 수도 있다.

[내 PC의 오디오] 선택– [음악파일] 클릭 – [삽입]을 선택한다.

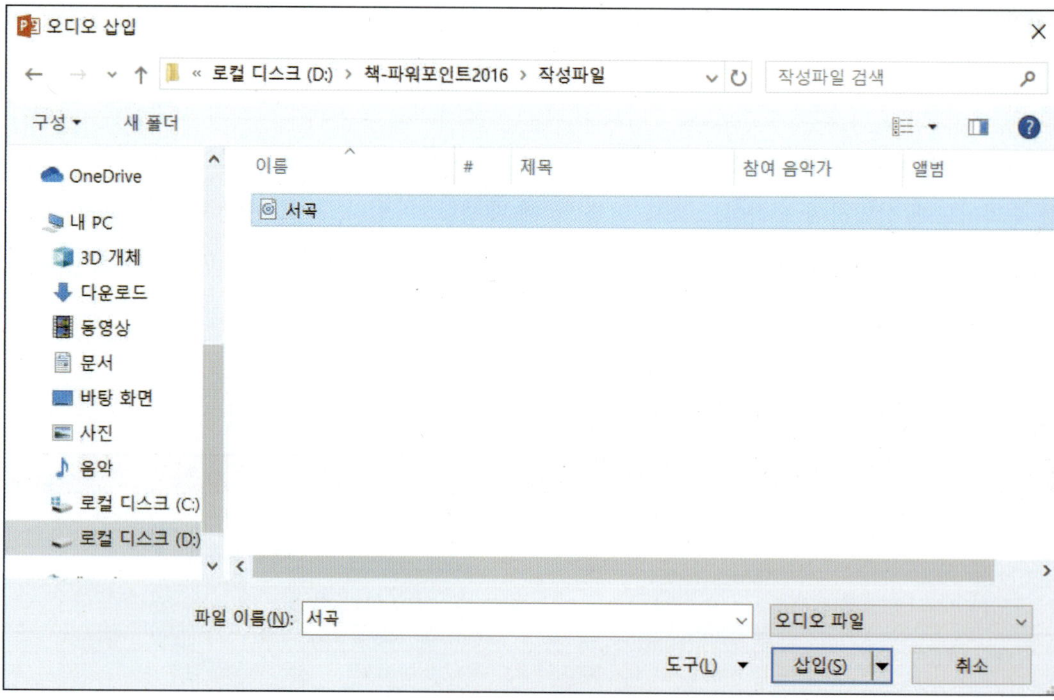

오디오 마크인 스피커가 나타나고 그 아이콘을 선택하면 재생 옵션이 나타난다.

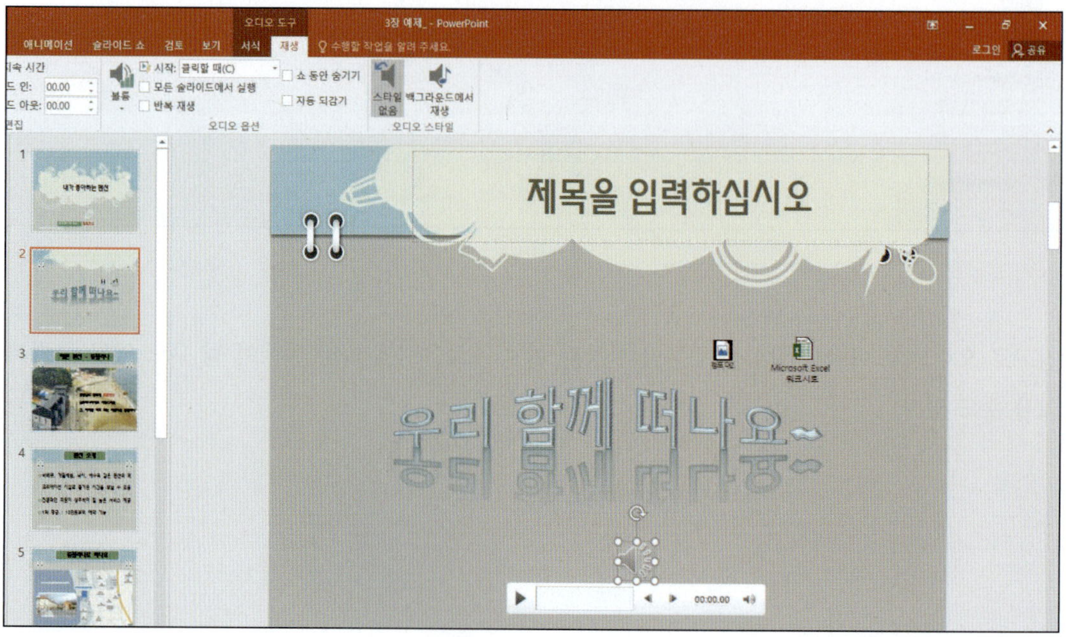

오디오 관련 첨부 파일은 저작권 문제로 각자 소유한 파일로 연습해 본다.

[오디오 옵션]

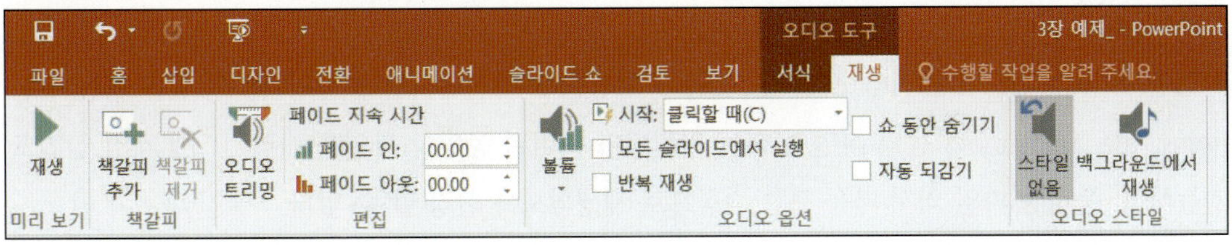

오디오 옵션 중 시작의 [자동 실행]은 슬라이드 쇼가 시작될 때 오디오가 자동으로 재생되며 [클릭할 때]는 슬라이드 쇼를 시작한 후 오디오 클립을 클릭해야 재생된다. 그리고 [모든 슬라이드에서 실행]은 모든 슬라이드에 오디오가 재생된다.

오디오 옵션 중 시작의 [볼륨]을 통해 오디오 소리를 높음, 중간 그리고 낮음으로 설정 할 수 있다.

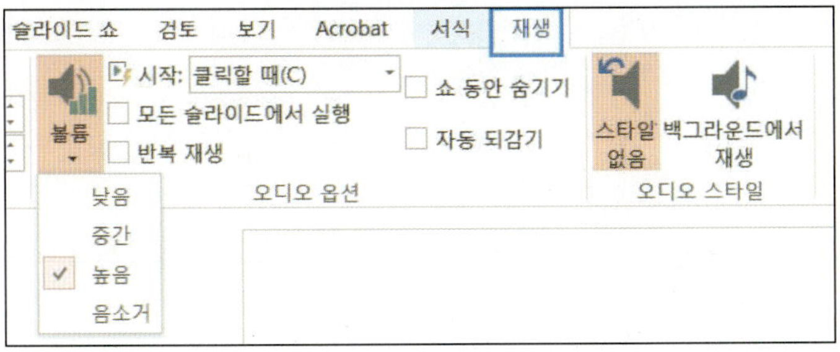

3-10 동영상

작업한 동영상 파일이나 인터넷 YouTube의 동영상을 프리젠테이션에 삽입 할 수 있는 기능이다. [wmv, avi, mid, mov] 등의 파일 형식이 지원되며 준비된 동영상 파일을 슬라이드에 직접 삽입도 가능하고, 동영상 파일 역시 자동 또는 수동으로 재생되도록 설정 할 수 있다.

[삽입] 메뉴 – [미디어] 그룹 – [비디오] 선택 – [온라인 비디오]를 선택한다.

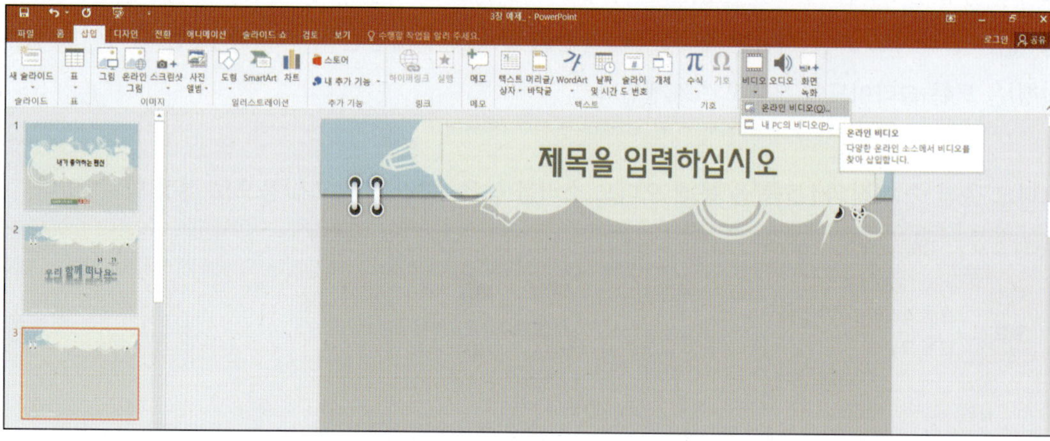

검색란에 〈청포대 해수욕장〉 이라고 입력 – [검색] 단추를 클릭한다.

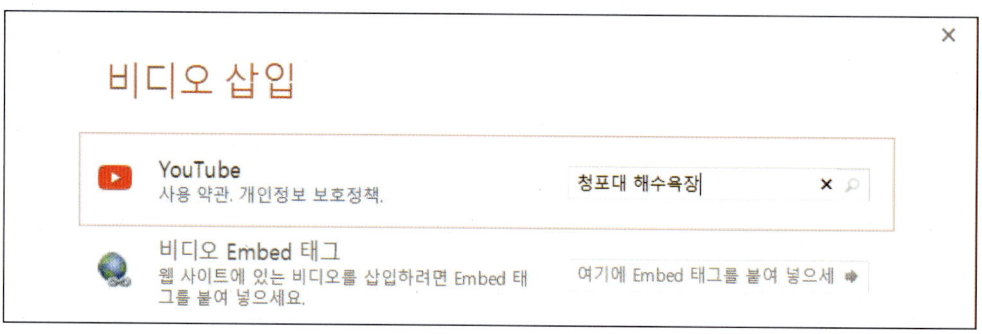

검색 된 동영상 중 [원하는 동영상]을 클릭 – [삽입]을 선택한다.

다음과 같이 동영상이 슬라이드에 삽입 된다.

[동영상] 클릭 – [재생▷] 버튼 클릭한다.

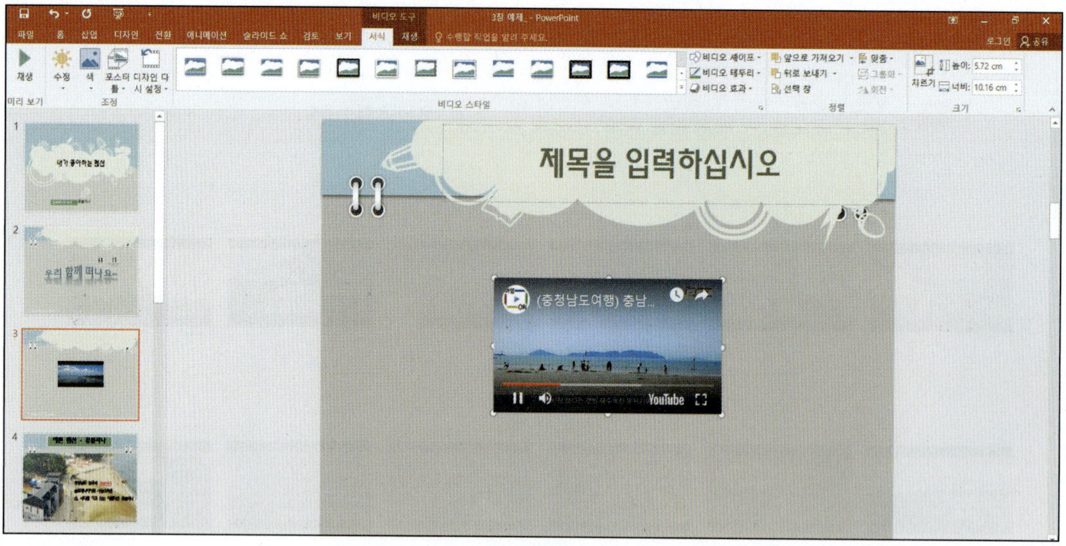

3장 확인학습

조건 1

슬라이드 1에 작성

- (본인)대학교 : WordArt로 작성
- (본인)대학교 : 하이퍼링크 링크하기 (본인 대학교 사이트로 연결)
- 표 만들기 : 2 * 2
- 약도 삽입 : 스크린샷을 이용하여 본인 대학 약도 사진 삽입하기
- 동영상 삽입 : Youtube에서 본인 대학 관련 내용 추가하기

완 성 본

(본인)대학교

학교 건물	관련 동영상
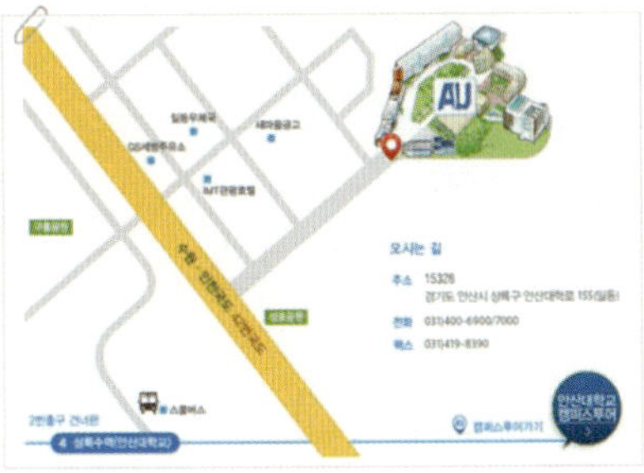	

이 시간은 다시 오지 않는다! 1

조건 2

슬라이드 2에 작성

- 학과소개 : 세로 텍스트 상자 삽입 후 내용 입력
- SmartArt 삽입 : 세로 그림 강조 목록형
- 개체 삽입 : '새로만들기' 로 엑셀 시트 추가 후 이름 변경
- 개체 삽입 : 아이콘으로 본문 폴더에 있는 [3장 예제]를 추가
- 그림 삽입 : 원하는 그림 넣기
- 바닥글 추가 : 페이지 번호, '이 시간은 다시 오지 않는다!' 라고 입력

완 성 본

조건 3

슬라이드 3에 작성

다음과 같이 생일 초대장을 완성하시오.

- 배경 : 온라인 그림으로 케익 사진 넣기 (투명도 : 40 적용)
- WordArt : 생일축하해 (변환 – 삼각형)
- 본문 내용 입력 : 가로 텍스트 상자 이용
- 글자 크기, 서체는 원하는 대로 작성

완 성 본

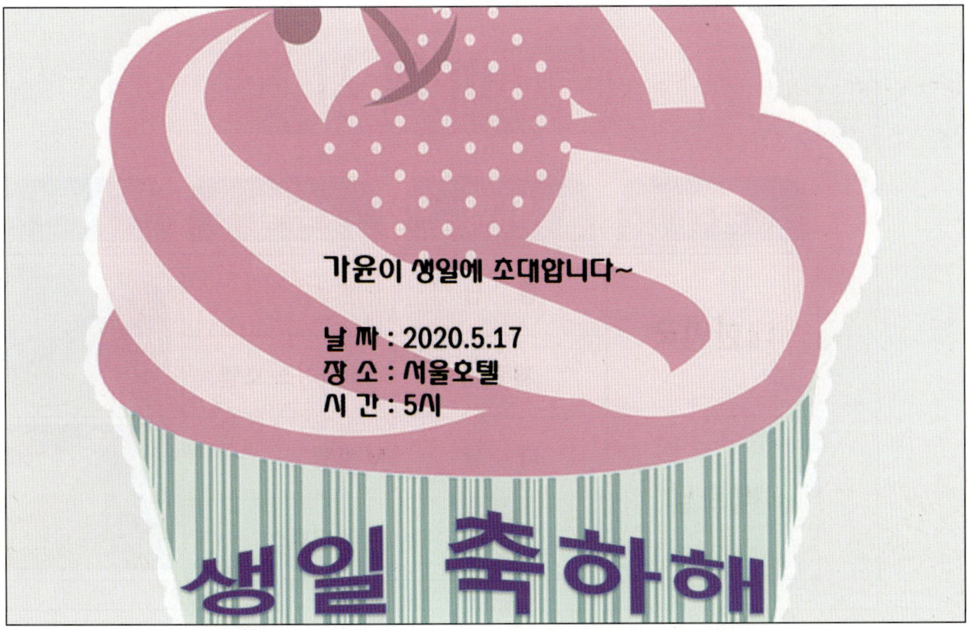

조건 4

슬라이드 4에 작성

- 제목 : 패턴 적용(밝은 수직선)
- 도형과 표 작성 후 내용 입력
- 하이퍼링크 연결
  ① 류블랴나 펜션 : http://www.ljubljana.co.kr
  ② 위쪽 사진 : 현재 문서 내 슬라이드 3번으로 연결
    - 그림 넣기 : 원하는 펜션 그림 2개 넣기
    - 글자 크기, 서체는 원하는 대로 작성

완 성 본

여행지

국가	지역	숙박	사진
대한민국	충 남	류블랴나 펜션	
	제주도	파라다이스 호텔	
베트남	다 낭	M 호텔	
	나트랑	빈펄 디럭스	

이 시간은 다시 오지 않는다! 4

Chapter 4

슬라이드 쇼

4-1 애니메이션

4-2 슬라이드 쇼

4-3 전환

4-4 애니메이션 복사

4-5 슬라이드 쇼 재구성

4-6 슬라이드 쇼 설정

4-7 슬라이드 마스터

04 슬라이드 쇼

4장에서는 애니메이션 기능과 전환 등의 기능을 삽입하고 그 내용을 슬라이드 쇼로 확인하여 더 나은 프레젠테이션을 완성하는 학습을 진행한다.

예제파일 : [4장 예제] 파일 사용

4-1 애니메이션

[애니메이션 기능]을 이용하여 슬라이드에 포함되어 있는 다양한 개체에 설명하는 순서대로 애니메이션을 설정하여 청중들의 이해도와 집중도를 높일 수 있다. 애니메이션을 단독으로 사용하거나 여러 효과를 조합하여 사용할 수 있고 애니메이션 추가를 클릭하여 효과를 설정하고 애니메이션 창을 사용하여 이전 효과와 함께 시작되도록 강조 효과를 줄 수 있다.

① 나타내기 효과

개체가 점점 선명해지면서 초점이 맞춰지거나, 모서리에서 슬라이드로 날아오기, 공처럼 튀어 오르는 효과 등을 만든다.

② 끝내기 효과

개체가 슬라이드에서 날아가거나 슬라이드 보기에서 사라진다. 슬라이드에서 휘돌아 사라지는 효과 등이 포함된다.

③ 강조 효과

개체의 크기가 축소 또는 증가하거나 색 변경, 제자리에서 회전하는 효과 등이 포함된다.

④ 이동 경로

개체가 위/아래 또는 왼쪽/오른쪽으로 이동, 다른 개체 사이에서 별 모양이나 원을 그리면서 이동하는 효과를 만들 수 있다. 개인 취향에 따라 이동 경로를 직접 그릴 수도 있다.

⑤ PowerPoint의 기타 애니메이션 효과

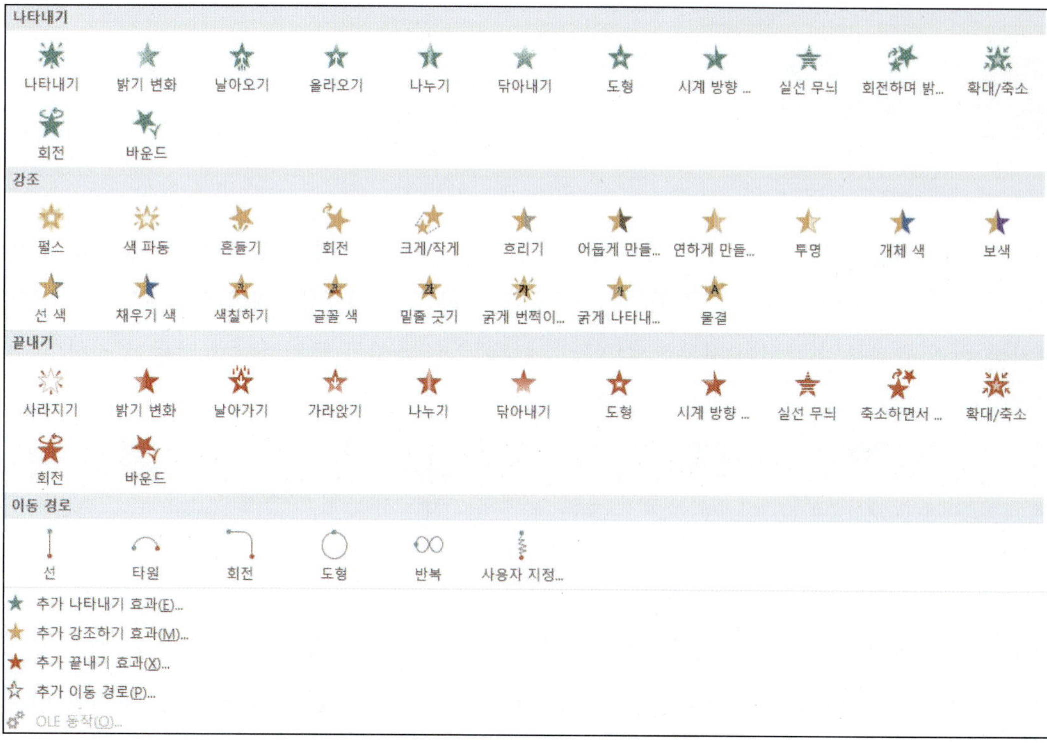

Ⅰ. 애니메이션 입력

[슬라이드 1]번의 제목 선택 – [애니메이션] 메뉴 – [애니메이션] 그룹 – [나타내기] – [날아오기]를 선택한다.

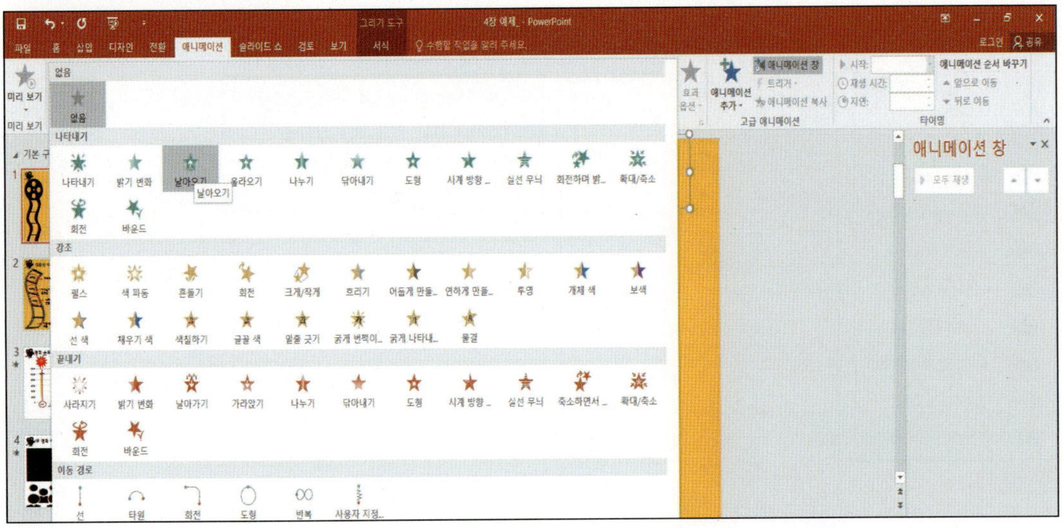

[애니메이션] 그룹 – [효과 옵션] 선택 – [아래에서]를 클릭한다.

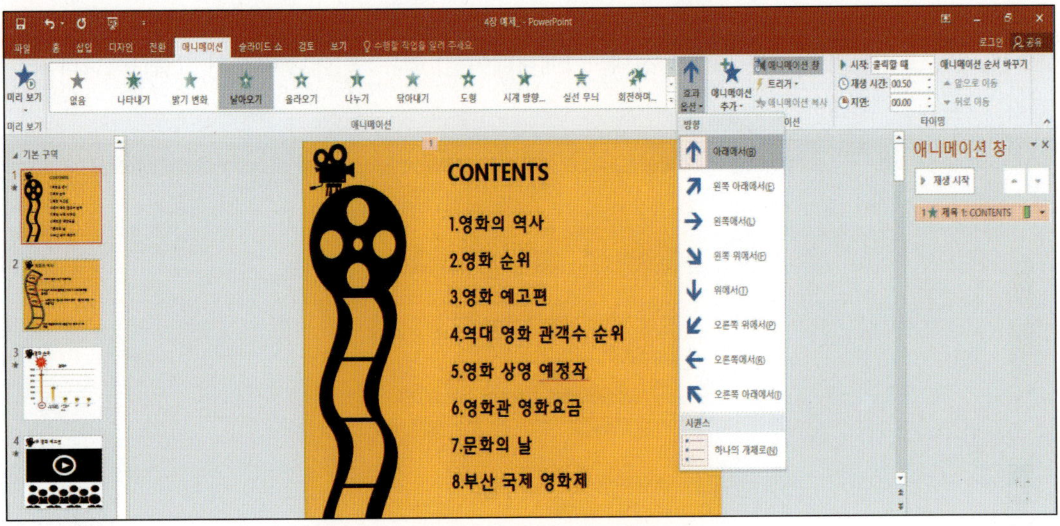

Ⅱ. 애니메이션 옵션

[효과 옵션]은 오른쪽에서, 위에서, 왼쪽에서, 아래에서, 오른쪽 아래에서, 왼쪽 위에서 그리고 왼쪽 아래에서 등의 다양한 효과가 있다.

효과 옵션

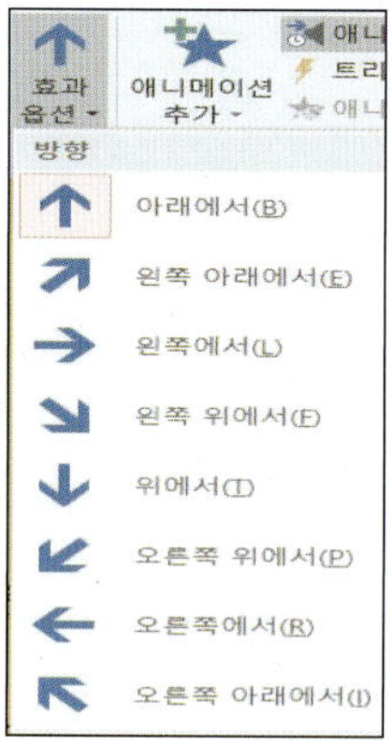

애니메이션 추가

타이밍

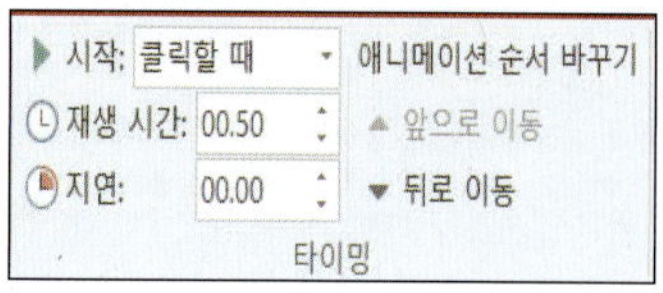

[슬라이드 2]번의 빨간색 도형을 선택 – [애니메이션] 메뉴 – [애니메이션] 그룹 – [나타내기] 클릭 – [도형]을 선택한다.

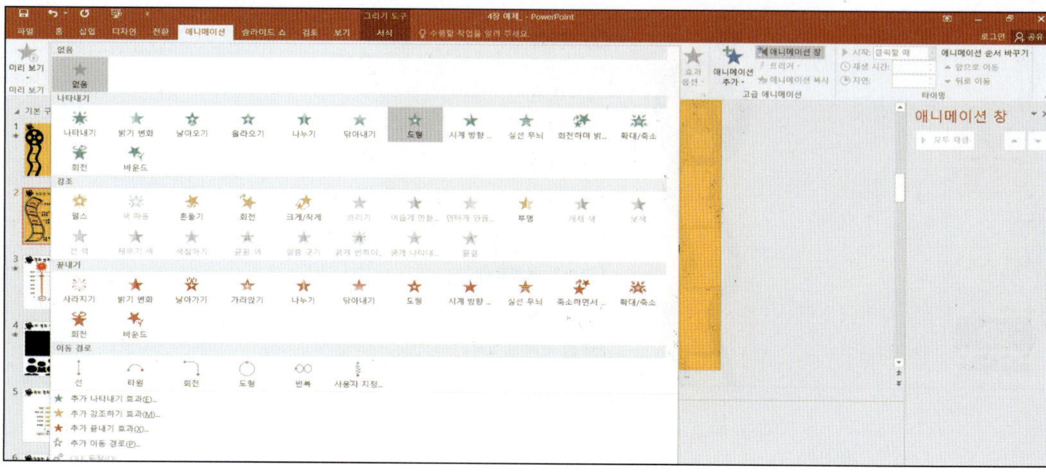

[애니메이션] 그룹 – [효과 옵션] – [다이아몬드]를 클릭한다.

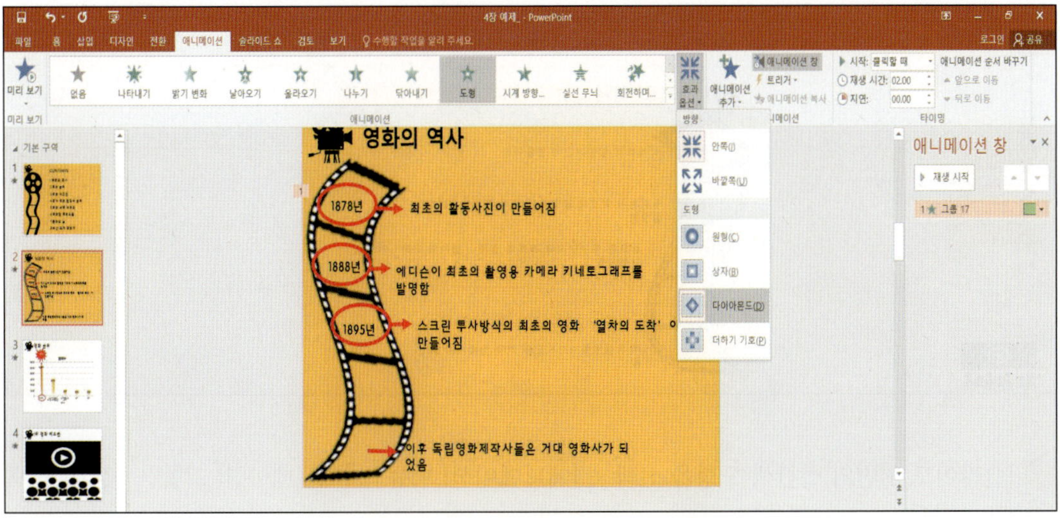

Ⅲ. 애니메이션 확인

[슬라이드 쇼] 선택 – [슬라이드 쇼 시작] 그룹 – [현재 슬라이드부터]를 클릭한다.

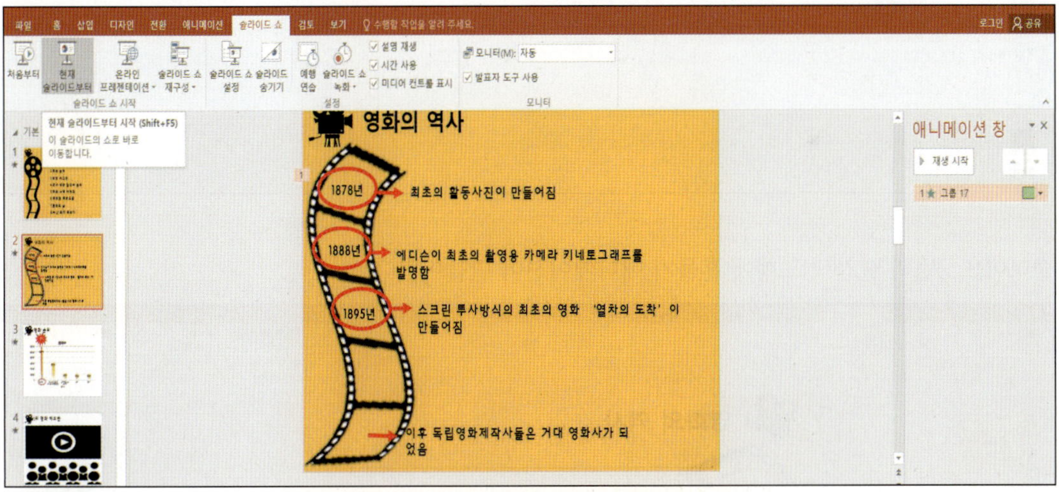

적용한 애니메이션이 실행된다.

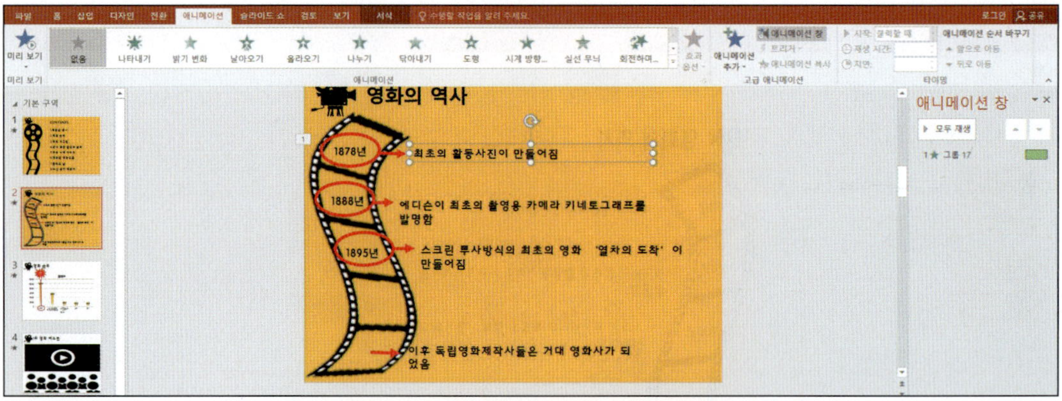

[슬라이드 2]번의 빨간색 도형을 선택 – [애니메이션] 메뉴 – [애니메이션] 그룹 – [강조] 선택 – [흔들기]를 클릭한다.

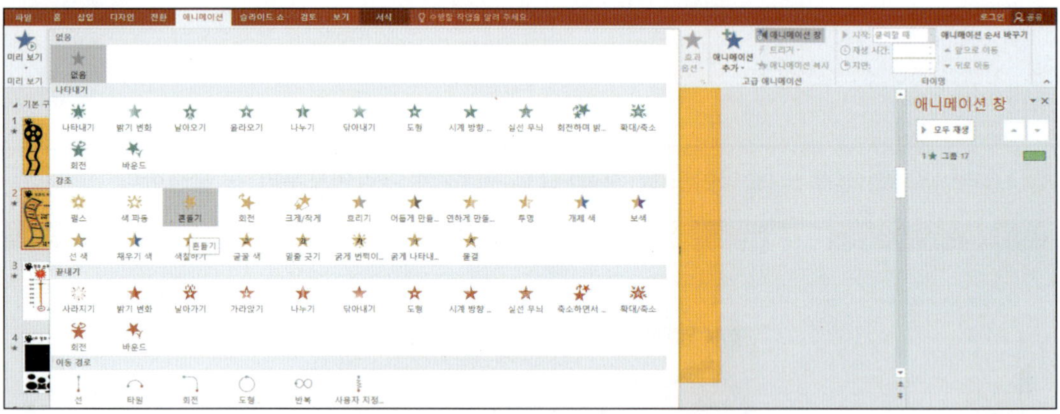

슬라이드 2번의 빨간색 도형에 흔들기 애니메이션이 만들어졌다.

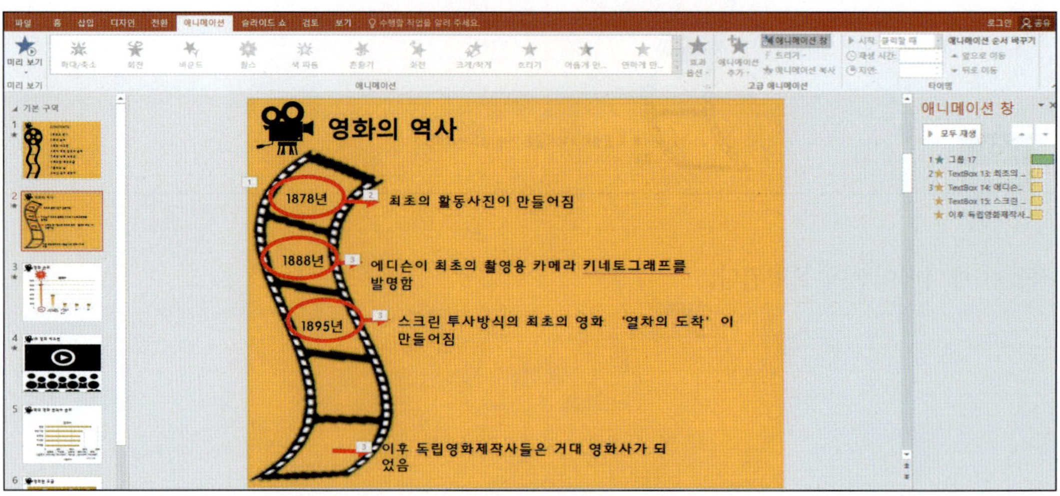

Ⅳ. 애니메이션 제거

[애니메이션] 메뉴 – [고급 애니메이션] 그룹 – [애니메이션 창]을 선택 – 삭제하고 싶은 [애니메이션 번호]를 클릭 – [제거]를 선택한다.

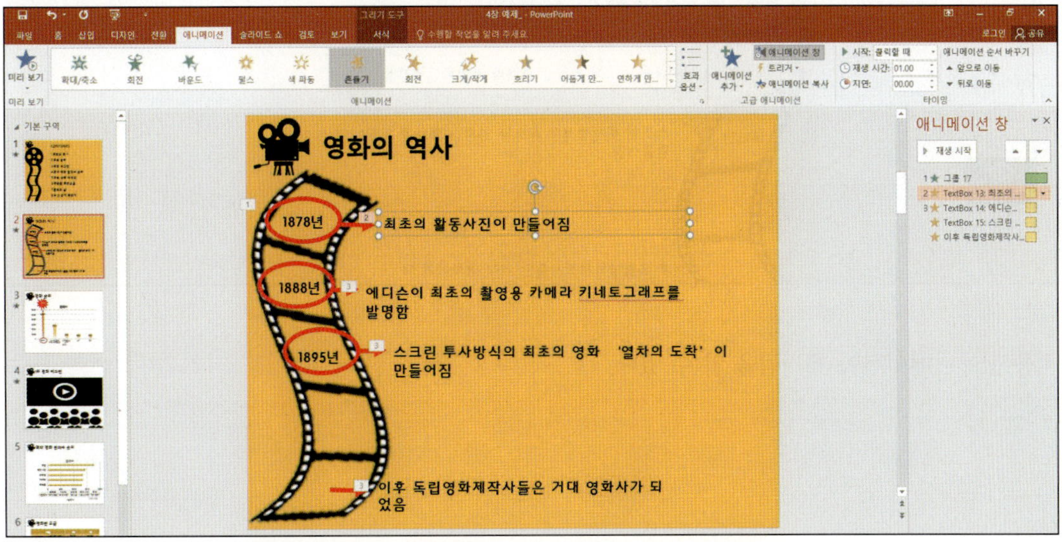

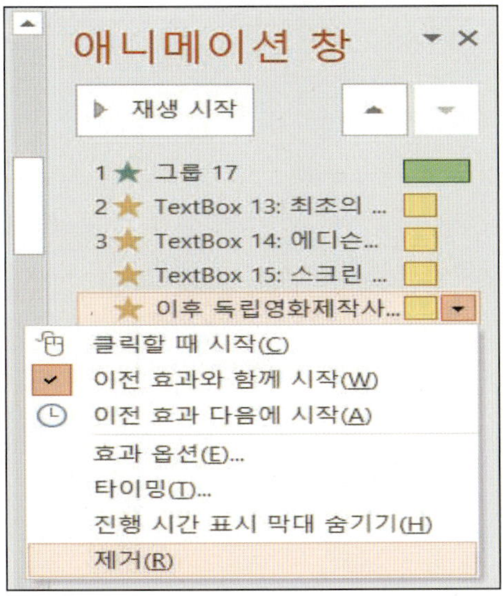

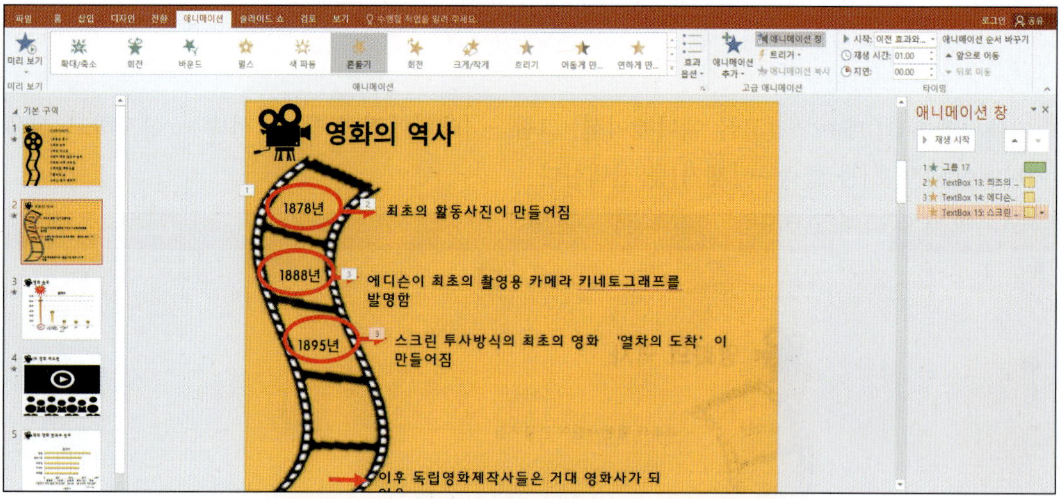

적용된 애니메이션이 제거됨을 알 수 있다.

4-2 슬라이드 쇼

[슬라이드 쇼]는 청중을 상대로 전달하고자 하는 주제에 관한 화면들을 준비하여 한 장씩 보여주는 것을 말한다. 그리고 일부 슬라이드는 쇼 진행시 슬라이드 숨기기로 슬라이드 쇼 편집이 가능하다.

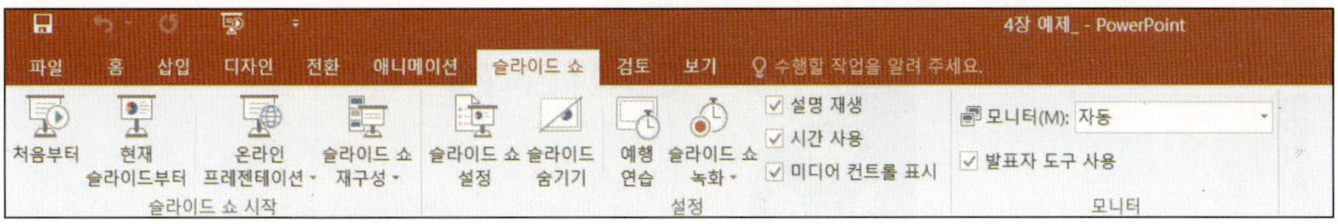

Ⅰ. 슬라이드 쇼 보기

완성된 프레젠테이션을 슬라이드 쇼 보기를 통해 슬라이드에 적용된 각종 애니메이션과 미디어 개체를 모니터 전체에서 확인할 수 있다. 특히 파워포인트 2016 버전에서는 발표자 도구를 사용하여 발표자가 효과적으로 내용을 전달할 수 있도록 슬라이드 쇼를 진행할 수 있다.

① 첫 번째 슬라이드부터 쇼 시작

첫 번째 슬라이드부터 프레젠테이션이 전체 화면으로 표시된다.

② 특정 슬라이드부터 쇼 시작

특정 슬라이드부터 프레젠테이션이 전체 화면으로 표시된다.

③ 잉크 주석

슬라이드 쇼 진행 중 펜, 사인펜, 형광펜 등을 이용하여 강조하고 싶은 항목이나 텍스트 등의 개체 주변에 밑줄, 동그라미 등을 그리거나 표시하여 잉크 주석을 달고 저장한다. 슬라이드 쇼 진행 중 기록된 잉크 주석은 일부만 지우거나 전체를 제거할 수 있다.

④ 발표자 도구

PowerPoint 2016 버전에서 추가된 발표자 도구 기능은 모니터를 연결하기만 하면 자동으로 발표자 보기가 설정된다. 프레젠테이션 쇼가 진행 중에 청중에게는 슬라이드 쇼만 표시되고,

발표자는 발표자 보기를 활용하여 발표할 수 있다.

Ⅱ. 슬라이드 쇼

[슬라이드 쇼] 메뉴 - [슬라이드 쇼 시작] 그룹 - [처음부터]를 선택한다.

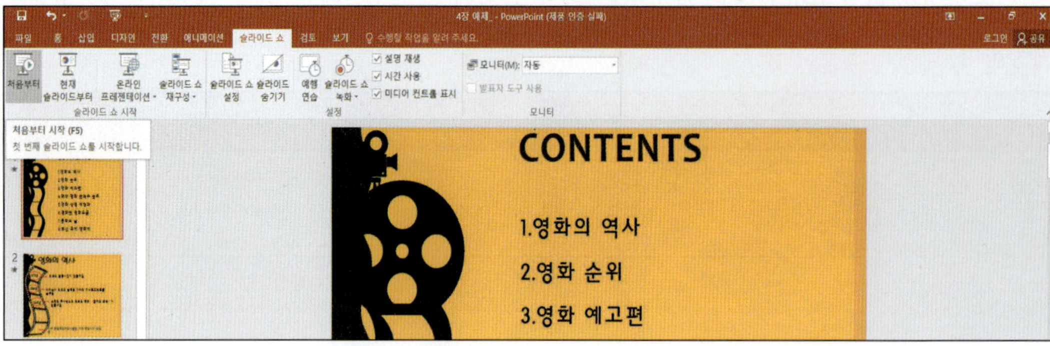

슬라이드 쇼 진행 중에 [마우스 오른쪽] 클릭 - [포인터 옵션] - [펜]을 클릭 - 원하는 곳에 [동그라미]를 표시한다.

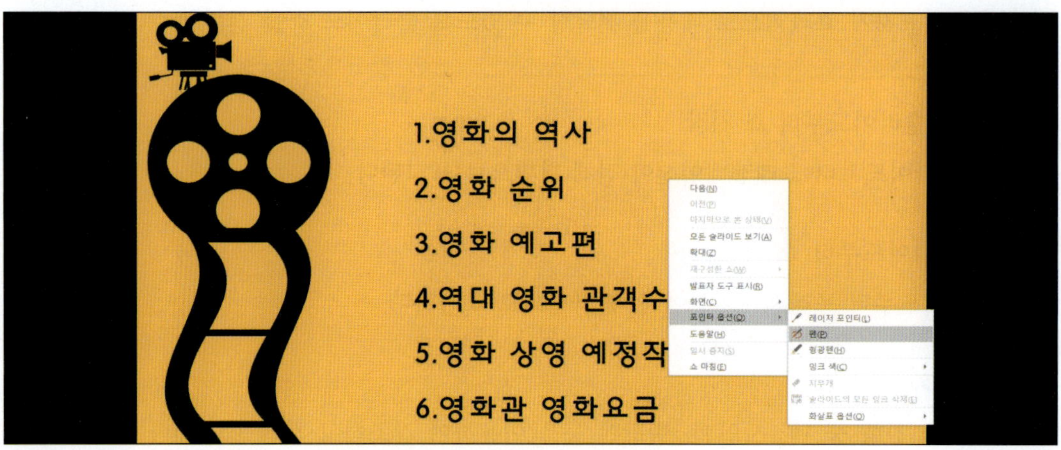

잉크 주석을 사용하기 위해 슬라이드 쇼 중 마우스 오른쪽 버튼을 누르면 된다.

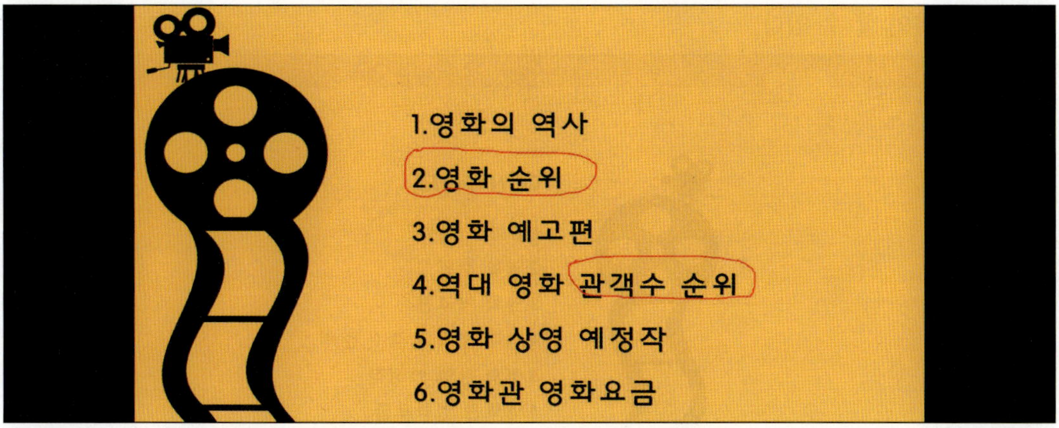

슬라이드 쇼를 마치기 위해 키보드의 [Esc] 키를 누른 후 잉크 주석을 저장 할 것이냐고 물으며 [예] 단추를 누른다.

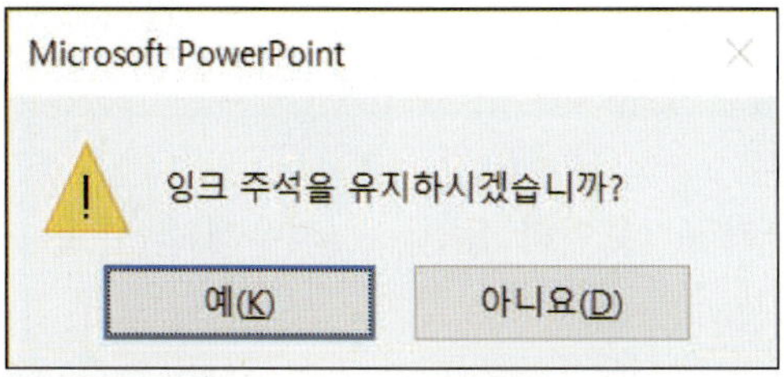

슬라이드 편집 상태로 돌아오면 아래와 같이 펜으로 동그라미 친 부분이 그대로 저장 돼 남아 있는 것을 확인 할 수 있다.

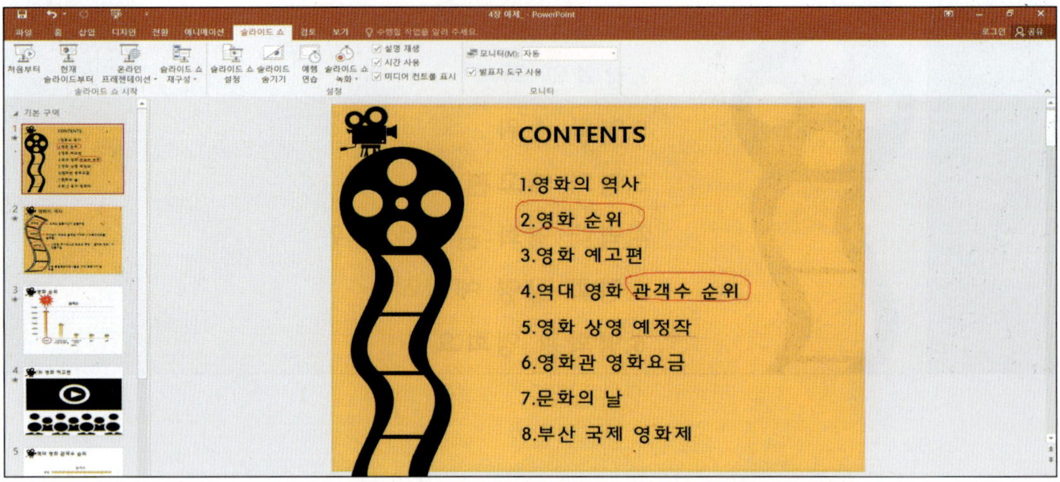

위의 내용처럼 잉크 주석은 슬라이드의 쇼 보기에서 중요 내용에 밑줄을 치거나 동그라미로 내용을 강조 할 수 있고 기록한 부분을 슬라이드에 저장하여 유지할 수 있다.

슬라이드 쇼 진행 중에 [마우스 오른쪽] 버튼 클릭 – [포인터 옵션] – [지우개]을 클릭 – 지우고자 하는 [잉크 주석]을 클릭한다.

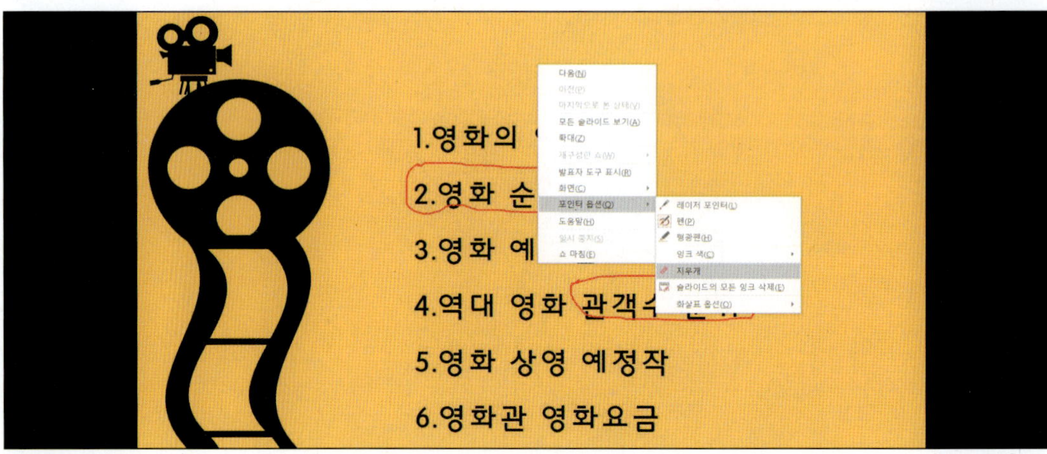

4-3 전환

Ⅰ. 슬라이드 화면 전환

강력하고 화려한 파워포인트 화면 전환을 통해 슬라이드 쇼 실행시 화면이 전환되어 청중들에게 보다 강한 인상을 줄 수 있고 지루함을 줄일 수 있다. 보통 도입이 되는 첫 번째 슬라이드는 시선 집중을 위해 화려한 효과를 적용하고, 이후 슬라이드는 심플한 효과를 적용하는 것이 일반적이다.

[슬라이드 1]번을 선택 – [전환] 메뉴 – [슬라이드 화면 전환] 그룹 – [화려한 효과] 클릭 – [커튼]을 선택한다.

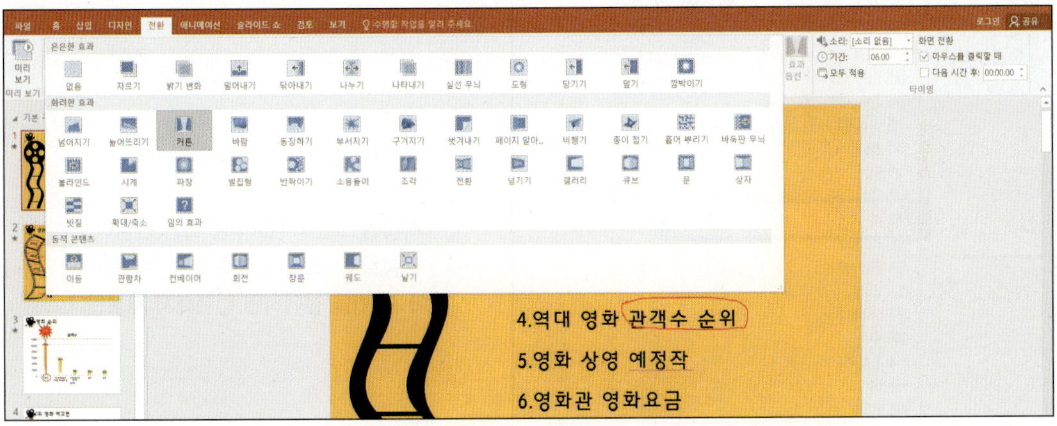

[슬라이드 쇼] – [슬라이드 쇼 시작] 그룹 – [처음부터]를 클릭한다.

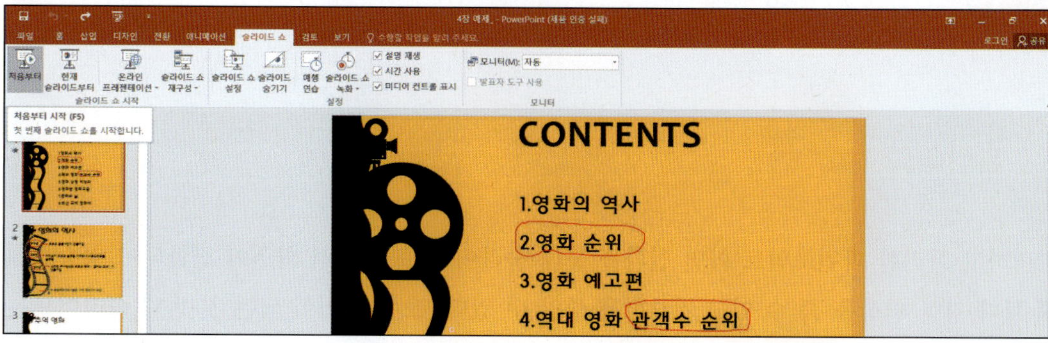

슬라이드 1번에 커튼 전환 효과가 적용 됐다.

Ⅱ. 타이밍 효과

① 화면 전환 소리

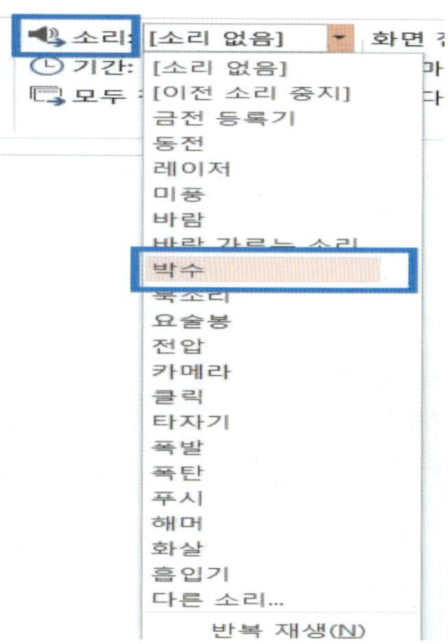	타이밍 그룹의 [소리]는 화면 전환이 진행될 때 소리 효과를 넣을 수 있고 [반복 재생]을 선택하면 반복해서 재생된다.

② 화면 전환

타이밍 그룹의 화면 전환 중 [마우스를 클릭할 때]는 슬라이드 쇼를 진행할 때 마우스를 클릭하면 다음 슬라이드로 자동 전환되며 설정한 화면 전환 효과가 재생된다.

[다음 시간 후]는 화면 전환 실행 후 설정한 시간이 지나면 자동으로 다음 슬라이드로 화면 전환되면서 설정한 효과가 재생된다.

<table>
<tr>
<td>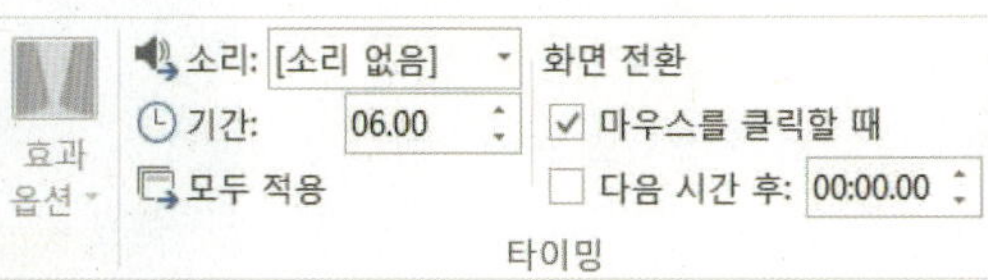
</td>
<td>화면 전환 속도는 빠르게, 중간, 느리게 등 화면전환 속도를 다양하게 선택할 수 있다. 화면 전환 속도는 가능한 빠르게 진행하는 것이 지루하지 않아 프레젠테이션 효과로 좋다. 그리고 모두 적용 단추는 모든 슬라이드에 동일한 화면 전환 효과로 적용된다.</td>
</tr>
</table>

[슬라이드 1]번을 선택 – [전환] 메뉴 – [타이밍] 그룹 – 소리를 [박수]로 선택 – [화면 전환] 그룹 – [다음 시간 후 체크, 00:05.00] 으로 설정한다.

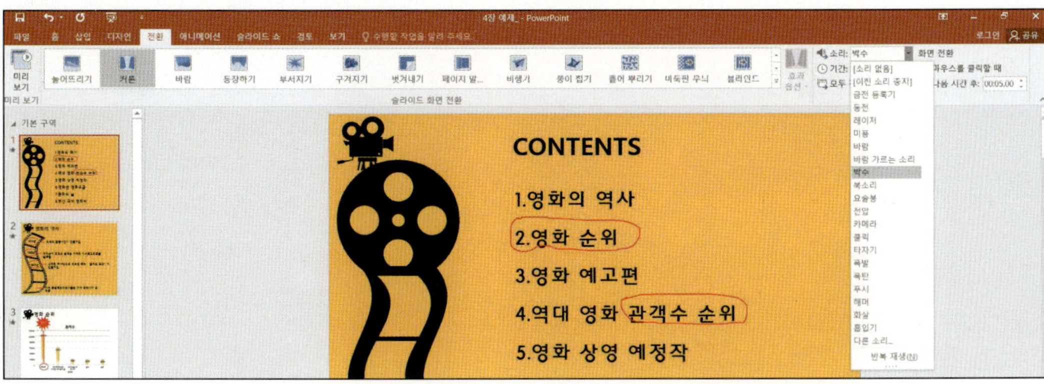

[슬라이드 쇼] – [슬라이드 쇼 시작] 그룹 – [처음부터]를 클릭한다.

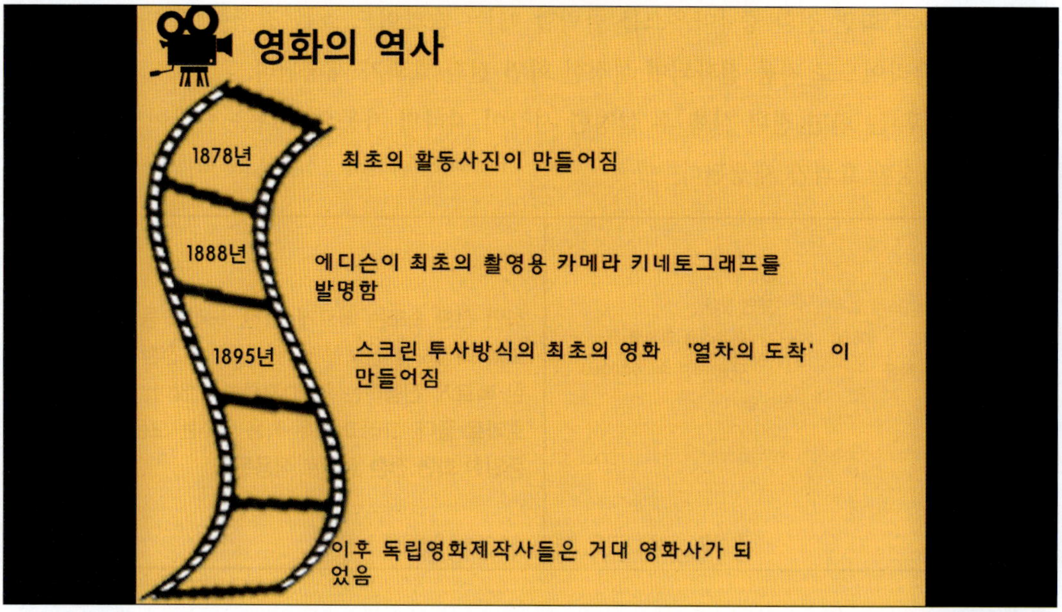

마우스 클릭 없이도 5초가 지나면 슬라이드가 자동으로 다음 슬라이드로 이동한다.

4-4 애니메이션 복사

특정 개체에 적용되어 있는 애니메이션 효과를 다른 개체에 그대로 복사해 재사용 할 수 있다. 애니메이션 복사를 통해 좀 더 쉽고 빠르게 애니메이션 기능을 설정 할 수 있어 자주 사용되는 기능이다.

[슬라이드 3]번의 애니메이션이 적용 된 [빨간색 화살표 그림] 선택 – [애니메이션] 메뉴 – [고급 애니메이션] 그룹 – [애니메이션 복사]를 클릭한다.

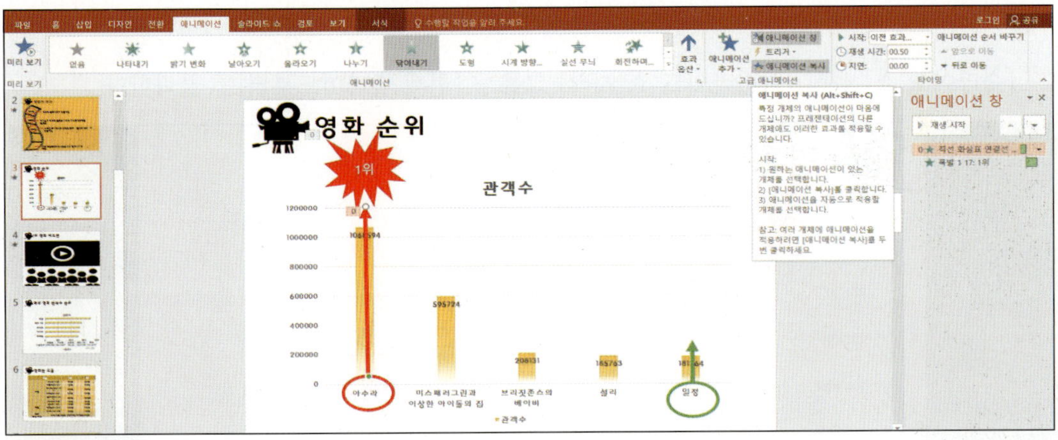

[초록색 화살표 그림]을 클릭한다.

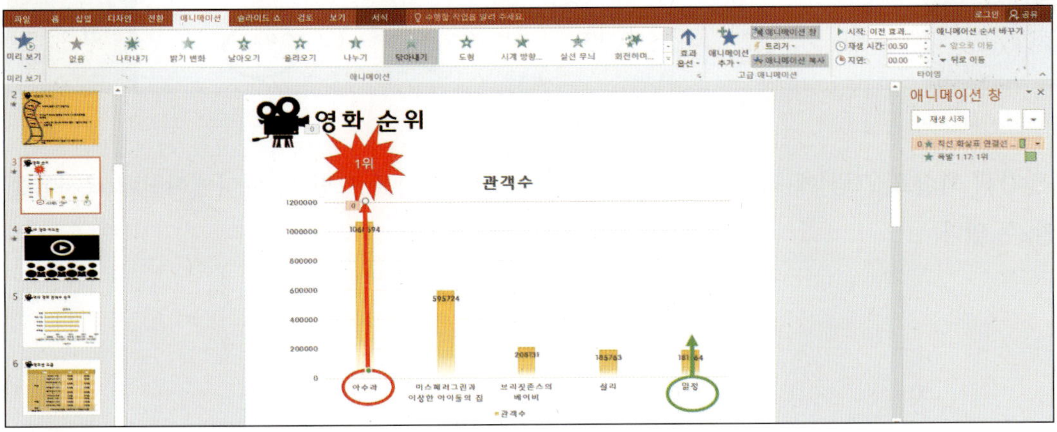

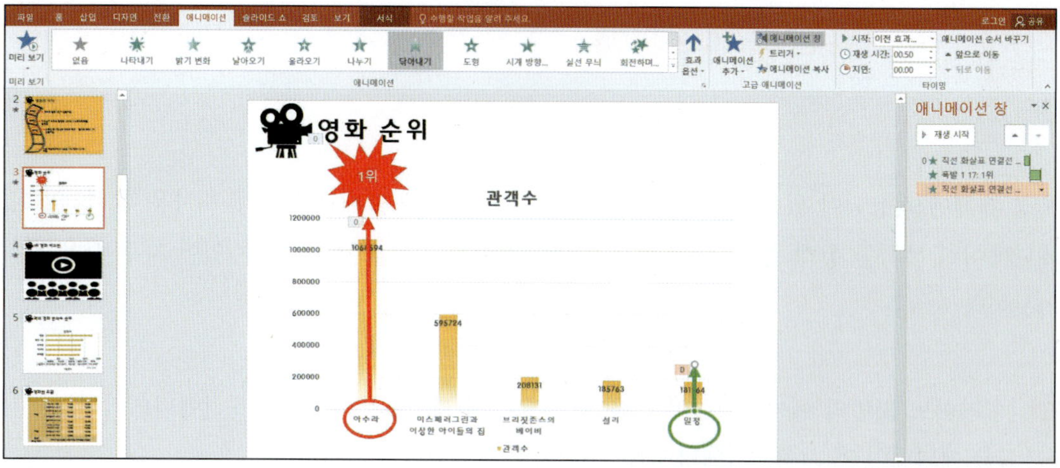

[슬라이드 쇼] 선택 – [슬라이드 쇼 시작] 그룹 – [현재 슬라이드부터]를 클릭한다.

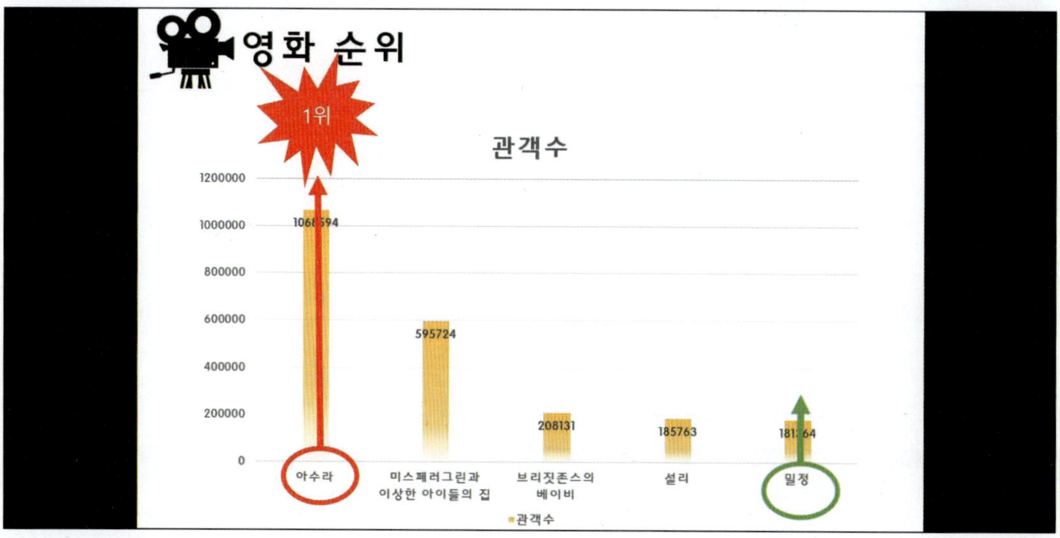

[빨간색 화살표 그림]에 적용된 애니메이션이 [초록색 화살표 그림]에 애니메이션에 복사됨을 알 수 있다.

4-5 슬라이드 쇼 재구성

[슬라이드 쇼 재구성]은 모든 슬라이드를 발표하는 것이 아니고 일부분만 발표하고자 할 때 사용하면 유용하다. 진행 시간이나 상황에 맞게 슬라이드의 핵심적인 슬라이드로만 순서를 재조정 할 수 있는 기능이다.

[슬라이드 3]번을 선택 – [슬라이드 쇼] 메뉴 – [슬라이드 쇼 시작] 그룹 – [슬라이드 쇼 재구성] 클릭 – [쇼 재구성]을 선택한다.

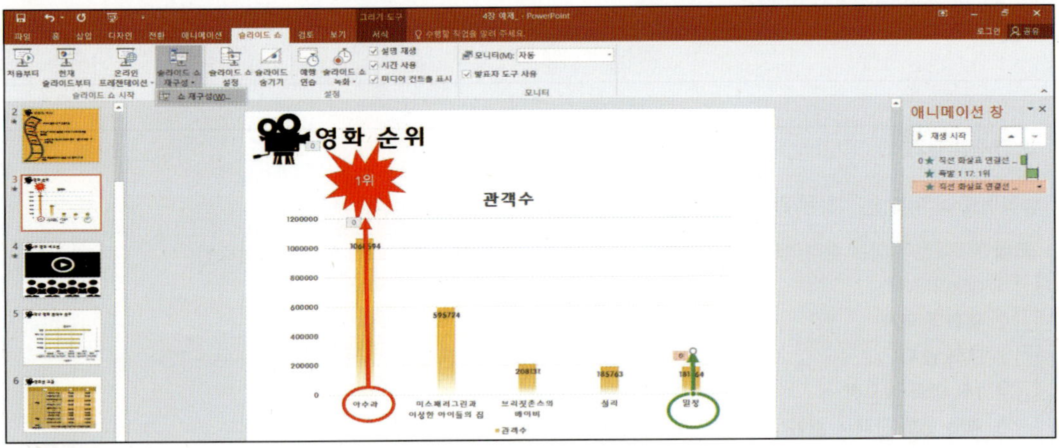

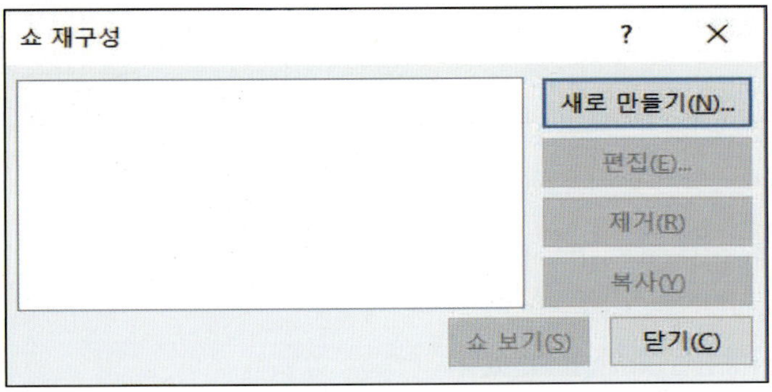

[새로 만들기] 클릭 – [슬라이드 쇼 이름 : 한국 영화]라고 입력 – [영화의 역사, 영화 순위, 부산 국제 영화제] 체크 – [추가] 클릭 – [확인] 단추를 선택 한다.

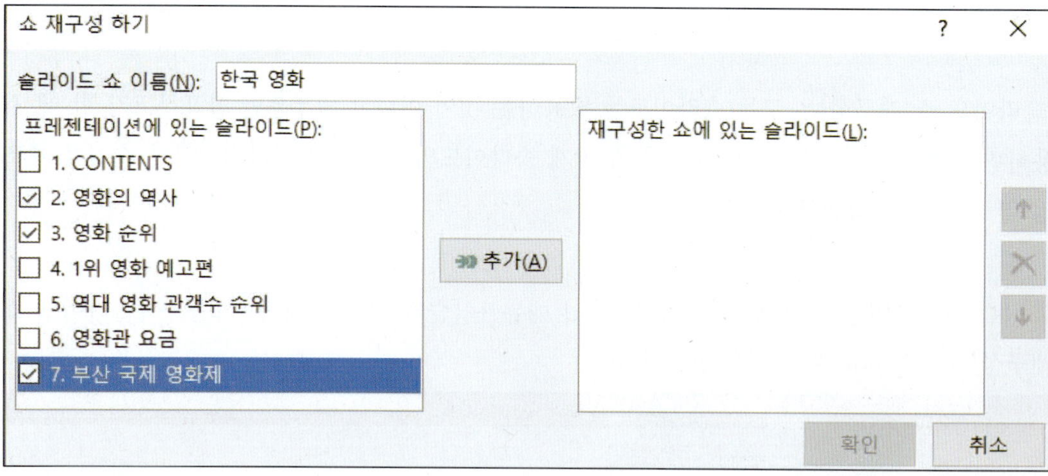

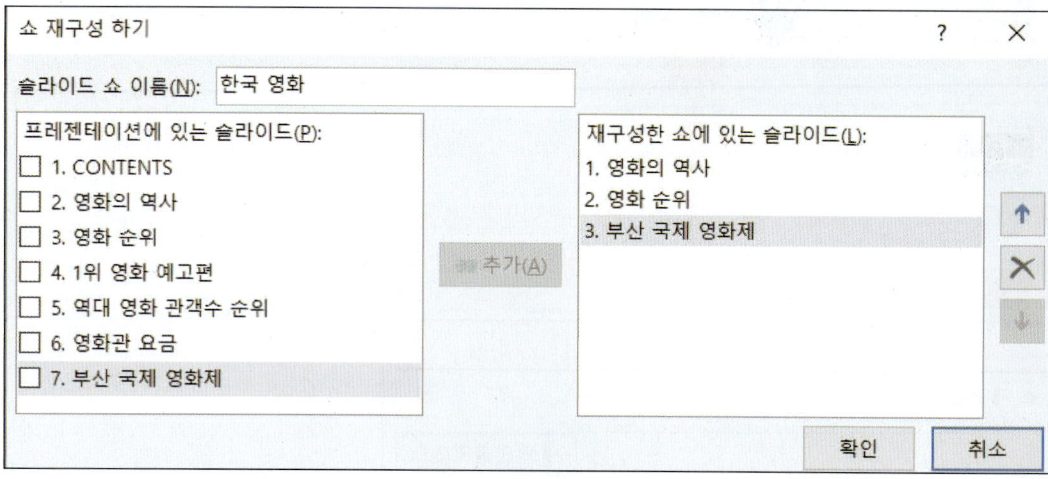

[쇼 보기]를 클릭한다.

그러면 세 개의 슬라이드만 쇼가 진행됨을 확인 할 수 있다.

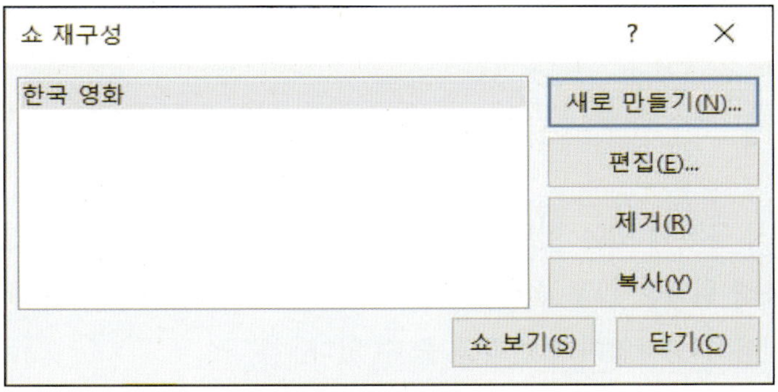

[슬라이드 쇼 재구성] 작성 방법은 슬라이드 쇼 이름에 재구성하고자 하는 이름을 입력한다. 그리고 추가할 개별 슬라이드를 선택한 후 재구성할 쇼에 있는 슬라이드로 추가 단추를 이용하여 재구성한다. 재구성한 슬라이드는 인쇄와 슬라이드 쇼 설정 그리고 하이퍼링크로 재구성한 쇼로 진행할 수 있다.

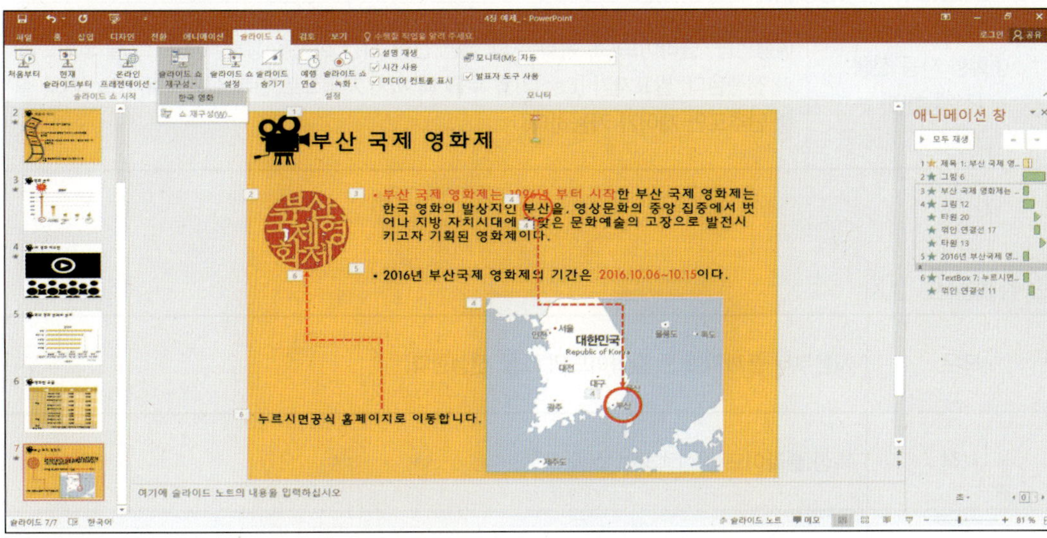

4-6 슬라이드 쇼 설정

[슬라이드 쇼 설정]을 이용하여 표시 옵션에 있는 애니메이션 없이 보기 기능과 펜 색 등을 변경 할 수 있다. 슬라이드 표시를 통해 원하는 일부 슬라이드만 표시가 가능하다. 화면 전환 효과도 수동과 설정된 시간 사용을 이용하여 다양하게 변화를 줄 수 있다.

① 쇼 형식

발표자가 진행 (전체 화면)	일반적인 슬라이드 쇼 형식으로 발표자가 직접 슬라이드 쇼를 전체 모니터 화면으로 진행하는 방식
웹 형식으로 진행	슬라이드를 웹브라우저 형식의 창에서 쇼를 진행한다.
대화형 자동 진행 (전체 화면)	예행연습, 슬라이드 쇼 녹화, 자동화면 전환 시간 설정을 통해 자동으로 슬라이드 쇼가 진행된다. 발표자가 [Esc]키를 누를 때 까지 자동으로 반복 실행되며, [Esc]키와 실행 단추로만 제어가 가능하다.

② 슬라이드 표시

모두	처음부터 끝까지 모든 슬라이드의 쇼를 진행한다.
시작	특정 슬라이드를 선택하여 쇼를 진행한다.
끝	특정 슬라이드를 선택하여 쇼를 종료한다.
재구성한 쇼	사용자가 지정한 슬라이드 쇼 재구성에 선택된 특정 슬라이드만 쇼를 진행한다.

③ 표시 옵션

[Esc] 키를 누를 때까지 계속 실행	예행연습, 슬라이드 쇼 녹화, 자동 화면전환 시간 설정을 통해 슬라이드 쇼가 자동으로 진행되도록 설정 된 경우 발표자가 [Esc] 키를 누르기 전까지 슬라이드 쇼가 자동으로 반복 실행된다.
녹음 된 설명 없이 보기	슬라이드 쇼 녹화 등을 통해 녹음된 설명이 있는 경우 설명 녹음은 실행되지 않는다.
애니메이션 없이 보기	화면 전환 효과와 애니메이션 효과가 설정돼 있는 경우 모든 애니메이션을 실행하지 않는다.
하드웨어 그래픽 가속 사용 안 함	그래픽 가속의 사용 여부에 따라 슬라이드 쇼의 실행 속도를 향상시킬 수 있다.
펜 색	슬라이드 쇼를 진행하는 동안 잉크 주석을 사용하는 경우 기본 잉크 색을 설정한다.
레이저 포인터 색	레이저 포인터 도구를 사용하는 경우 기본 색을 설정한다.

④ 화면 전환

수동	설정된 자동 화면전환 시간을 무시하고 슬라이드 쇼를 진행한다.
설정 된 시간 사용	예행연습, 슬라이드 쇼 녹화, 자동 화면전환 시간 설정을 통해 설정된 화면 전환 시간을 사용한다.

⑤ 복수 모니터

슬라이드 쇼 모니터	하나의 컴퓨터에 여러 대의 모니터가 연결되어 있는 경우 슬라이드 쇼를 진행할 모니터를 선택한다.
해상도	슬라이드 쇼를 진행할 모니터의 해상도를 설정한다.
발표자 도구 사용	발표자 도구를 선택하면 다른 모니터에 발표자 도구가 나타나 슬라이드 쇼 진행 정보를 확인하면서 쇼를 진행할 수 있다.

[슬라이드 7]번을 선택 – [슬라이드 쇼] 메뉴 – [슬라이드 쇼 시작] 그룹 – [슬라이드 쇼 설정]을 클릭한다.

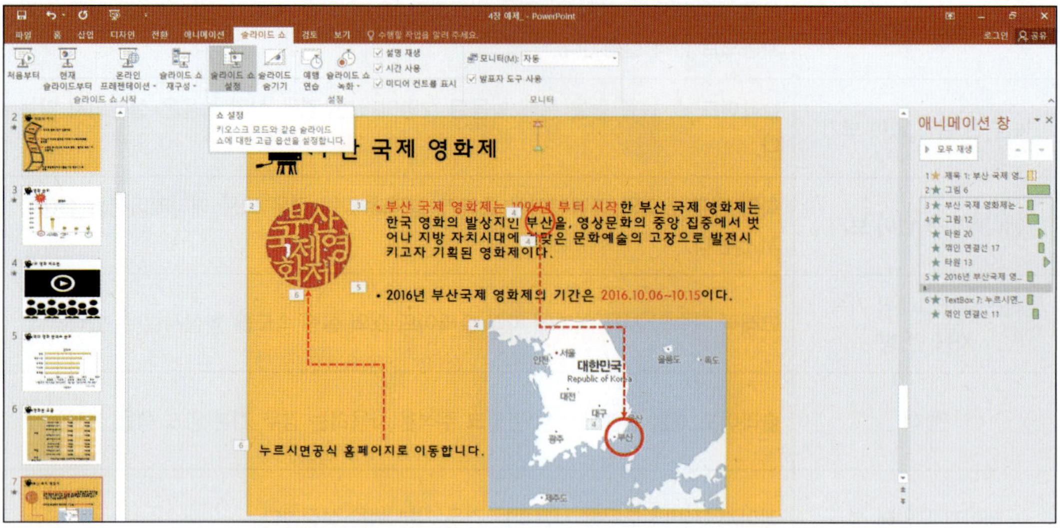

[웹 형식으로 진행]을 선택 – [애니메이션 없이 보기] 체크 – [레이저 포인터 색 : 초록]을 선택 – [확인] 단추를 선택한다.

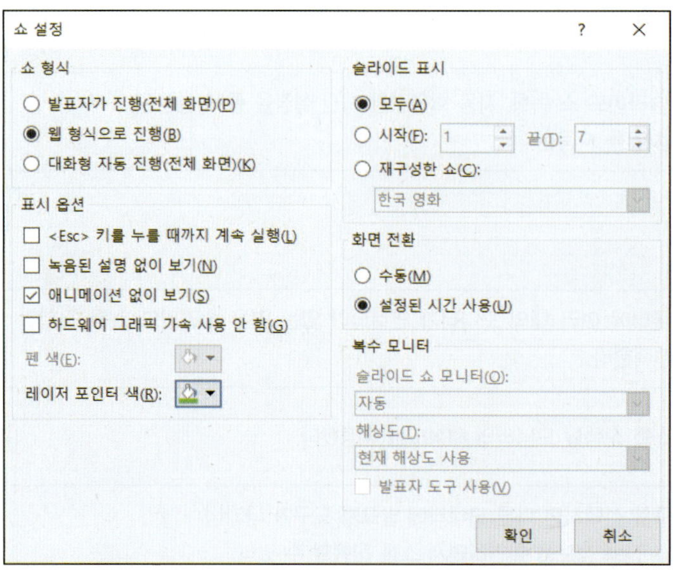

4-7 슬라이드 마스터

[슬라이드 마스터]는 모든 슬라이드의 서식을 일괄적으로 빠르고 쉽게 디자인할 수 있는 특별한 디자인 영역이다. 슬라이드 계층 구조에서 배경, 글꼴, 효과, 개체 틀 크기 및 위치 등의 서식을 프레젠테이션의 슬라이드 레이아웃과 모든 테마 정보를 저장하는 최상위 슬라이드이다.

Ⅰ.슬라이드 마스터 만들기

[슬라이드 마스터] 메뉴에서 테마 편집이나 배경 스타일, 페이지 설정 그리고 슬라이드 방향 등 다양한 기능 변경이 가능하다.

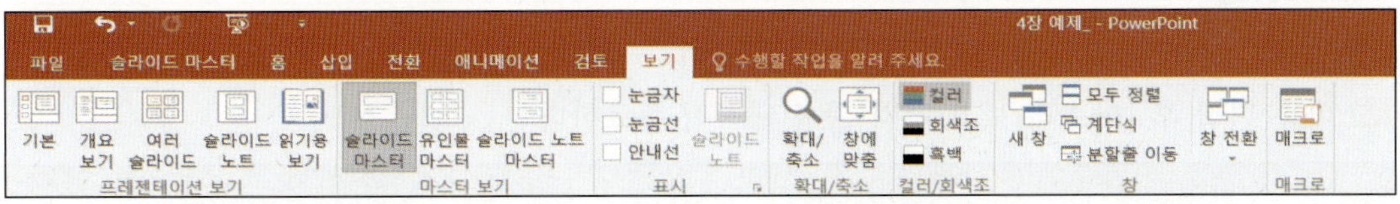

[보기] 메뉴 – [마스터 보기] 그룹 – [슬라이드 마스터]를 선택한다.

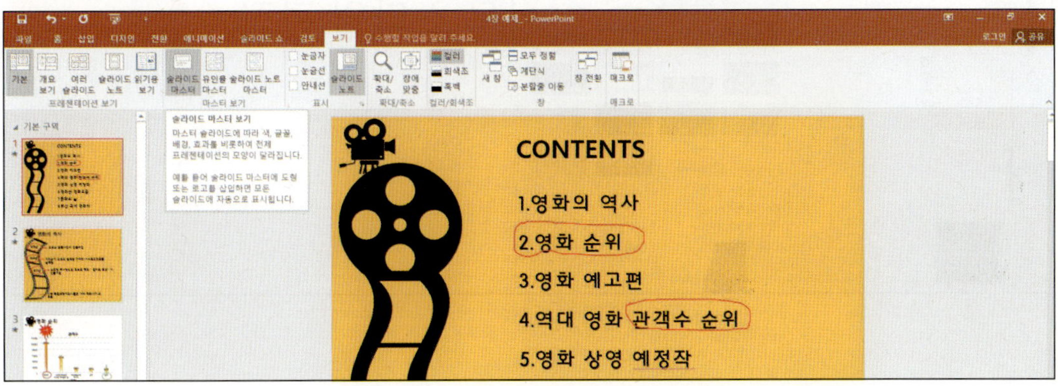

[상위 슬라이드] 선택 – [테마 편집] 그룹 – [테마] 클릭 – [배지]를 선택한다.

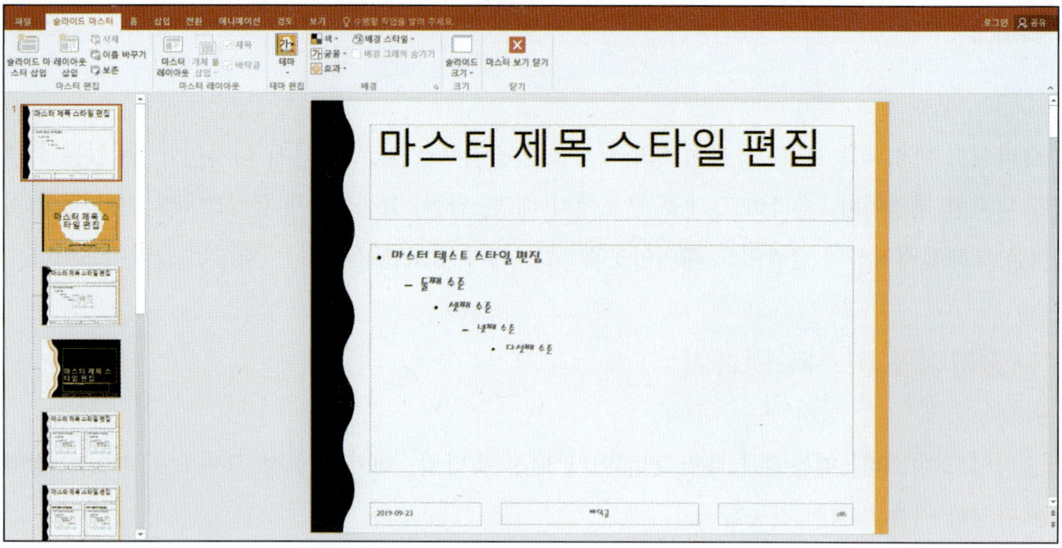

내용 편집 후 [마스터 보기 닫기]를 선택하여 종료한다.

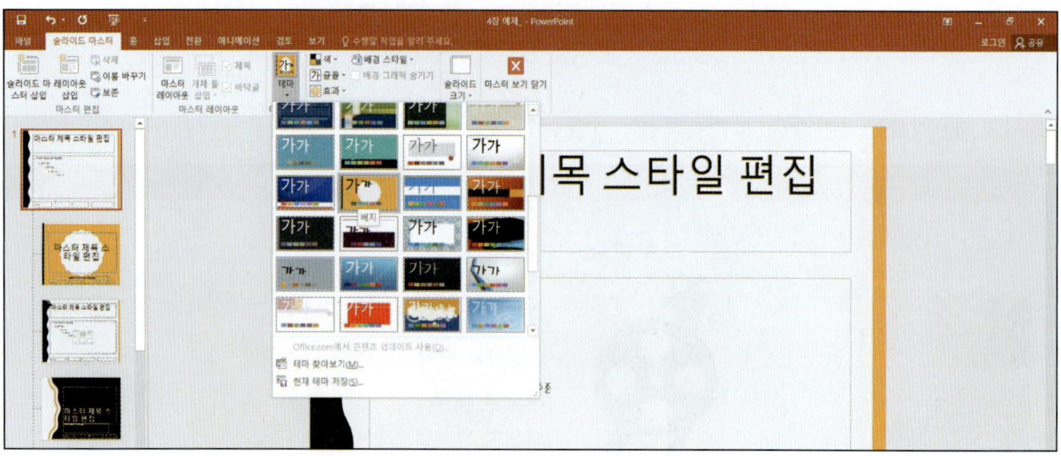

모든 슬라이드 배경에 [배지]로 채워진 것을 확인 할 수 있다.

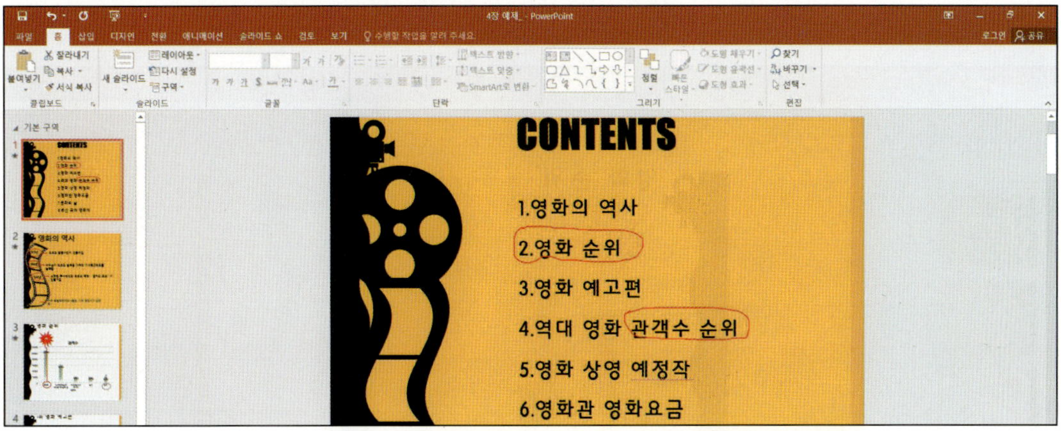

Ⅱ. 슬라이드 마스터 배경 스타일

[슬라이드 1]번을 선택 – [보기] 메뉴 – [마스터 보기] 그룹 – [슬라이드 마스터] – [배경] 그룹 – [배경 스타일] – [배경 서식]을 선택한다.

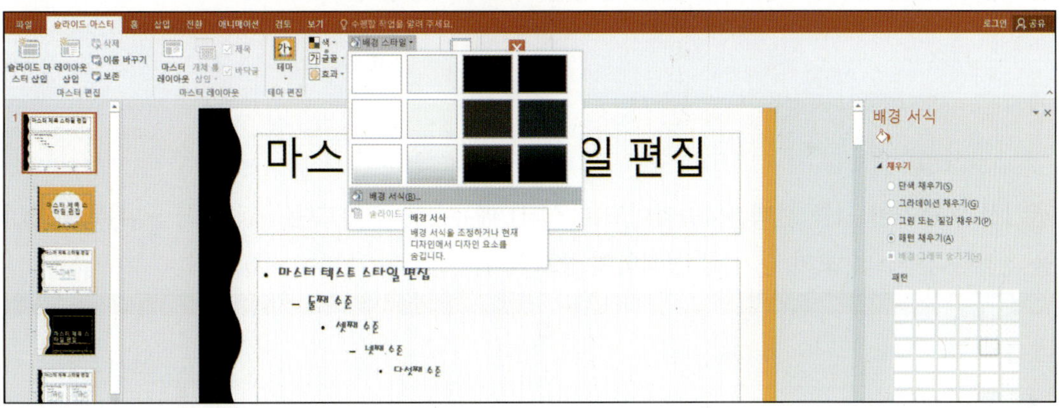

채우기 창에서 [패턴 채우기] 클릭 – [어두운 수직선] 선택 – [마스터 보기 닫기]를 선택하여 종료한다.

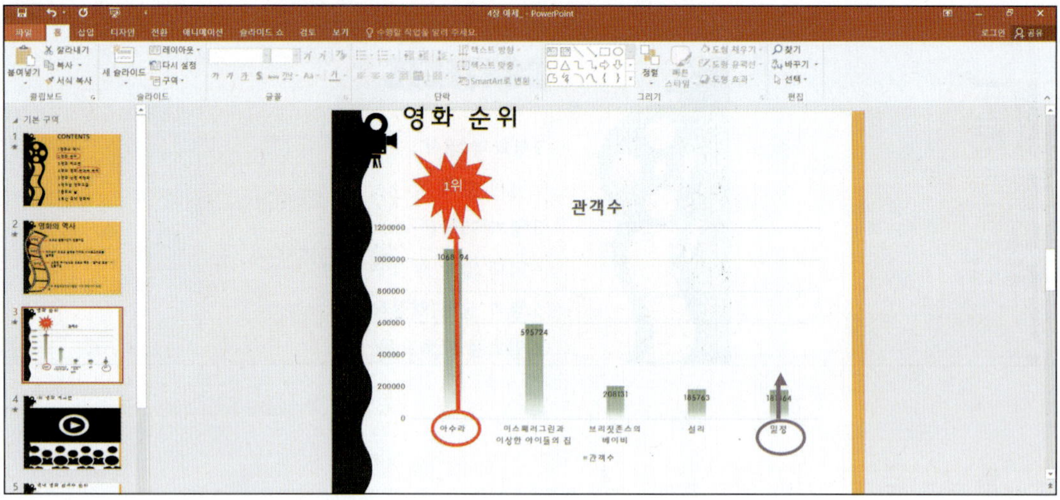

배경 스타일을 변경하면 모든 슬라이드에 적용되고, 개별 슬라이드 레이아웃의 마스터를 디자인하면 해당 레이아웃의 슬라이드에만 변경된 서식이 적용된다.

Ⅲ. 슬라이드 마스터 글꼴 변경

[상위 슬라이드]를 선택 – [슬라이드 마스터] 메뉴 – [배경] 그룹 – [글꼴] – [HY 엽서L]을 선택 – [마스터 보기 닫기]를 선택하여 종료한다.

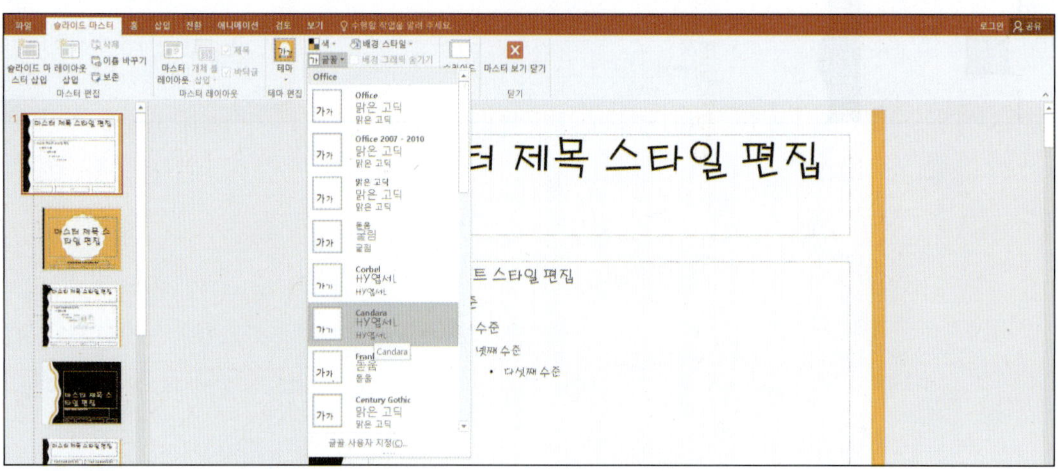

슬라이드 마스터에 적용한 [HY엽서L] 확인을 위해 새 슬라이드를 추가해 본다.

[슬라이드 7]번을 선택 – [홈] 메뉴 – [슬라이드] 그룹 – [새 슬라이드]를 클릭 – [제목 및 내용]을 선택한다.

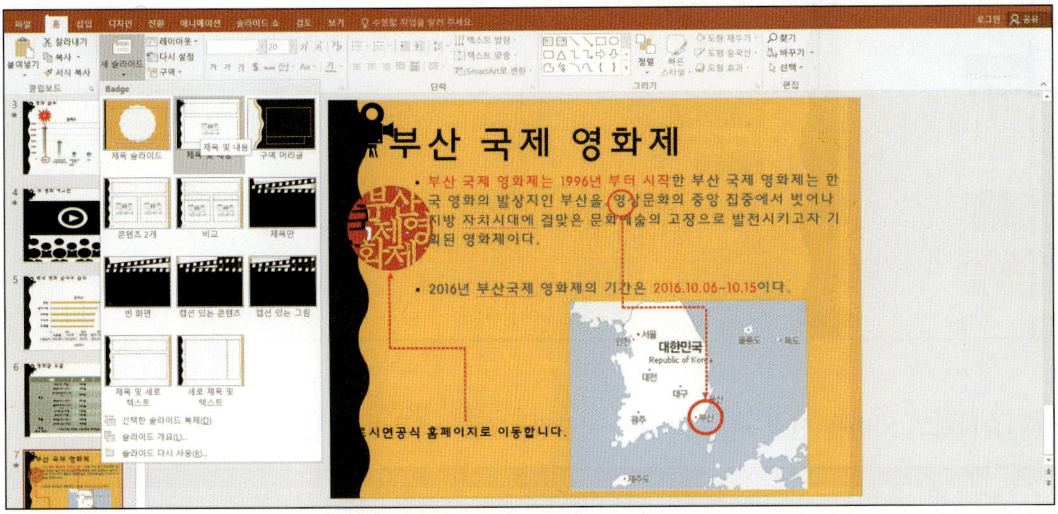

슬라이드 8번에 [제목 : 2020년 영화 분석] 입력 – [본문 : 한국영화 강세, 우리들 이야기, 음악 영화 선호, 비틀즈, 퀸]이라고 내용을 입력한다.

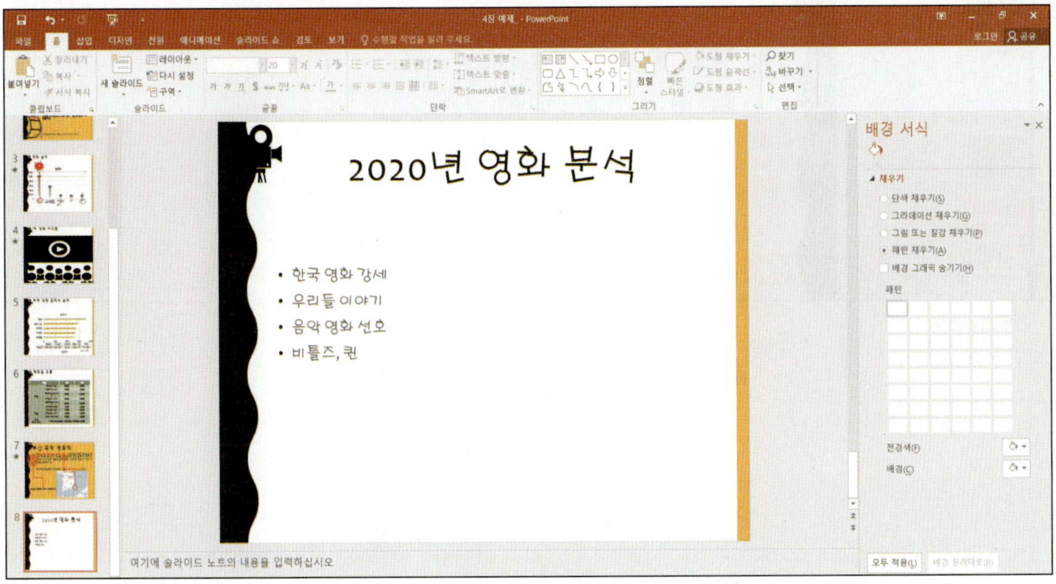

[슬라이드 8]번을 선택 – Ctrl키를 이용하여 [우리들이야기, 비틀즈, 퀸]을 선택한다.

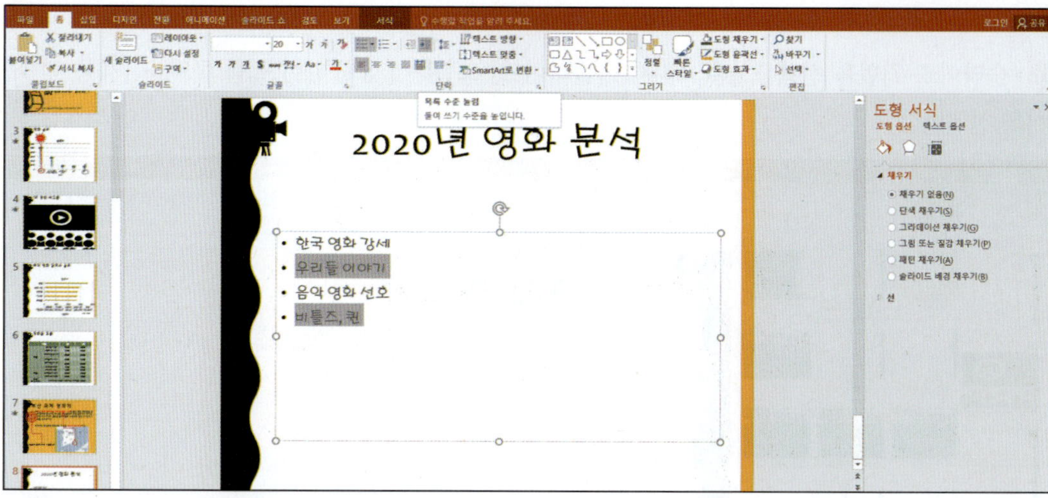

[슬라이드 8]번을 선택 – [홈] 메뉴 – [단락] 그룹 – [들여쓰기]를 선택한다.

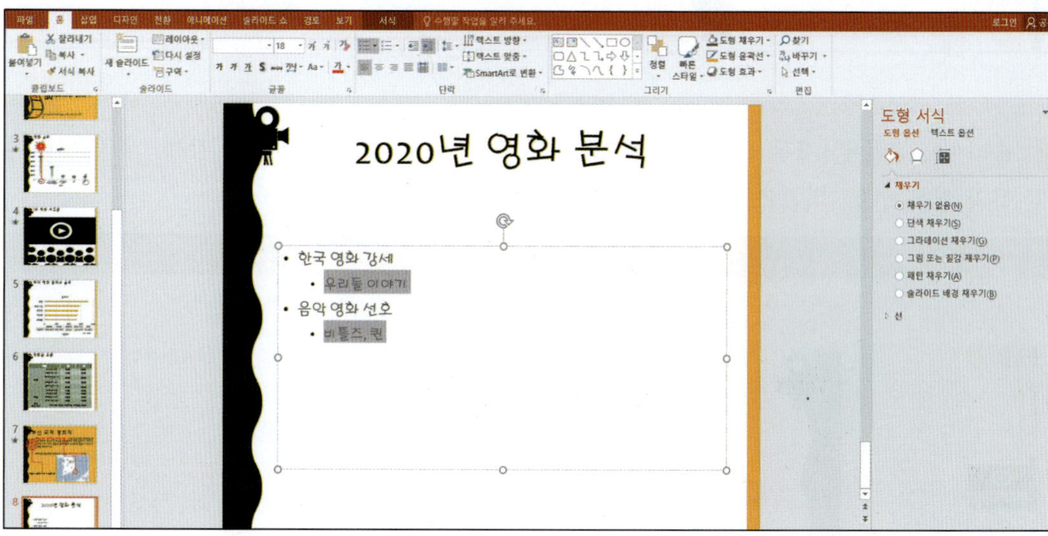

Ⅳ. 슬라이드 마스터 머리글 변경

[슬라이드 1]번을 선택 – [보기] 메뉴 – [슬라이드 마스터] – [홈] 메뉴 – [글머리 기호]를 선택한다.

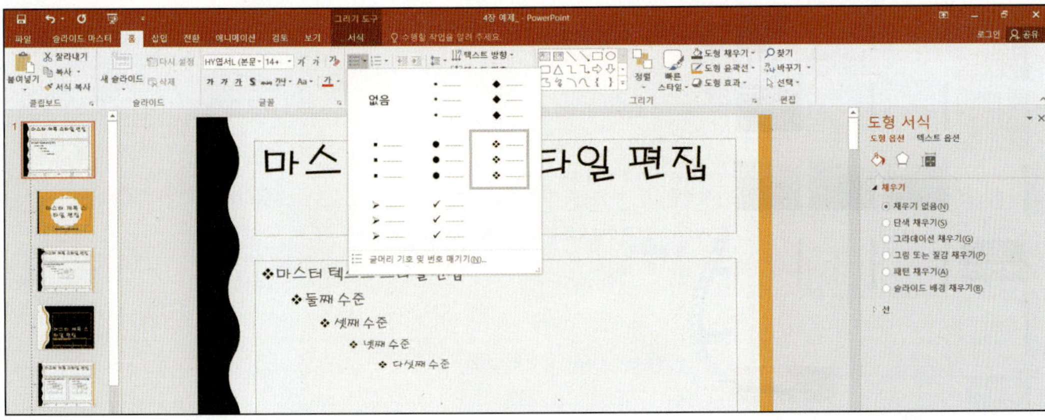

본문 텍스트 머리글을 [첫째 수준 : ❖], [둘째 수준 : ➤]으로 변경한다.

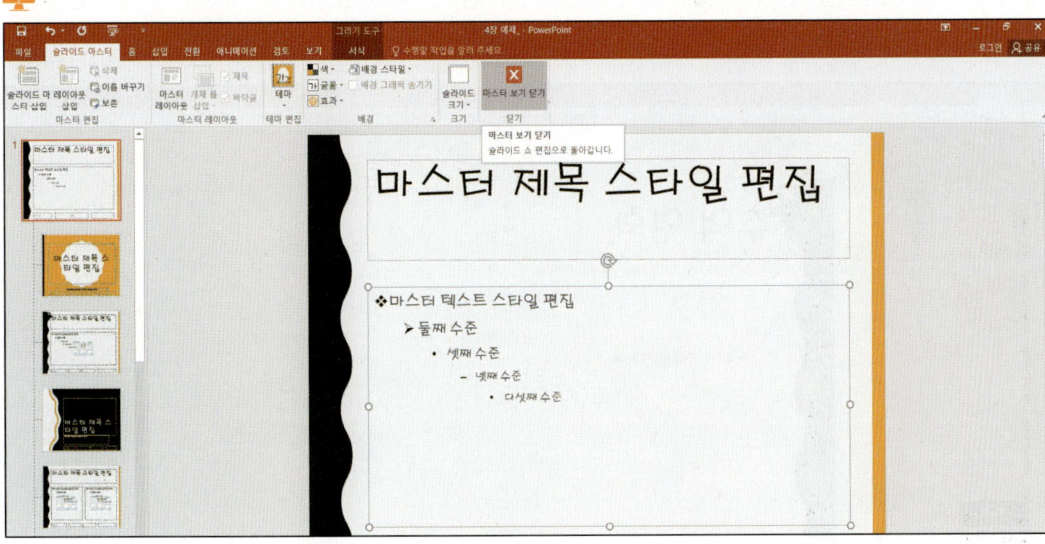

[슬라이드 2]번을 선택 – [홈] 메뉴 – [슬라이드] 그룹 – [새 슬라이드] – [제목 및 내용]을 선택한다.

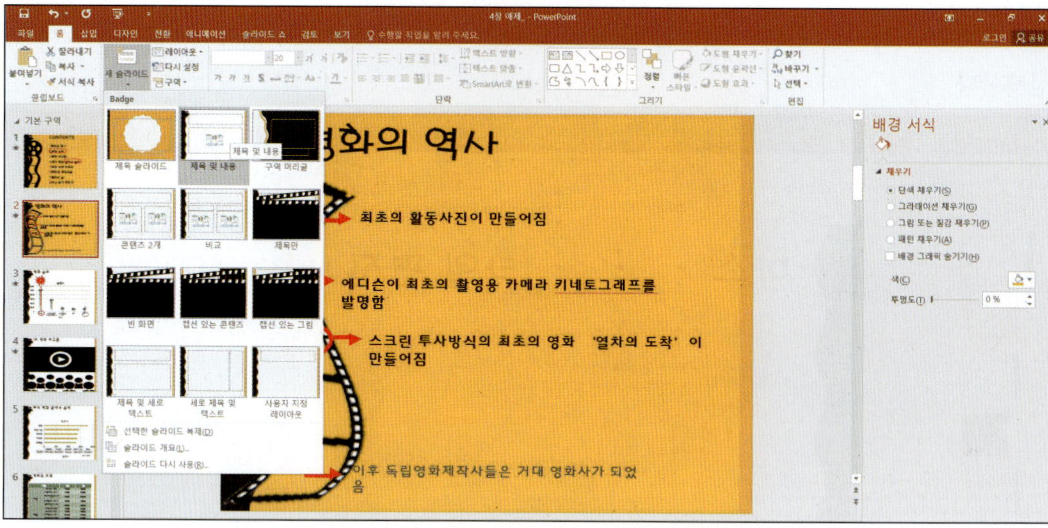

[슬라이드 3]번을 선택 – [접속], [주연 : 전도연, 한석규]를 입력 – [주연 : 전도연, 한석규]를 들여쓰기 한다.

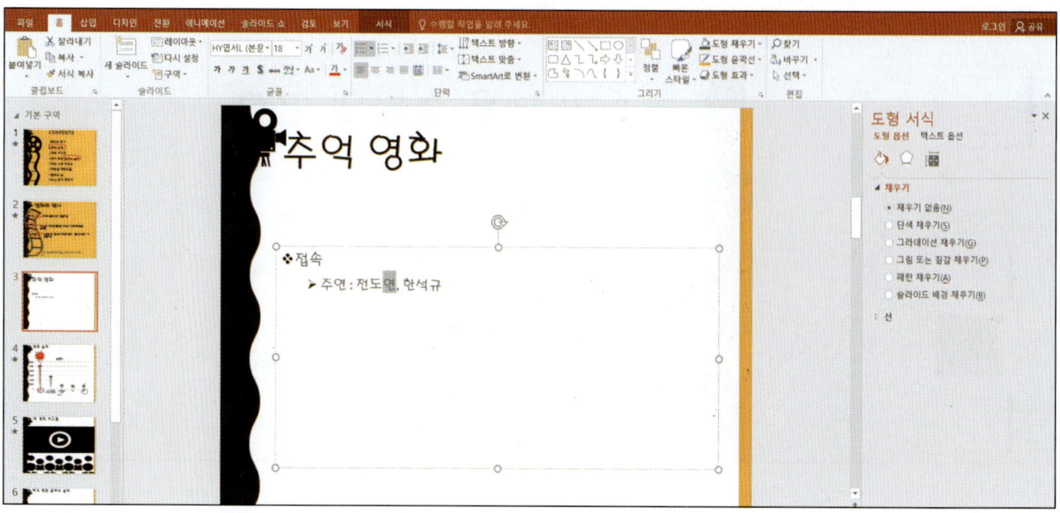

본문 내용의 글머리가 [첫째 수준 : ❖], [둘째 수준 : ➤]으로 작성 됐다.

4장 확인학습

조건 1

슬라이드 1에 작성

- 저장 : 파일명은 '본인 이름' 으로 바탕화면에 저장
- 제목(본인대학교) : WordArt 중 '위쪽 원호' 적용
- 서식 복사 : 1번 슬라이드 제목을 2번 슬라이드 제목에 적용
- 슬라이드 마스터 적용
  ① 그림 삽입 : (비슷한) 음표, 커피잔 찾아 넣기
  ② 테마 : 자연 테마 적용
  ③ 머리글/바닥글 적용 : 페이지번호, 바닥글 : 멀리 날자

완 성 본

조건 2

슬라이드 2에 작성

- 제목(본인대학교)에 애니메이션 적용 : 바운드
- 개체 삽입 : PowerPoint 프레젠테이션
- 표 작성 : 2 * 4
- 도형 작성 : 도형 입력 후 입체 효과 적용

완 성 본

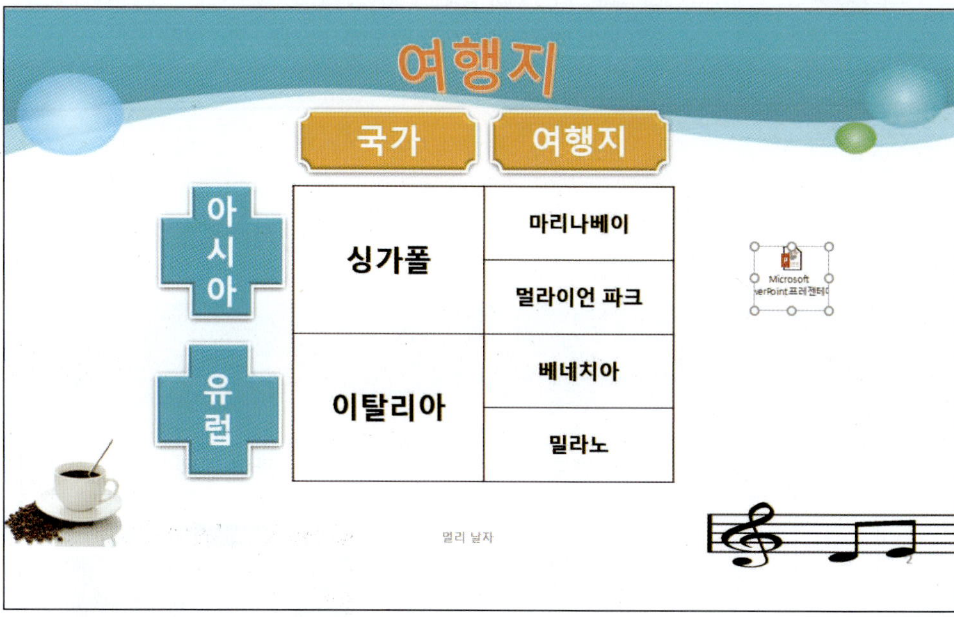

Chapter 5

슬라이드 편집 및 환경설정

05 슬라이드 편집 및 환경설정

5장에서는 슬라이드 편집을 통해 문서를 효율적으로 만들고 환경 설정을 함으로써 자신만의 프레젠테이션 만들기 학습을 진행한다.

예제파일 : [5장 예제] 파일 이용

5-1 프레젠테이션 보기

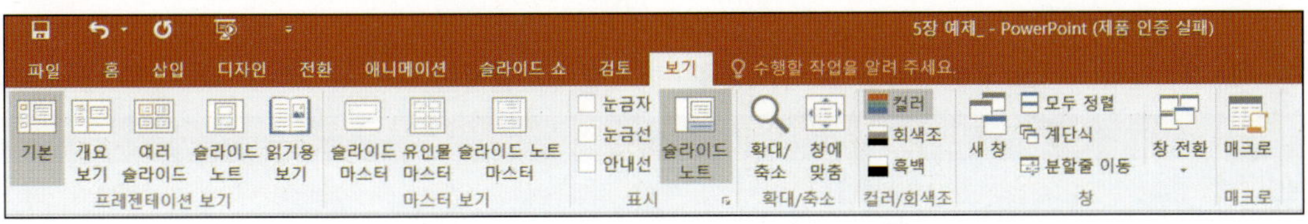

① 기본 보기

편집하는 동안 프레젠테이션의 슬라이드를 축소판 그림으로 보기에 적합하다. 축소판 그림을 사용하면 쉽게 프레젠테이션을 탐색하고 디자인 변경 결과를 확인할 수 있다. 또한 슬라이드를 다시 정렬하거나 추가 또는 삭제할 수 있다.

② 개요 보기

내용 작성을 입력 및 수정하기에 적합한 보기이다. 아이디어 구상과 발표 방법을 계획하고 슬라이드와 텍스트를 이동할 수 있다. 개요 메뉴는 슬라이드 텍스트를 개요 형식으로 보여 준다.

③ 여러 슬라이드 보기

모든 슬라이드를 작은 그림으로 보여주며, 전체 디자인의 일관성을 검토하거나 슬라이드 이동, 복사, 삭제와 같은 슬라이드 편집에 주로 사용된다.

④ 슬라이드 노트 보기

발표자가 언급해야 할 상세한 설명을 기록할 수 있는 곳으로 기본 보기의 슬라이드 노트의 내용과 호환된다. 전체 페이지 형식으로 노트를 보고 작업하려면 보기 메뉴의 프레젠테이션 보기 그룹에서 슬라이드 노트를 클릭한다.

⑤ 읽기용 보기

읽기용 보기 기능은 창 모드로 쇼가 재생되어 다른 작업을 진행하면서 슬라이드 재생 여부 및 애니메이션 동작여부를 확인할 수 있는 보기이다.

Ⅰ. 슬라이드 보기

① 기본보기( )

[보기] 메뉴 - [프레젠테이션 보기] 그룹 - [기본]을 선택 한다.

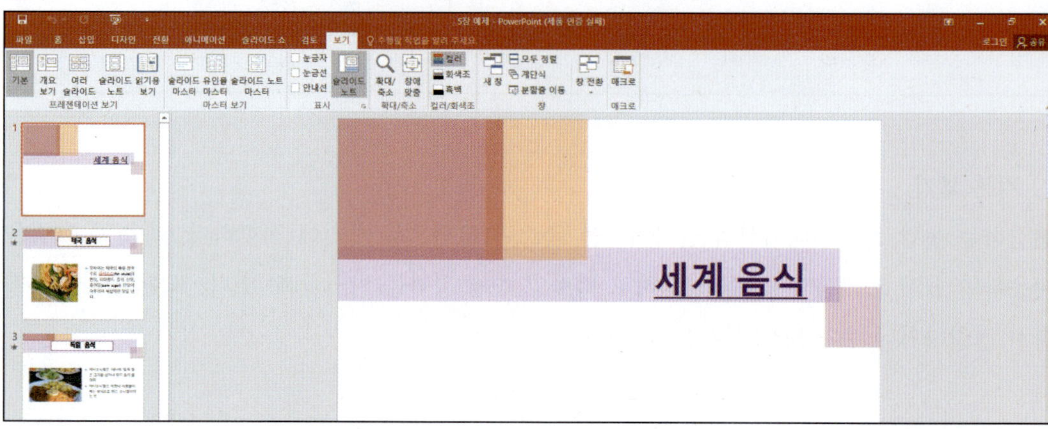

또는 화면 아래의 프레젠테이션 오른쪽 하단에 있는 ( )를 선택해도 된다.

② 여러 슬라이드 보기( )

[보기] 메뉴 – [프레젠테이션 보기] 그룹 – [여러 슬라이드]를 선택 한다.

③ 슬라이드 노트 보기

[보기] 메뉴 – [프레젠테이션 보기] 그룹 – [슬라이드 노트]를 선택 – [내용입력 : 유럽의 음식에 대해 소개] 라고 쓴다.

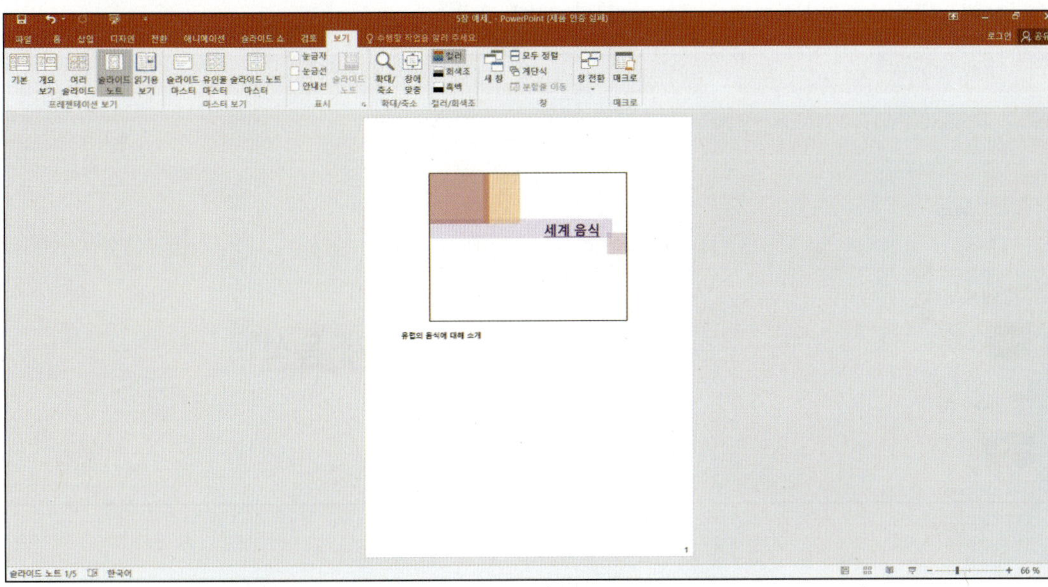

5-2 표시

눈금자와 눈금선 그리고 안내선을 이용하면 좀 더 정확하고 세밀한 작업을 할 수 있다. 안내선은 드래그로 이동이 가능하고 안내선을 추가하려면 [Ctrl] 키를 누른 채 드래그하여 새로운 안내선을 추가할 수 있다.

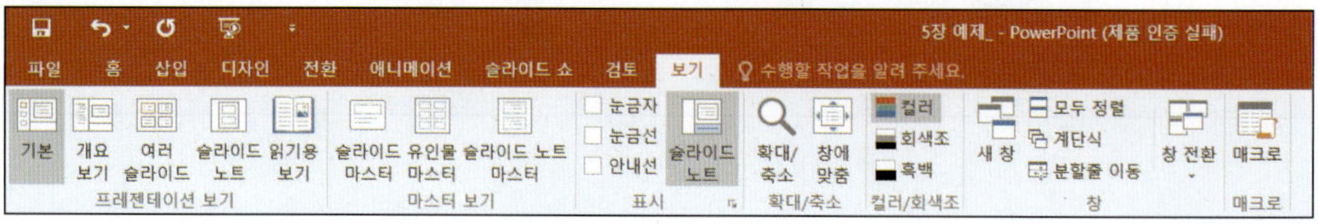

① 눈금자

[보기] 메뉴 – [표시] 그룹 – [눈금자]를 선택 한다.

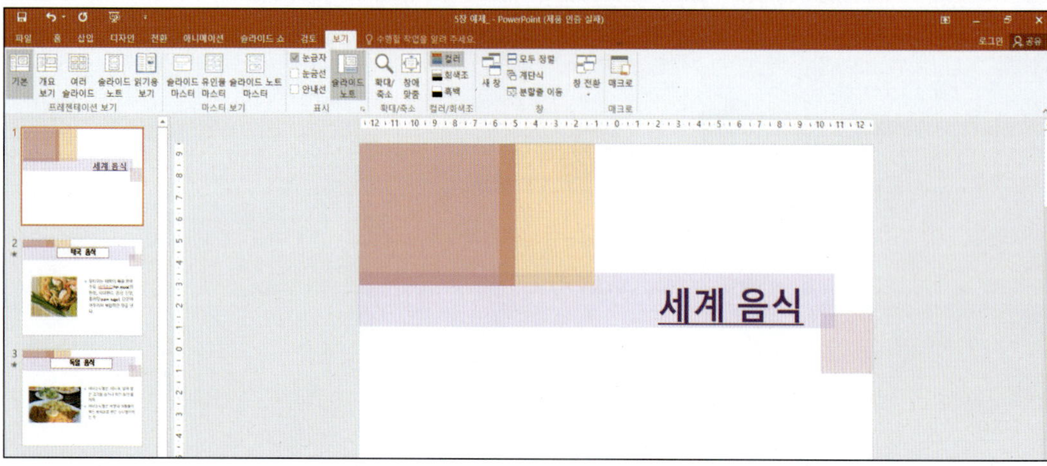

② 눈금선

[보기] 메뉴 – [표시] 그룹 – [눈금선]을 선택 한다.

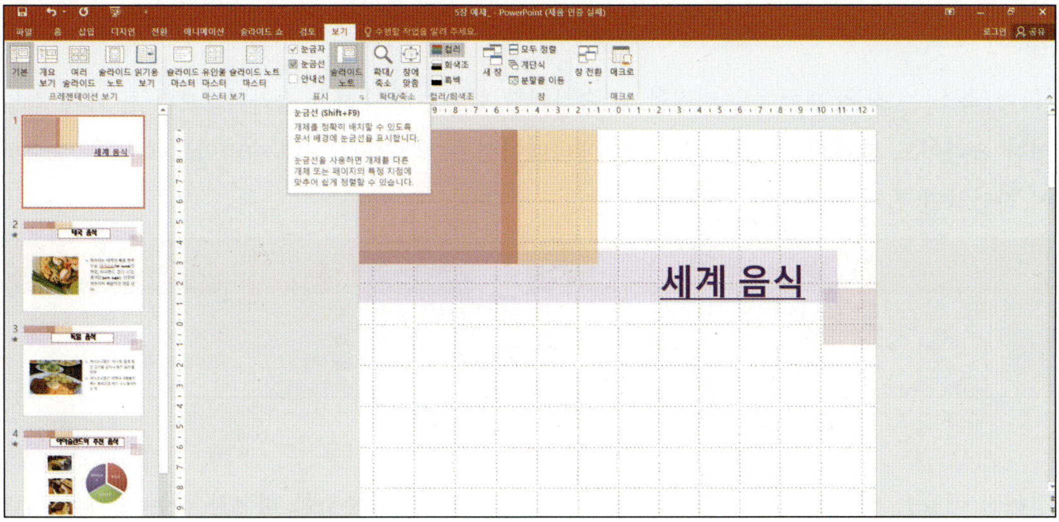

③ 안내선

[보기] 메뉴 – [표시] 그룹 – [안내선]을 선택 한다.

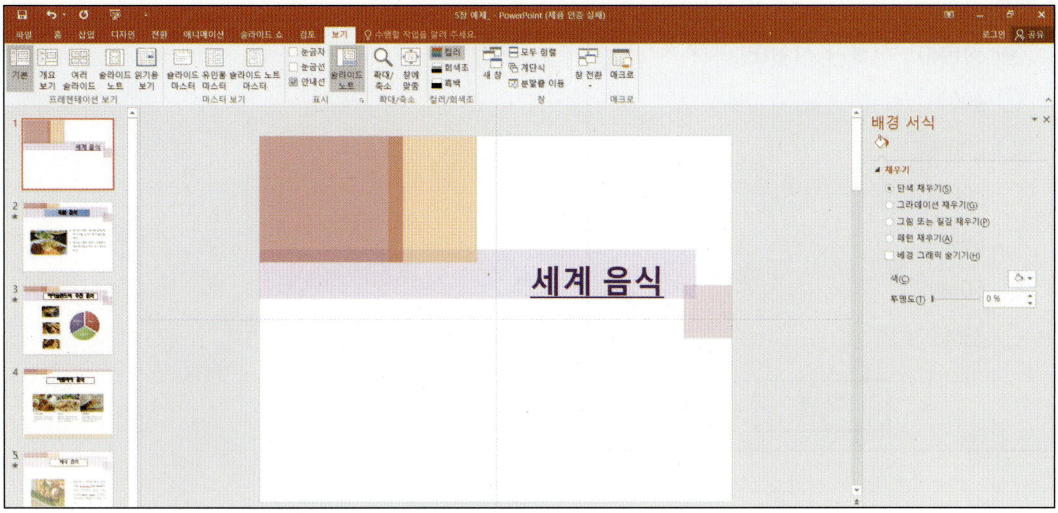

5-3 확대 및 축소

[확대/축소]는 작은 개체들을 편집할 때 슬라이드 화면을 확대하고 슬라이드보다 큰 개체 작업이나 슬라이드 밖에서 개체가 날아오는 애니메이션을 설정하기 위해 슬라이드 화면을 축소하여 작업하면 편리하다.

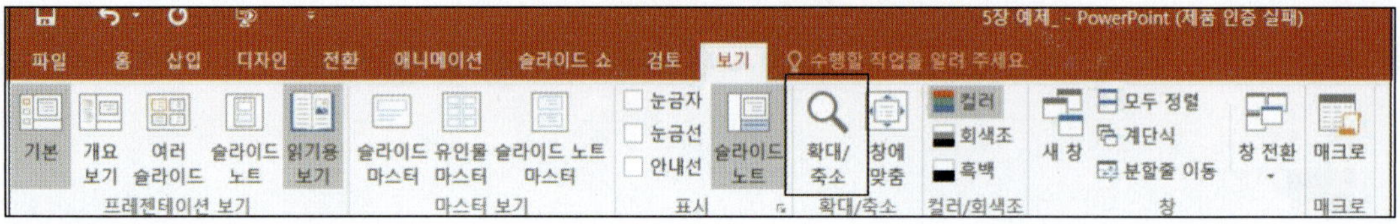

정해진 배율을 선택하거나 사용자 지정 입력란에 직접 확대/축소를 하고자 하는 숫자를 입력하여 설정 할 수 있다.

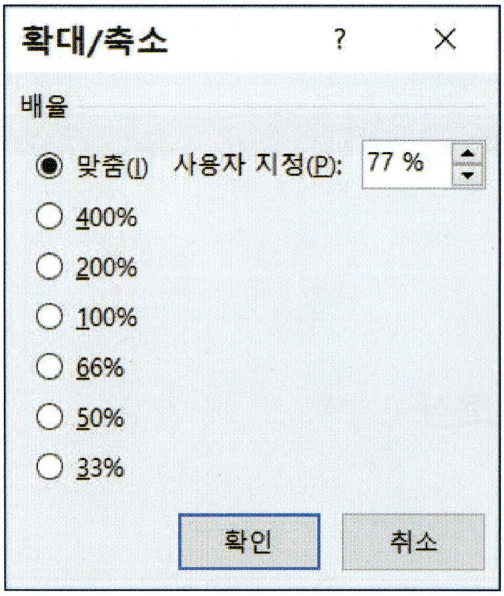

① 일반적인 [확대/축소] 방법

[슬라이드 1]번을 선택 – [보기] 메뉴 – [확대/축소] – 배율을 [33%] 선택 – [확인]을 클릭한다.

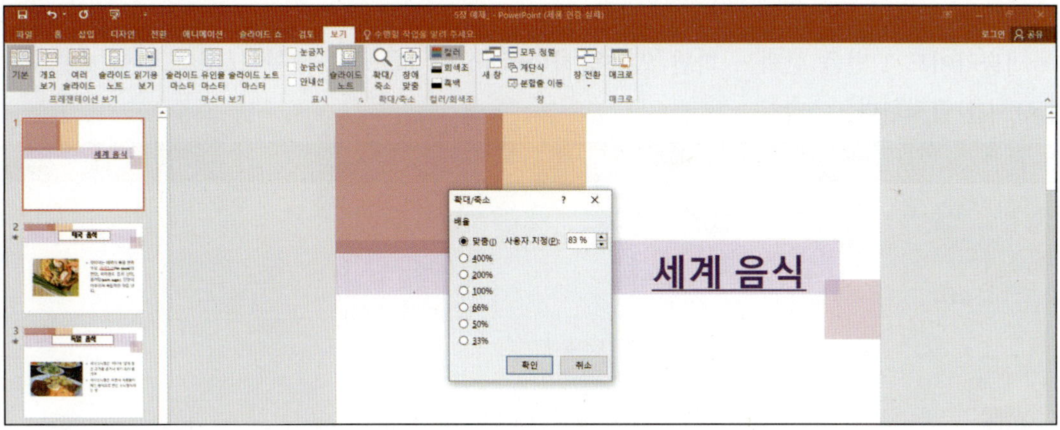

슬라이드 1번이 전보다 작아졌음을 알 수 있다.

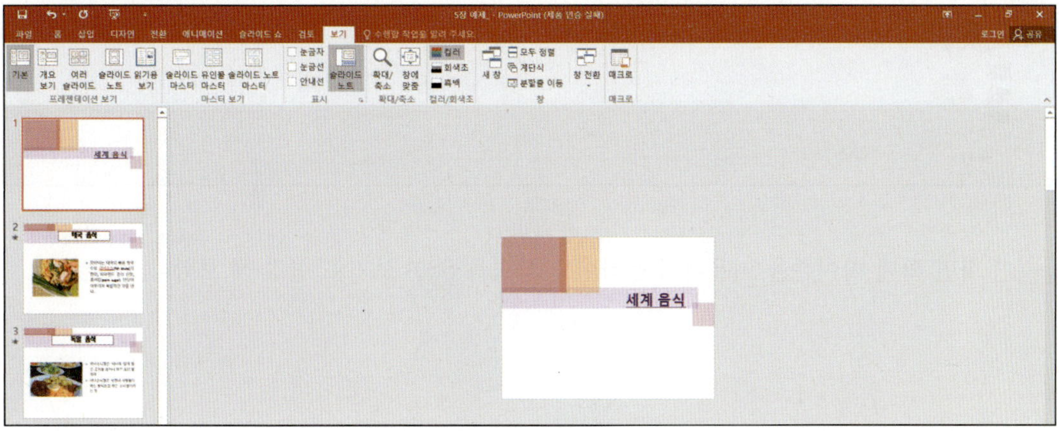

② 상태 표시줄 사용

간단히 화면을 확대하거나 축소하려면 화면 하단 오른쪽 상태 표시줄의 확대( ) /축소( ) 슬라이더를 이용하여 10%씩 화면을 확대하거나 축소할 수 있다.

[슬라이드 1]번을 선택 – 화면 오른쪽 하단의 [상태 표시줄] – [확대/축소] 선택 – [+] – [50%]를 클릭한다.

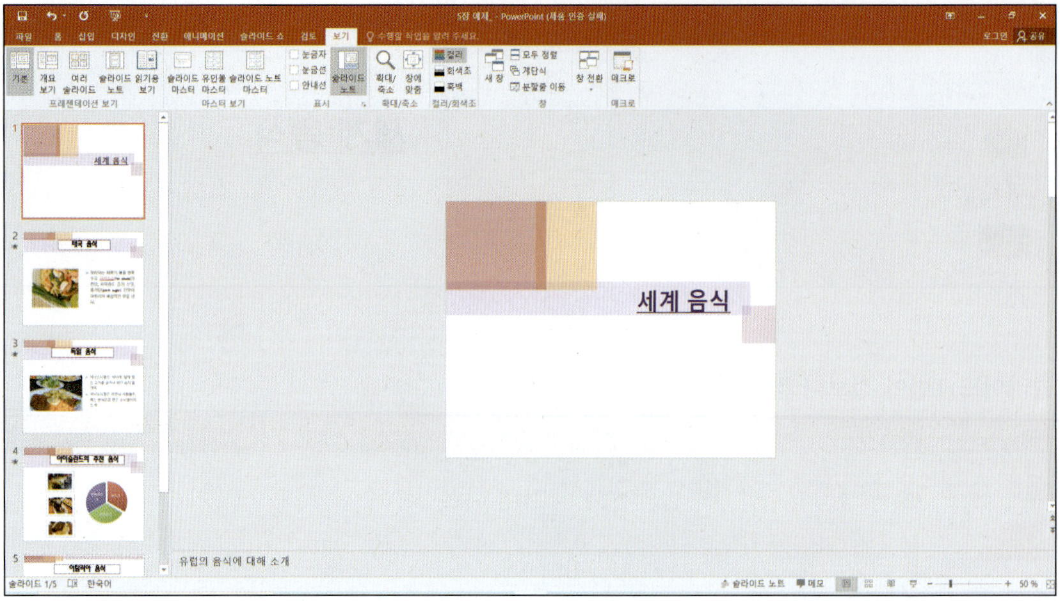

[+]인 화면 확대 아이콘을 이용하여 슬라이드 화면을 50% 보기로 변경 해 보았다.

5-4 슬라이드 편집

파워포인트 문서를 완성 후 프레젠테이션 발표를 하기 전에 순서를 점검하고 뺄 것과 추가해야 할 것 등을 확인하기 위해 전체적으로 내용을 볼 수 있어야 한다. 여러 슬라이드 보기를 이용하여 슬라이드의 추가, 이동, 복사 그리고 삭제 등을 할 수 있다.

Ⅰ. 슬라이드 편집

[슬라이드 편집]은 새 슬라이드를 삽입하고 불필요한 슬라이드를 삭제하거나 위치를 원하는 대로 이동하여 슬라이드를 편집 할 수 있다. 그리고 동일한 레이아웃을 사용하기 위해 슬라이드 복제도 가능하다.

① 슬라이드 복사
똑같은 슬라이드나 비슷한 형식의 슬라이드가 필요 할 때 처음부터 만드는 것보다는 슬라이드 복사 기능을 이용하면 틀을 다시 설정하지 않아도 돼 편리하다.

[보기] 메뉴 – [프레젠테이션 보기] 그룹 – [여러 슬라이드 보기] – [슬라이드 1]번을 선택 – [마우스 오른쪽] 클릭 – [복사]를 클릭한다.

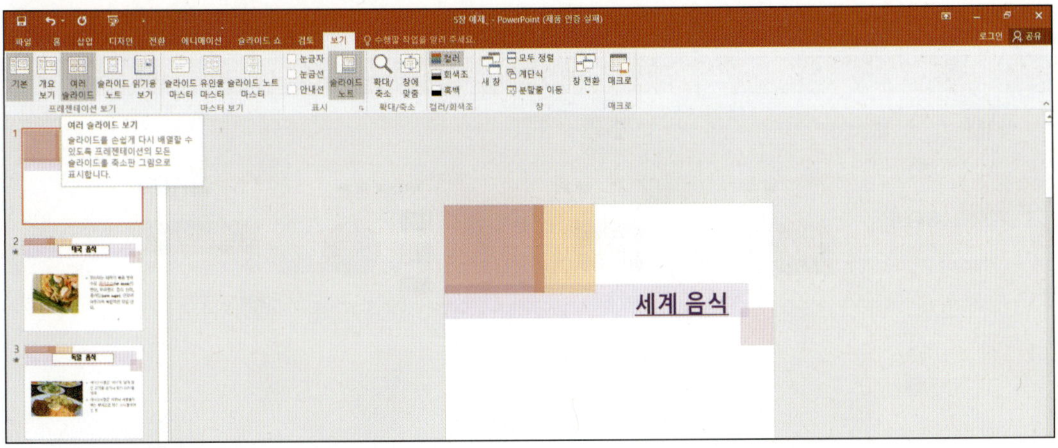

[슬라이드 5]번을 선택 – [마우스 오른쪽] 선택 – [붙여넣기 옵션] – [원본 서식 유지]를 클릭 한다.

슬라이드 1번이 마지막에 복사됨을 볼 수 있다.

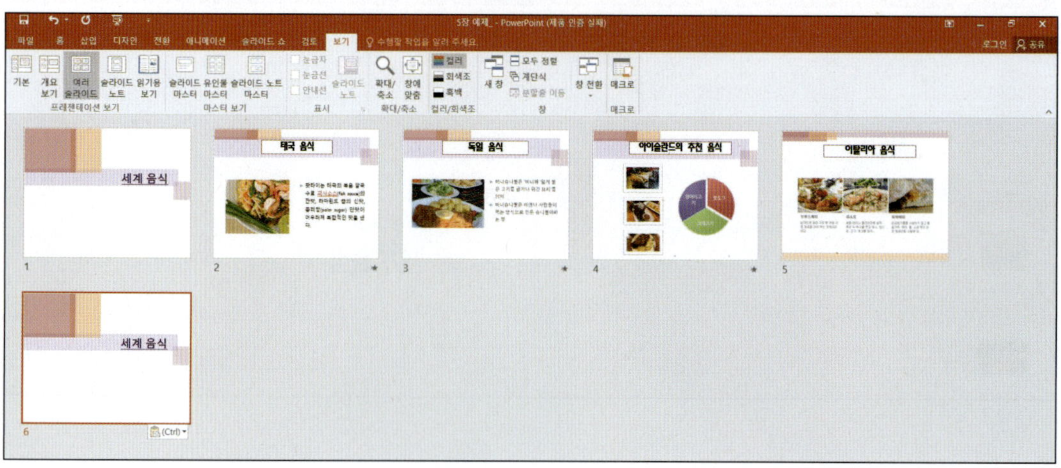

슬라이드를 복사하는 다른 방법으로 [Ctrl] 키를 누른 채 슬라이드를 드래그로도 가능하다. 또한 하나 이상의 슬라이드를 같은 프레젠테이션 내에서 또는 다른 프레젠테이션으로 복사하는 경우 [Ctrl] 키와 [Shift] 키를 이용하면 편리하다. 연속 데이터의 다중 선택은 [Shift] 키, 비연속 데이터의 다중 선택은 [Ctrl] 키와 함께 사용하면 된다.

② 슬라이드 이동

슬라이드를 다른 위치로 이동하기 위해 기본 보기의 개요/슬라이드 보기나 여러 슬라이드 보기 화면에서 드래그하여 슬라이드를 이동할 수 있다.

[보기] 메뉴 – [프레젠테이션 보기] 그룹 – [여러 슬라이드 보기] – [슬라이드 2]번 선택 – [드래그]를 한다.

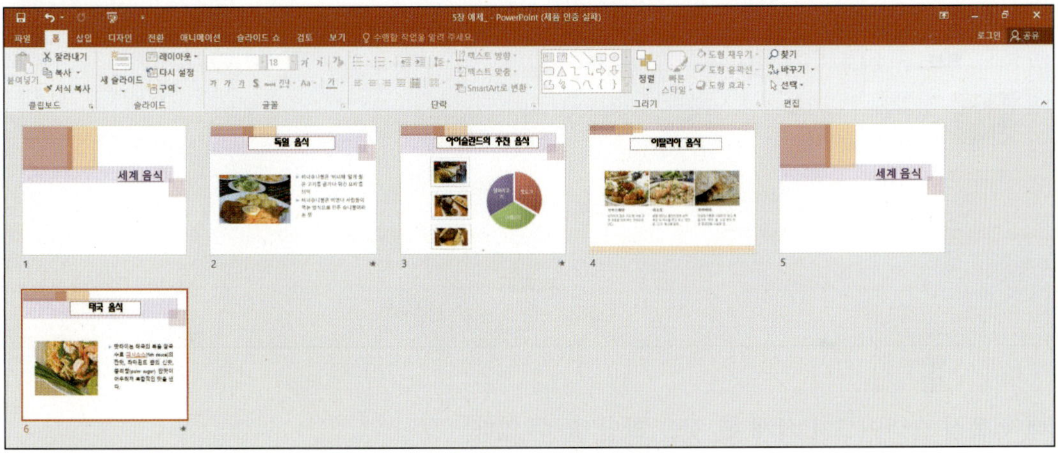

슬라이드 2번이 마지막 슬라이드 위치로 이동한 것을 확인 할 수 있다.

그리고 슬라이드를 가까운 위치로 이동하려면 드래그를 이용하고 먼 위치로 이동하려면 마우스 오른쪽 버튼을 눌러 슬라이드 이동 명령을 이용하면 편리하다.

③ 슬라이드 삭제

불필요한 슬라이드를 지우거나 같은 내용의 슬라이드가 여러 장 있을 때 삭제하려는 슬라이드 위에서 마우스 오른쪽 단추를 클릭하여 슬라이드 삭제를 클릭하여 편집 할 수 있다.

[보기] 메뉴 – [프레젠테이션 보기] 그룹 – [여러 슬라이드 보기] – [슬라이드 6]번 선택 – [마우스 오른쪽] 클릭 – [슬라이드 삭제]를 선택한다.

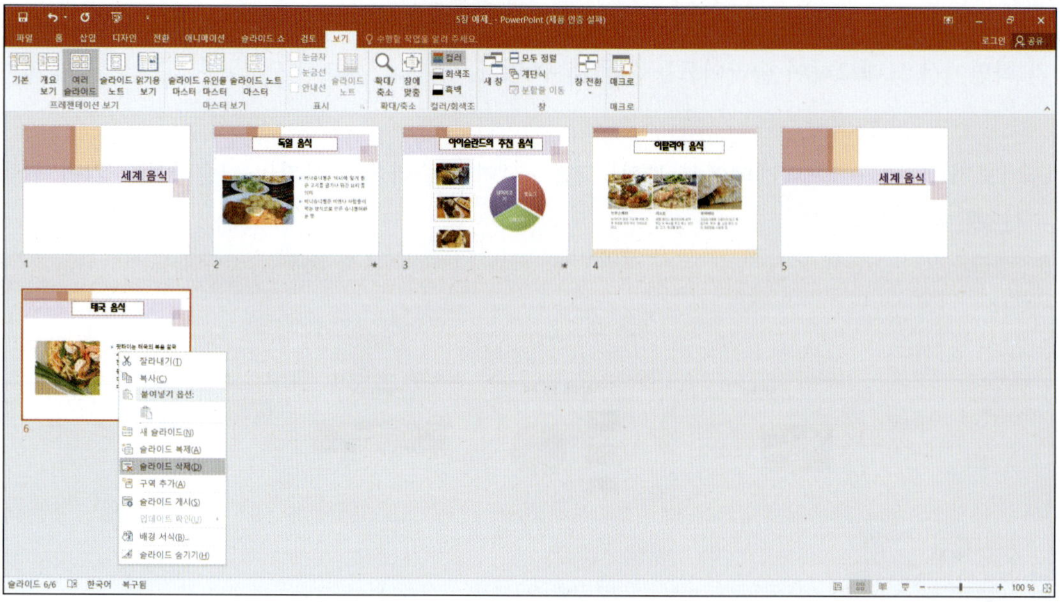

태국 음식 슬라이드가 삭제 된 것을 확인 할 수 있다.

④ 슬라이드 삽입

[슬라이드 1]번 위에서 [마우스 오른쪽] 버튼 클릭 – [새 슬라이드]를 선택한다.

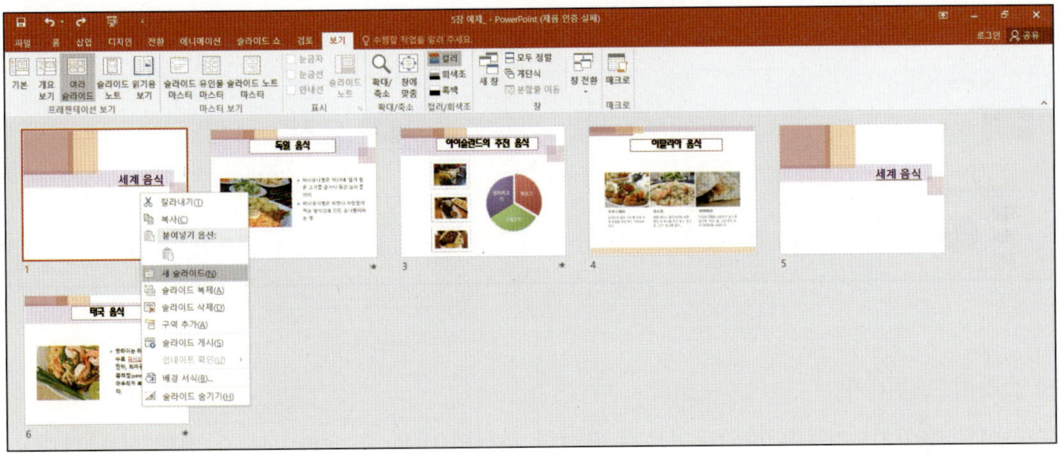

빈 슬라이드가 추가 되었다.

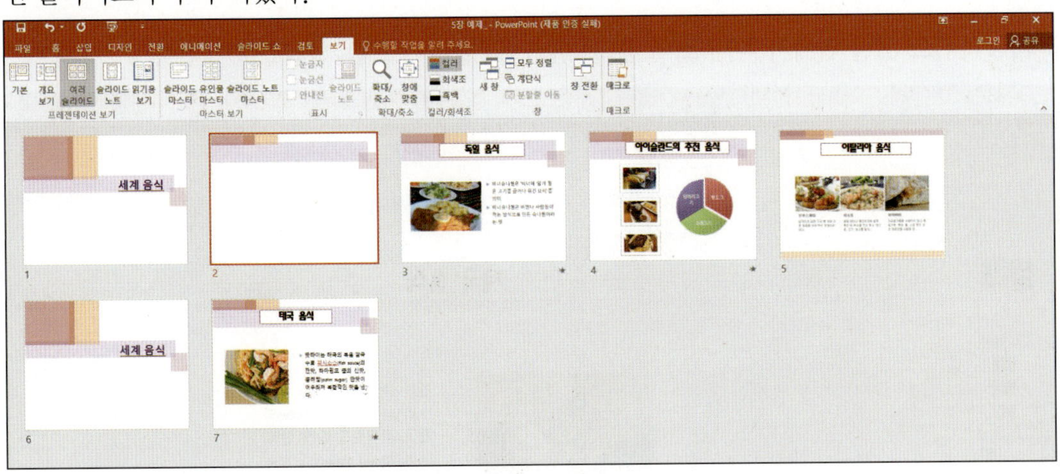

슬라이드 2, 6번 삭제

[Ctrl + 슬라이드 2, 6]번 클릭 – [마우스 오른쪽] 클릭 – [슬라이드 삭제]를 선택 – [보기] 메뉴 – [기본]을 선택하여 기본 보기로 돌아간다.

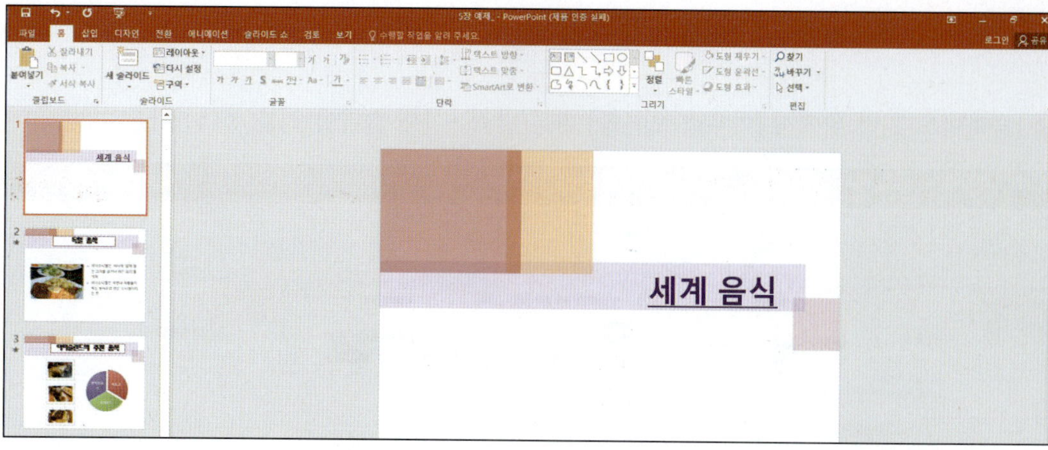

⑤ 슬라이드 숨기기

[슬라이드 숨기기] 기능은 파워포인트로 작성한 문서의 내용 중 슬라이드 쇼 진행 시 나타내고 싶지 않은 페이지를 숨기는데 사용하는 기능이다.

[슬라이드 5]번 위에서 [마우스 오른쪽] 클릭 – [슬라이드 숨기기]를 선택한다.

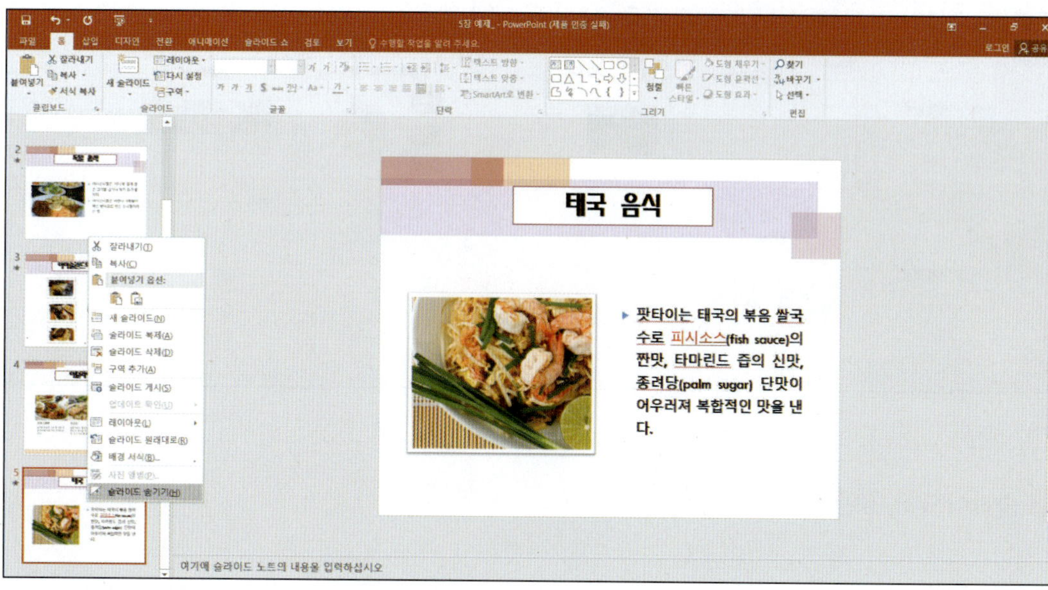

슬라이드 5번 번호 위에 대각선 표시로 숨김을 표시해 주었다.

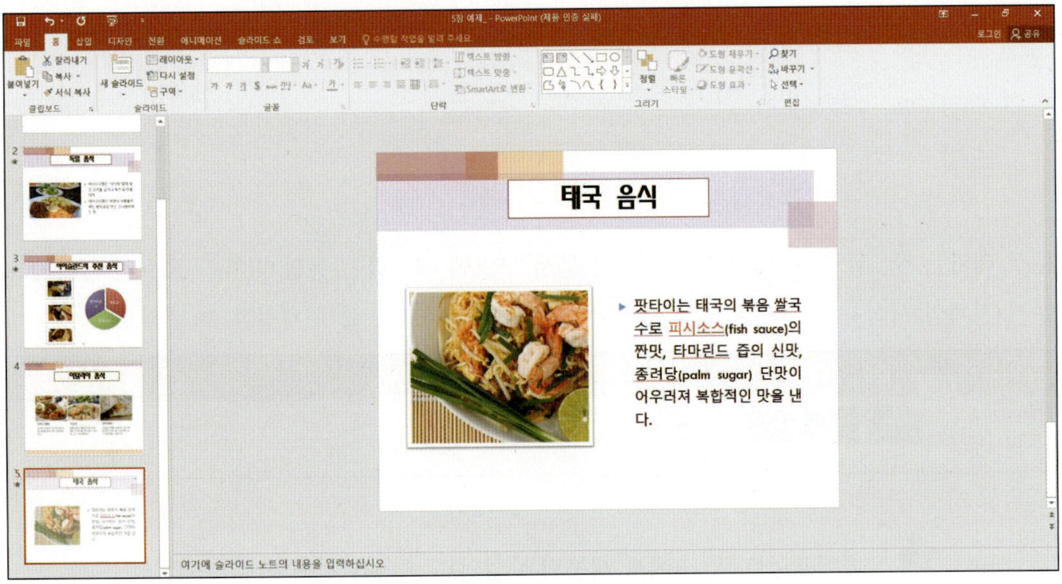

5-5 테마

Ⅰ. 테마

문서 테마는 색, 글꼴, 그래픽을 사용하여 문서 모양에 제공하는 통합 디자인 요소의 집합체로 문서 전체의 서식을 전문가 수준의 세련된 디자인으로 빠르고 쉽게 지정할 수 있다.

① [테마] 그룹 : 파워포인트 2016에서 제공되는 다양한 테마를 선택 할 수 있다.
② [적용] 그룹 : 테마에 색상이나 글꼴, 효과 등을 지정해 변경할 수 있다.
③ 슬라이드 크기 : 와이드 스크린 혹은 표준으로 크기를 변경 할 수 있다.
④ 배경 서식 : 배경 서식 디자인을 적용 할 수 있다.

테마 세부 기능인 [적용]은 선택한 테마에서 좀 더 세련되고 다양한 효과를 줄 수 있는 기능으로 선택한 테마의 색상 패턴을 제공하고 있어 일일이 수정하지 않아도 클릭 한번으로 색상 패턴만으로 일괄적 수정이 가능하다.

[디자인] 메뉴 – [테마] 그룹 – [테마 자세히] – [우주 테마]를 클릭한다.

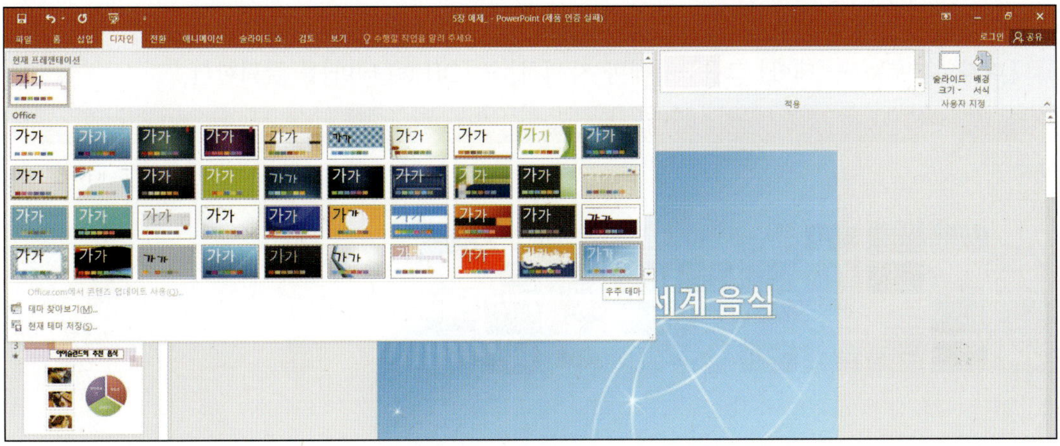

모든 슬라이드에 우주 테마가 적용됨을 볼 수 있다.

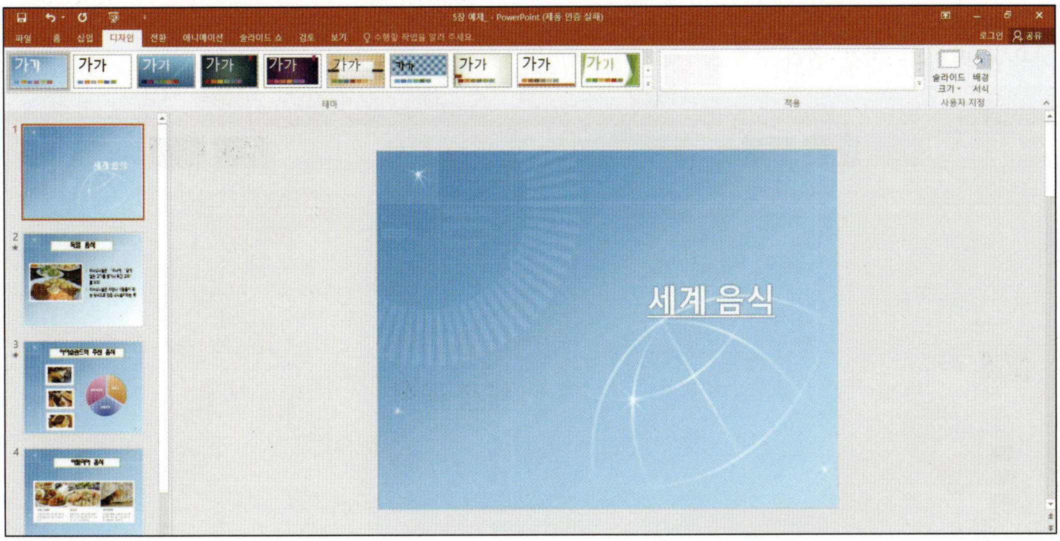

적용한 테마를 취소 하고자 할 때는

[디자인] 메뉴 – [테마] 그룹 – [테마 자세히] – [Office 테마]를 클릭한다.

적용한 테마가 취소 됐다.

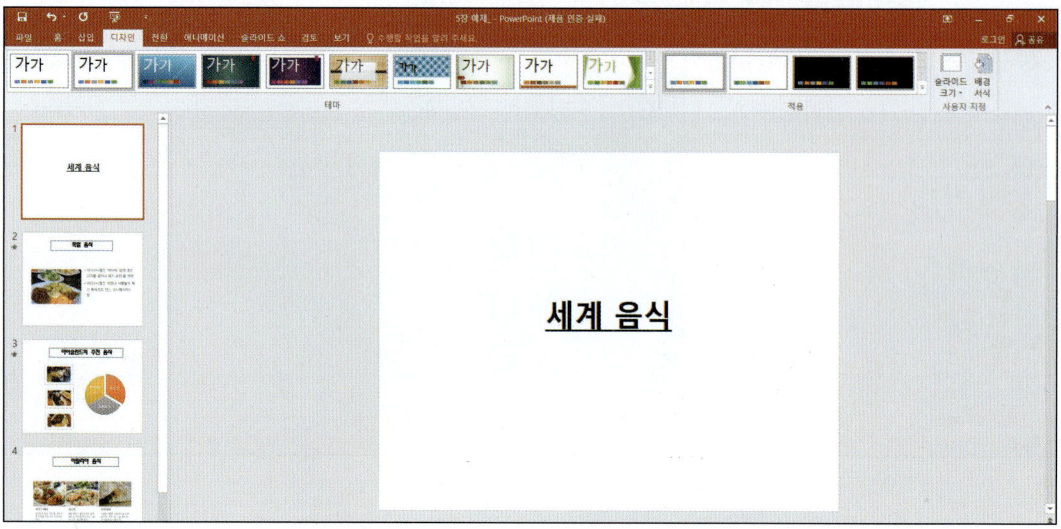

5-6 슬라이드 크기

Ⅰ. 슬라이드 크기

슬라이드 크기에는 크게 표준(4:3)과 와이드스크린(16:9) 그리고 사용자 지정 슬라이드 크기로 나누어진다.

슬라이드 크기 변환 시에 문서의 왜곡이 없이 자동적으로 크기를 조절해 변환해주는 기능이다. 파워포인트 가로 문서를 세로 문서 형태로 슬라이드 방향을 변환하거나 표준 슬라이드 크기인 4:3 비율을 A4 사이즈 등으로 크기를 변환한 경우, 작업해 놓은 내용이 왜곡되는 현상이 발생하여 당황한 경험이 있을 것이다. 대부분의 왜곡은 표, 차트, 도형 그리고 템플릿의 그래픽이 변환된 슬라이드 크기에 맞추어 찌그러지거나 펼치지는 등의 왜곡이 생겼다. 그러나 파워포인트 2016에서는 4:3 비율을 슬라이드를 16:9 슬라이드 비율로 크기를 변경해도 내용이 전혀 왜곡되지 않고 변경된 슬라이드는 슬라이드 좌우로 여백이 자동적으로 생겨난다.

대화상자 옵션에서 〈최대화〉를 선택하면 정상적으로 보이지만 〈맞춤 확인〉을 선택하면 16:9 비율에서 다시 위, 아래 여백이 추가되어 콘텐츠가 축소되어 크기가 변경된다.

[디자인] 메뉴 – [사용자 지정] 그룹 – [슬라이드 크기] 선택 – [사용자 지정 슬라이드 크기] – [너비 : 26, 높이 : 20]을 입력한다.

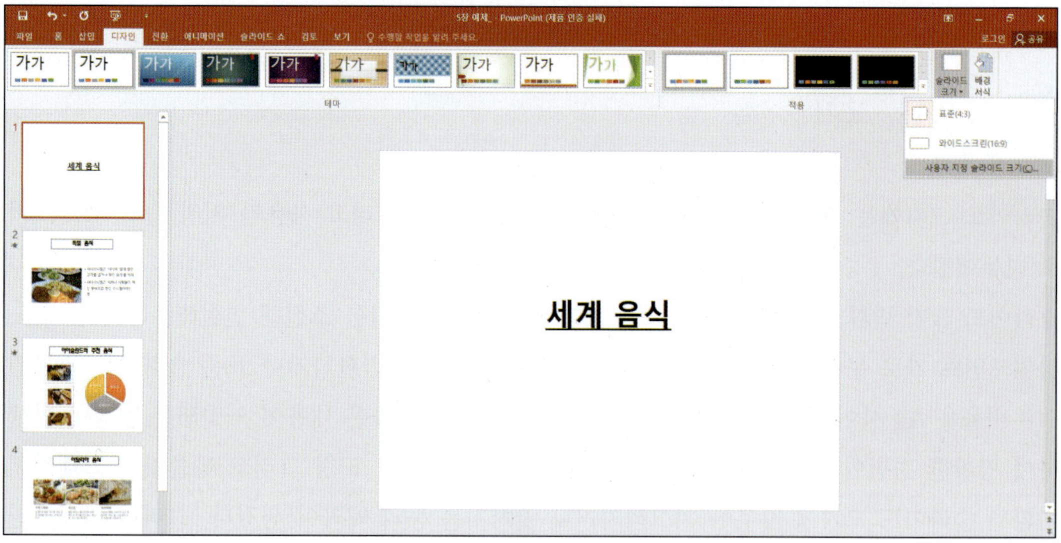

그 이외에 슬라이드 크기를 변경하고자 할 때는 다음 옵션을 변경하면 된다.

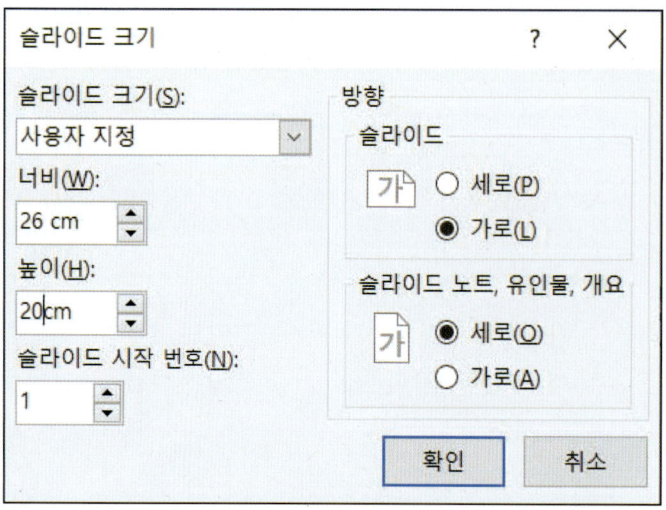

5-7 디자인 서식

디자인 서식이 적용되어 있는 다양한 서식 파일을 활용하여 빠르고 쉽게 보기 좋은 프레젠테이션을 완성할 수 있다. 이미 디자인 되어 있는 파일을 의미하며 카테고리 별로 구분되어 있다. 검색 창에 키워드를 입력하여 검색하거나 목록에서 선택하여 서식파일을 활용할 수 있다.

[디자인] 메뉴 – [테마] 그룹 – [테마 자세히]를 선택 – [배지]를 클릭한다.

5장 예제의 모든 디자인이 [배지]로 변경 되었다.

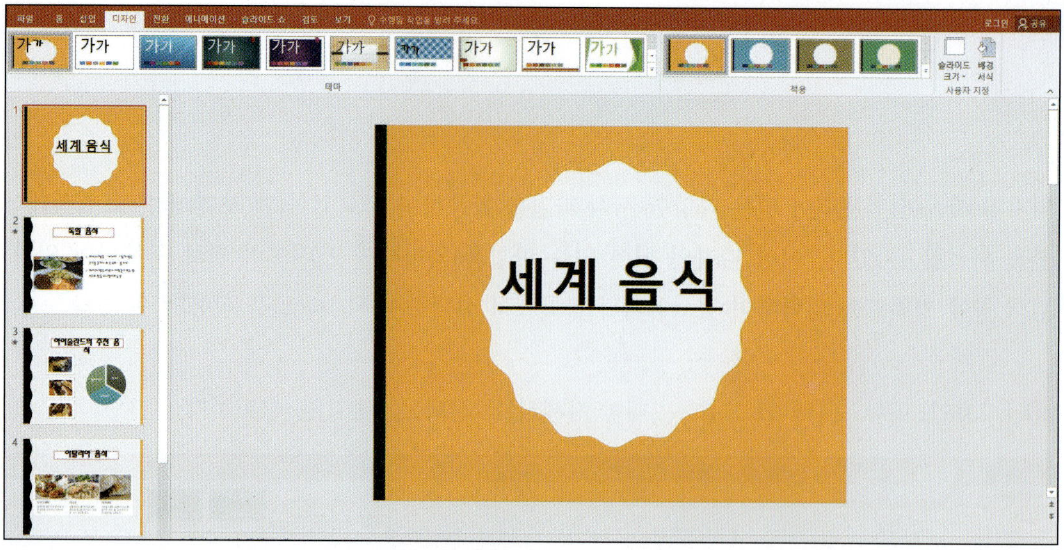

[디자인] 메뉴 – [적용] 그룹 – [초록 배지]를 클릭한다.

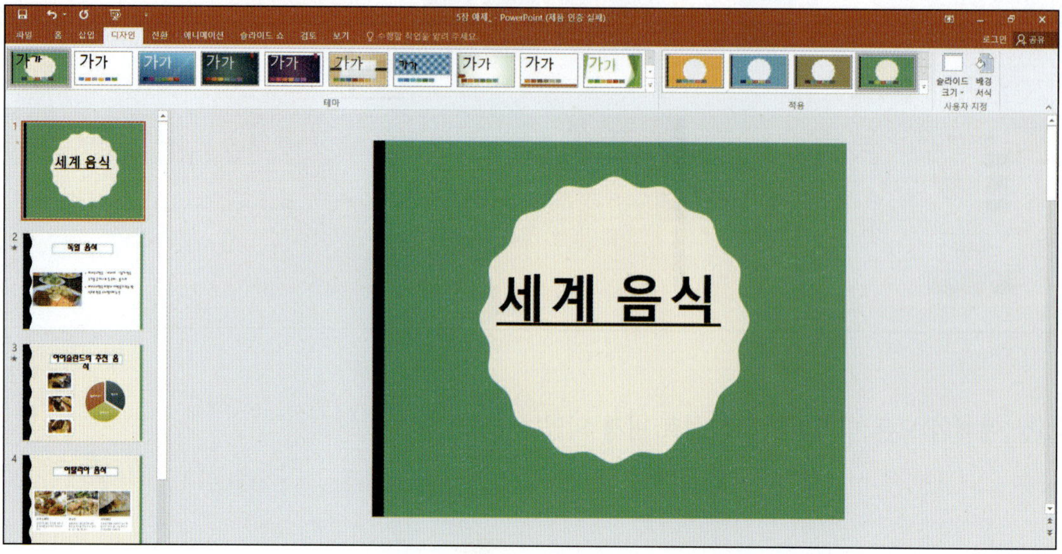

제목에 효과를 주기 위해 다음 기능들을 적용해 보자.

① [슬라이드 2]번을 클릭 – 제목인 [독일 음식]을 선택한다.

② [홈] 메뉴 – [그리기] 그룹 – [빠른 스타일] 선택 – [강한 효과 – 녹색, 강조 1]을 클릭한다.

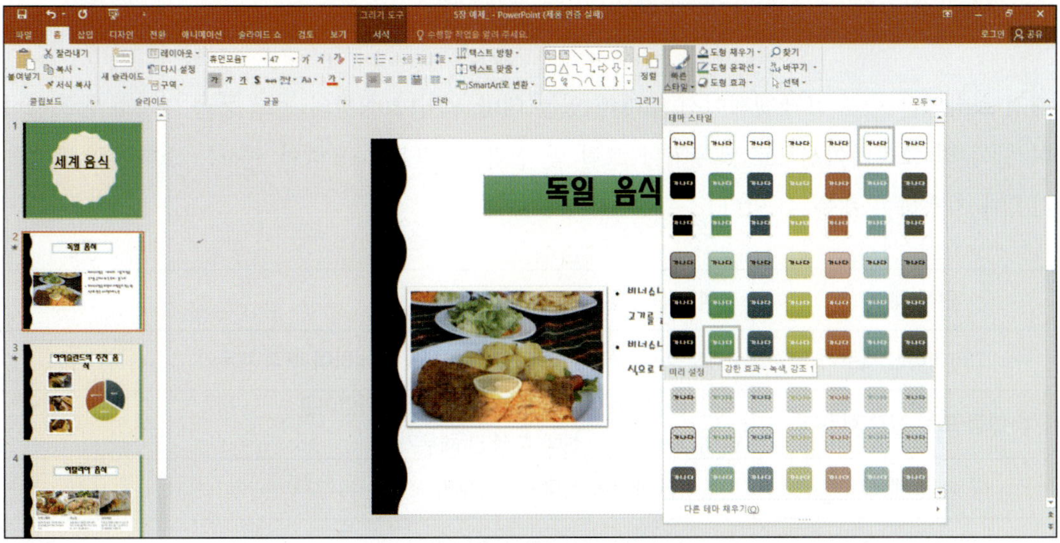

[그리기] 그룹 – [도형 효과] 선택 – [기본 설정] 선택 – [기본 설정 4]를 클릭한다.

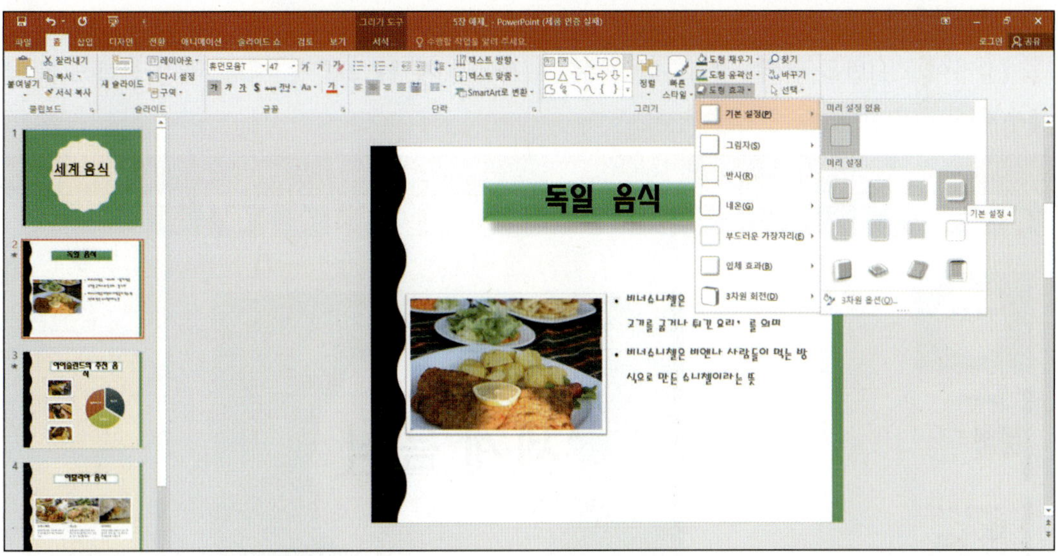

5-8 배경 서식

Ⅰ. 배경 스타일

배경 스타일은 현재 프레젠테이션 테마에 있는 테마 색이나 배경의 농도 등을 다양하게 조합하여 단색 및 그라데이션으로 채우거나 그림 및 질감, 패턴을 사용하여 원하는 스타일의 배경을 사용자 지정하여 채울 수 있다.

단색 채우기	단색을 선택하여 채우기
그라데이션 채우기	2가지 이상의 색상으로 그라데이션을 처리하여 배경 채우기
그림 또는 질감 채우기	저장되어 있는 이미지 혹은 온라인에서 관련어를 검색하여 이미지 선택 후 배경 채우기
패턴 채우기	만들어진 패턴을 선택하여 채우기
배경 그래픽 숨기기	테마 스타일을 제거하고 배경만 표시

① 단색 채우기

[슬라이드 1]번을 선택 – [디자인] 메뉴 – [사용자 지정] 그룹 – [배경 서식] 선택 – [단색 채우기]를 클릭한다.

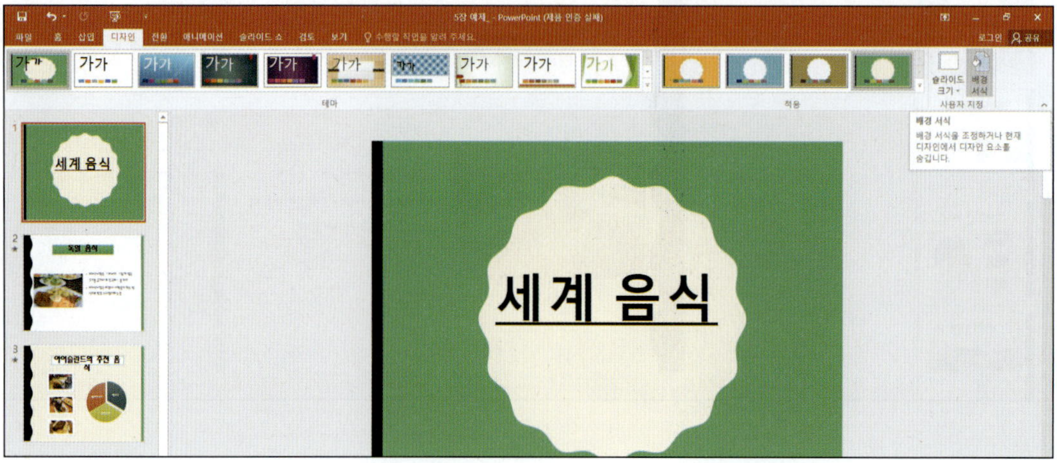

[디자인] 메뉴 – [사용자 지정] 그룹 – [배경 서식] 선택 – [배경 스타일] – [색] – [자주]를 선택한다.

배경이 자주색으로 변경됨을 볼 수 있다.

② 그라데이션 채우기

[슬라이드 1]번을 선택 – [디자인] 메뉴 – [사용자 지정] 그룹 – [배경 서식] 선택 – [그라데이션 채우기] – [종류 : 선형] – [색 : 연한 파랑] – [투명도 : 50] 을 클릭한다.

③ 패턴 채우기

[슬라이드 1]번을 선택 – [디자인] 메뉴 – [사용자 지정] 그룹 – [배경 서식] 선택 – [패턴 채우기] – [패턴 : 밝은 수직선] 을 클릭한다.

[투명도]는 배경과 개체 간에 자연스러움을 연출 할 수 있는 기능으로, 투명도가 0이면 화면 색상이 진한 것이고 투명도가 100이면 완전한 투명 상태이다. 배경 스타일은 현재 문서 테마에 있는 테마 색이나 배경의 농도 등을 다양하게 조합함으로써 배경 채우기를 변형 할 수 있다.

④ 그림 또는 질감 채우기

[슬라이드 1]번을 선택 – [디자인] 메뉴 – [사용자 지정] 그룹 – [배경 서식] 선택 – [그림 또는 질감 채우기] – [온라인 그림] – [검색 : 유럽음식] – [원하는 사진] 선택 – [삽입]을 클릭한다.

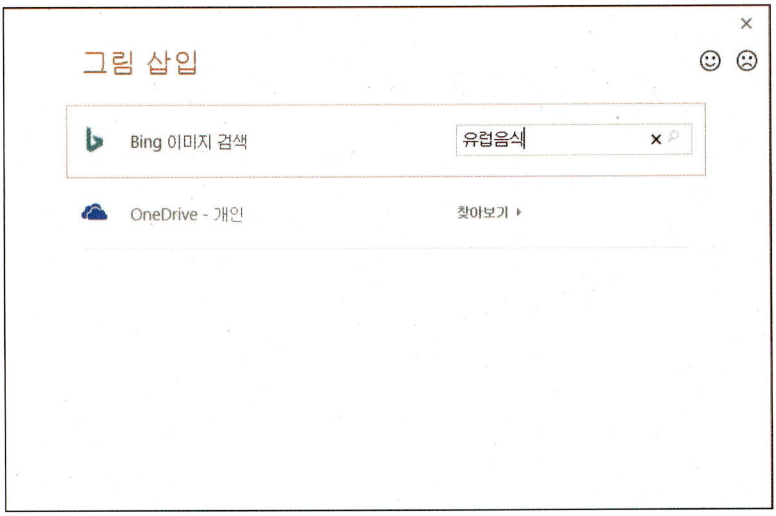

슬라이드 1번이 그림 배경으로 변경 됐다.

5-9 인쇄

인쇄 메뉴를 통해 프레젠테이션 파일을 미리보거나 인쇄 옵션을 설정할 수 있다. 슬라이드, 유인물 및 슬라이드 노트를 만들고 인쇄도 가능하다. 또한 청중의 이해를 돕기 위해 유인물 인쇄도 유익한 기능이다.

[인쇄] 기능을 통해 파워포인트 내용을 다양한 [인쇄] 유형으로 출력할 수 있으며 출력하기 전에 [머리글/바닥글]을 설정하고 인쇄될 모양을 화면상에서 확인 할 수 있다.

[파일] 메뉴 – [인쇄]를 선택한다.

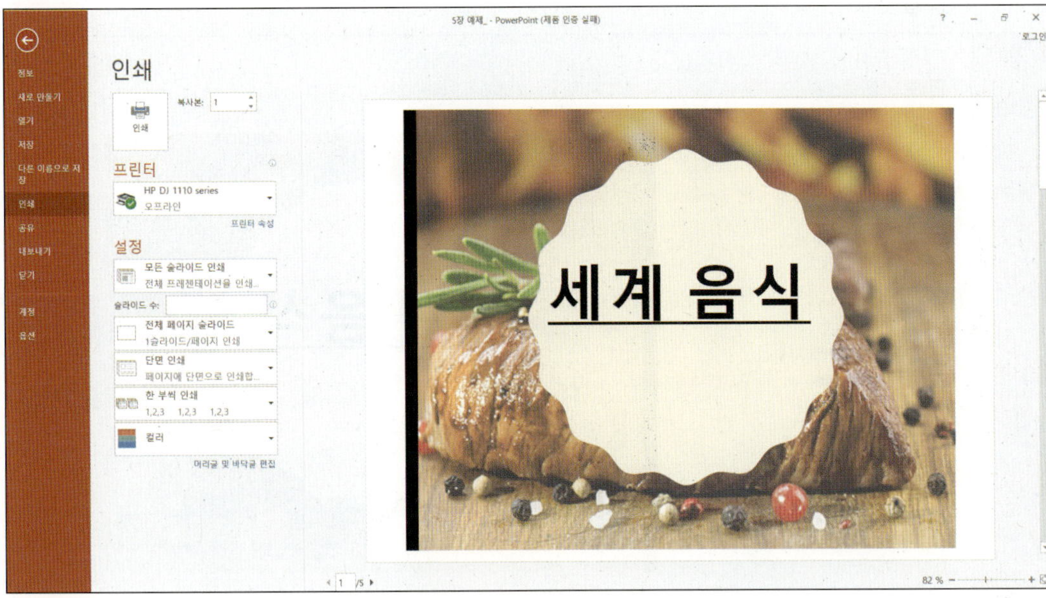

Ⅰ. 설정

① 인쇄 미리 보기

출력할 모양을 화면상에서 미리 확인 할 수 있다. 슬라이드 외에 파워포인트에서 출력할 수 있는 내용을 미리 확인하고 인쇄 미리 보기 탭을 이용하여 페이지 설정을 변경 할 수 있다.

② 유인물 인쇄 보기

유인물은 청중들에게 나눠주기 위한 인쇄물로써 한 페이지에 여러 장의 슬라이드를 포함하여 인쇄할 수 있다. 이러한 유인물의 모든 페이지에는 [머리글/바닥글]을 이용하여 화면 위쪽이나 아래쪽에 페이지 번호나 상호 및 작성자 이름 등을 넣을 수 있다.

[파일] 메뉴 – [인쇄] 클릭 – [설정]을 선택한다.

[파일] 메뉴 – [인쇄] – [인쇄 모양] 클릭 – [유인물 : 2슬라이드]를 선택한다.

[파일] 메뉴 – [인쇄] 클릭 – [복사본 : 1] – [컬러 : 흑백]을 선택한다.

미리보기 창에 2개의 슬라이드와 흑백으로 설정되어 보여지고 있다.

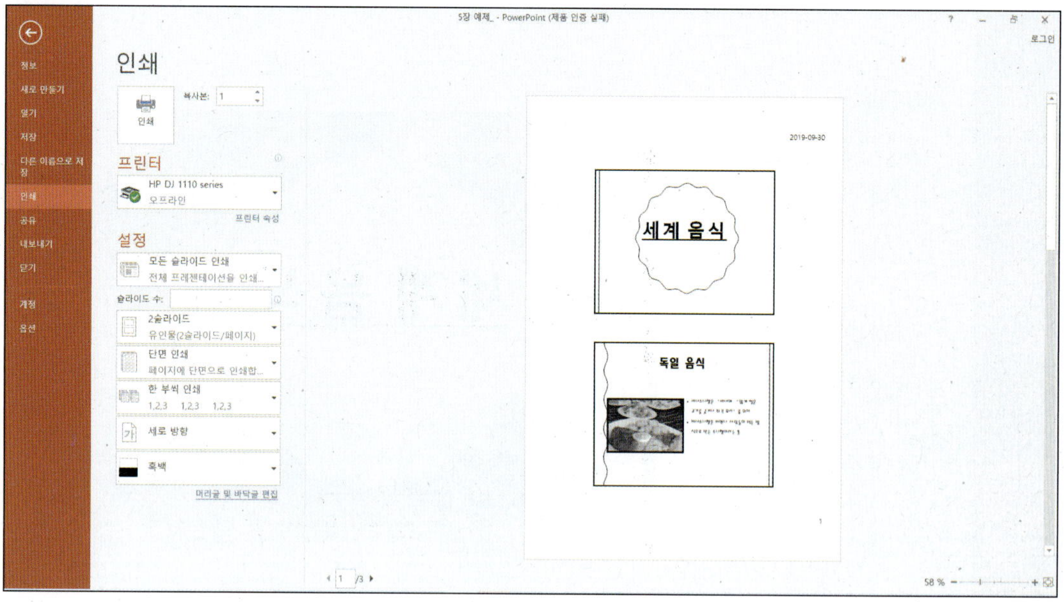

이러한 유인물의 모든 페이지 위쪽이나 아래쪽에 페이지 번호나 상호 및 작성자 이름 등을 넣을 수 있고, 유인물과 슬라이드 노트의 머리글/바닥글은 동일하게 들어가며 유인물 마스터를 이용하여 위치 및 서식을 변경한다.

[인쇄 범위]는 모두, 현재 슬라이드, 선택 영역과 부분 인쇄가 가능한 슬라이드 유형이 있다.

[인쇄 대상]에는 슬라이드, 유인물, 슬라이드 노트 그리고 개요 보기가 있다. 또한 인쇄 매수를 통해 같은 슬라이드 내용을 여러장 출력도 가능하다. 용지에 맞게 크기 조정이 가능하고 메모 및 잉크 표시 인쇄 체크를 통해 다양한 방식으로 출력이 가능하다.

5-10 정보 보호

중요한 프레젠테이션인 경우 다른 사람이 쉽게 열어 내용을 볼 수 없도록 [열기 암호] 및 [쓰기 암호]를 설정하여 보안을 강화시킬 수 있다.

[파일] 메뉴 – [정보] – [프레젠테이션 보호] 클릭 – [암호 설정]을 선택한다.

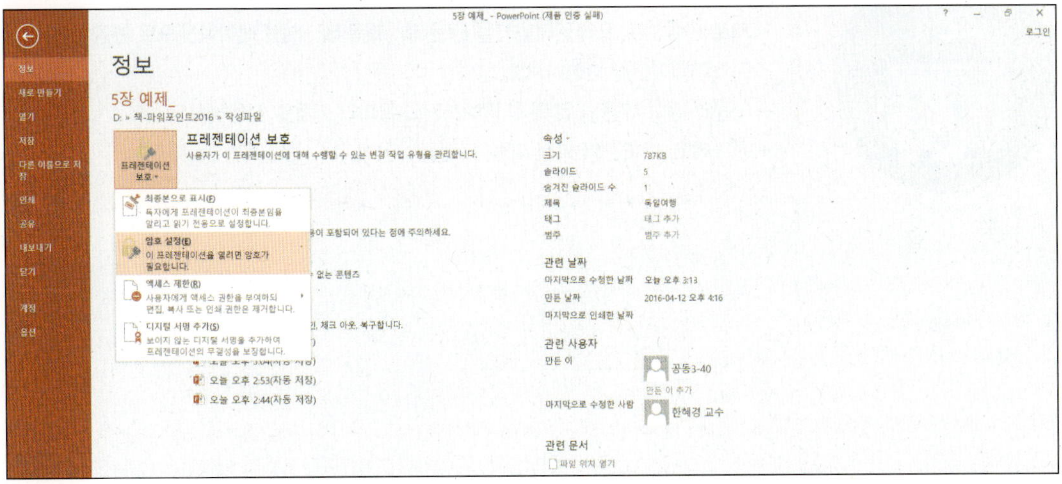

[문서 암호화] 대화 창에 암호를 입력 후 [확인] 단추를 누른다.

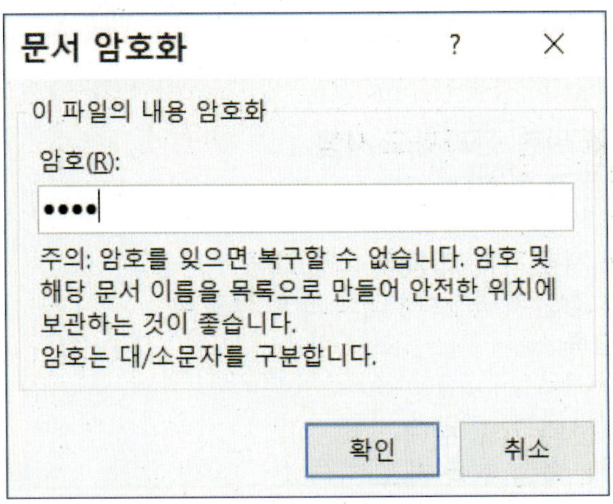

설정한 암호를 기억하지 못하면 복구할 수 없으므로 본인이 기억하기 쉬운 것으로 설정하거나 메모를 해 두는 것이 좋다.

5장 확인학습

슬라이드 1에 작성

- 새로 만들기로 프레젠테이션을 만든 후 [제목 및 내용] 레이아웃으로 변경하여 프레젠테이션을 완성하시오.
- 다음과 같이 내용을 입력 후 들여쓰기와 글머리 기호를 적용하시오.
- 전과제도, 대학간의 학점 교류, 다전공 : 굵게

완 성 본

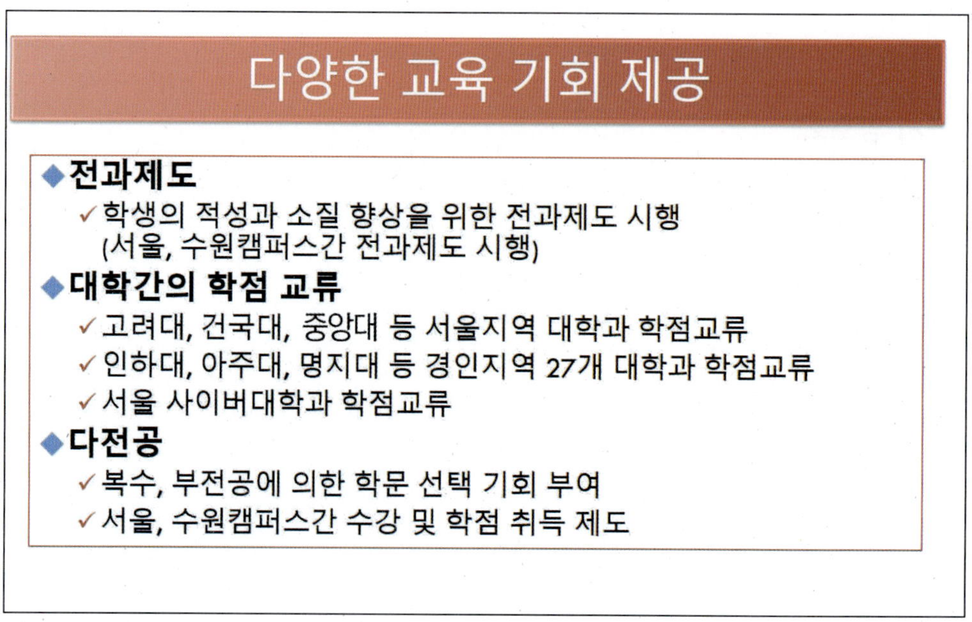

조건 2

슬라이드 2에 작성

- 제목 : 휴먼 둥근 헤드라인, 44pt, 가운데 맞춤, 밑줄체
- 본문 : 맑은 고딕체, 24pt, 번호 매기기 사용, 단 설정 : 2단, 줄 간격 : 1.5
- 그림과 같은 테마 적용
- 저장 : 본인이름1

완 성 본

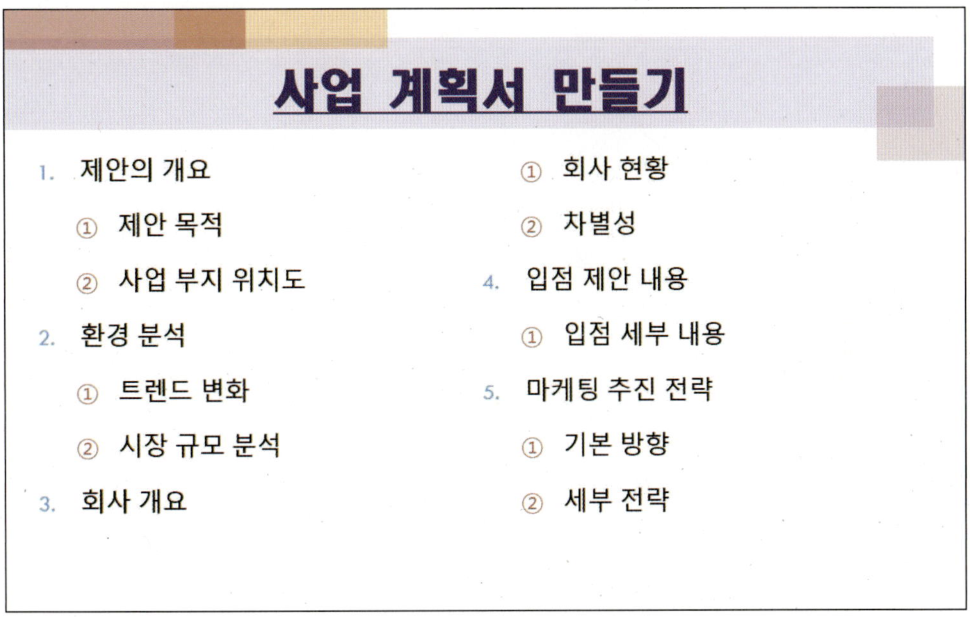

파워 포인트

학 과		학 번		이 름	

도 장				
월 일	월 일	월 일	월 일	월 일
월 일	월 일	월 일	월 일	월 일
월 일	월 일	월 일	월 일	월 일
월 일	월 일	월 일	월 일	월 일
월 일	월 일	월 일	월 일	월 일

찾아보기